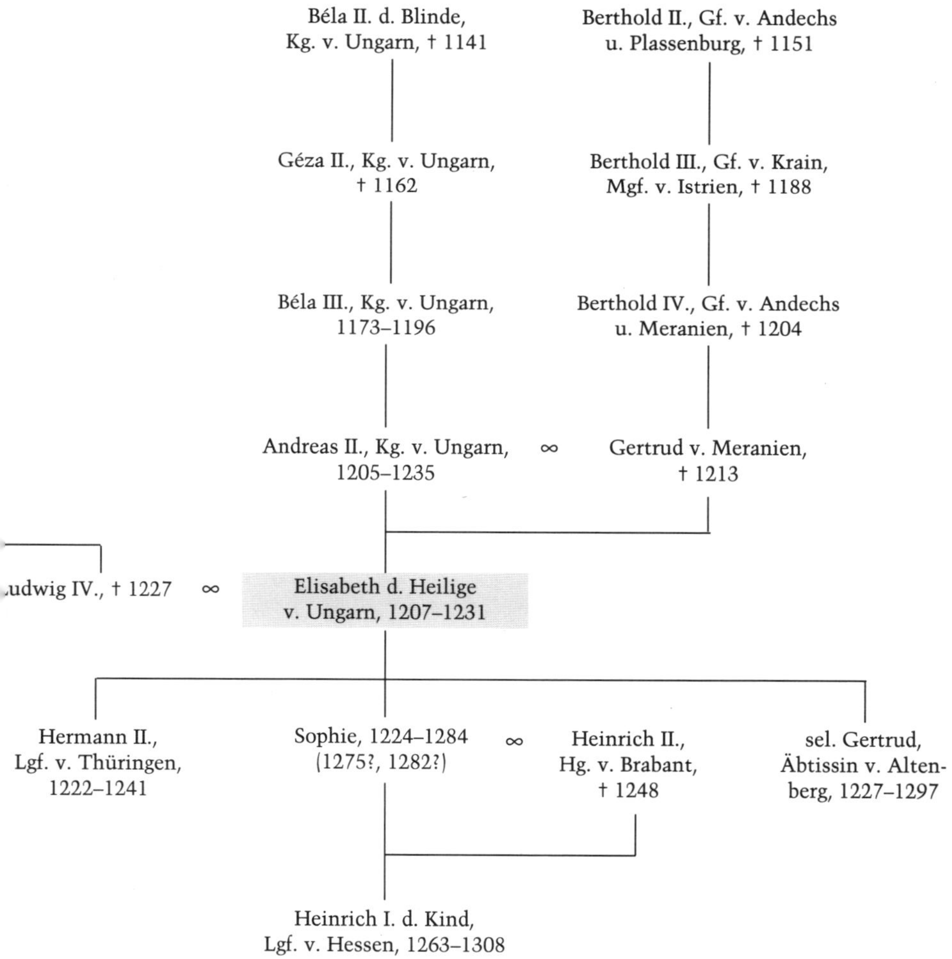

Béla II. d. Blinde,
Kg. v. Ungarn, † 1141

Berthold II., Gf. v. Andechs
u. Plassenburg, † 1151

Géza II., Kg. v. Ungarn,
† 1162

Berthold III., Gf. v. Krain,
Mgf. v. Istrien, † 1188

Béla III., Kg. v. Ungarn,
1173–1196

Berthold IV., Gf. v. Andechs
u. Meranien, † 1204

Andreas II., Kg. v. Ungarn,   ∞   Gertrud v. Meranien,
1205–1235   † 1213

Ludwig IV., † 1227   ∞   Elisabeth d. Heilige
v. Ungarn, 1207–1231

Hermann II.,   Sophie, 1224–1284   ∞   Heinrich II.,   sel. Gertrud,
Lgf. v. Thüringen,   (1275?, 1282?)   Hg. v. Brabant,   Äbtissin v. Alten-
1222–1241   † 1248   berg, 1227–1297

Heinrich I. d. Kind,
Lgf. v. Hessen, 1263–1308

ERNST W. WIES

ELISABETH
VON THÜRINGEN

ERNST W. WIES

ELISABETH VON THÜRINGEN
Die Provokation der Heiligkeit

Bechtle

© 1993 by Bechtle Verlag, Esslingen · München
Alle Rechte vorbehalten
Schutzumschlag: Kaselow-Design, München
Satz: Fotosatz Völkl, Puchheim
Druck: Jos. C. Huber KG, Dießen
Binden: R. Oldenbourg, München
Printed in Germany
ISBN: 3-7628-0520-2

Für Marielene

Meinen Dank an Dr. Hans Günther Siebert,
der mir ebenso freundschaftlich wie kompetent
seinen Ratschlag zuteil werden ließ.

E. W. W.

INHALT

INHALT

»Nicht das Leben ist schwer, sondern die Liebe. Die Liebe, die sich in ihrem vollen Umfang betätigt, diese Religion der Errettung – ich meine die wahrhaft christliche Liebe, nicht jene leichtfertige Sympathie, die brave Herzenszärtlichkeit oder die angeborene Menschlichkeit, nein, das wirklich bis ins Blut hinein Sichselbervergessen – die reine Selbsthingabe im Geiste, mit der man im Feinde so lange nach dem Freunde sucht, bis er dazu wird. Diese schwere Liebe – das ist die tapfere, die wahre Liebe.«
Antoine de Saint-Exupéry
(† 31.7.1944, vom Aufklärungsflug nicht zurückgekehrt)

Versuch, sich einer Heiligen zu nähern

Warum nicht direkt ins Ziel und frisch postuliert: Auseinandersetzung mit einer Heiligen, besser noch: Auseinandersetzung mit dem Heiligen; sofern dies möglich ist in einem Zeitalter, dessen Vorfahren schon seit langem auf dem Altar der Aufklärung die Gnade des Glaubens, die Empfindsamkeit für das Heilige hingegeben haben für die Gabe des kritischen Verstandes, der von sich erwartet, alles erklären zu können?

Aber in den geheimen Seelengründen keimen Zweifel, regen sich Ängste über diese Welt, die unsere rechnende Vernunft geschaffen hat. Die Gründe, von Atomängsten bis zur Überbevölkerung der Erde, sind so offensichtlich, daß man sie nicht aufzuzählen braucht.

Teile unserer Jugend fliehen in den zerstörerischen Rausch der Drogen. Andere suchen in obskuren Sekten ihr Heil und finden es nicht. Aber an ihnen wird die Sehnsucht der Menschen nach »Glaubenwollen« sichtbar.

Können die Heiligen Antwort geben? Die Heiligen, deren Lebensopfer wir mit den Mitteln der Psychologie und der Psychoanalyse in den schönen Schein der Legenden und Märchen verdrängt haben?

Kann ihr Zeugnis von Gott, von ihrer Gottessehnsucht und Liebe, von der Überwindung des eigenen Egos und menschlicher Schwäche nicht jene dunklen Räume unserer Seele füllen, in denen Ängste und Zweifel ihr Schattendasein führen?

11

Wir messen menschliche Größe an dem Nutzen, den ein Mensch den Menschen gibt. Albert Schweitzer ist unser Mann, der eine große Karriere als Theologe und Musiker beiseite schob und als »Dschungeldoktor« in Lambarene für die unterprivilegierte schwarze Bevölkerung ein Krankenhaus baute, die Menschen behandelte und heilte.

Wir bewundern Mutter Teresa, die im Asphaltdschungel von Kalkutta die schwachen Kräfte ihres zarten Körpers der Not entgegenwirft, um verelendeten Kindern Liebe und Brot zu geben.

Das sind faßbare Beispiele menschlicher Hilfsbereitschaft, die unser Herz und unser Verstand werten kann. Wir aber wollen uns unterfangen, uns der Unbegreiflichkeit einer fast nicht mehr zu begreifenden Frau zu stellen, um den Versuch zu wagen, uns dem »Heiligen« zu nähern, um es, über den Verstand hinaus, mit dem Herzen zu begreifen.

Sie war eines Königs Tochter und die Gemahlin eines deutschen Reichsfürsten, die heilige Landgräfin Elisabeth von Thüringen.

Ihr empfindsames Gemüt erlaubte ihr nicht, in der Kirche, vor dem Angesicht des Herrn, das Landgrafendiadem zu tragen, wo Christus doch am Kreuze unter der Dornenkrone litt.

Sie sprengte das strenge Gefüge der mittelalterlichen Adelswelt, stieg vom Throne herab und wurde eins mit den Armen, den Hungernden, den Bresthaften.

Wohl hatten vor ihr adelige Damen Heiligkeit erlangt. Doch in der Stille ihrer Klöster und selbst in ihren guten Werken blieben sie Töchter ihrer Klasse. Widukind von Corvey sagt von der heiligen Mathilde (um 895–968), der Gattin König Heinrichs I. (Kg. v. 919–936): »Und obgleich sie gute Werke demütig Tag und Nacht übte, vergab sie dennoch der königlichen Ehre nichts.«[1]

Kronzeugin für das Adelsbewußtsein der Zeit, selbst
hinter Klostermauern, ist die heilige Hildegard von Bingen (1098–1179). Auf den Vorwurf der Äbtissin Tagswind vom Kanonissinnenstift Kreuznach:»... Ihr führt
in Eurer Genossenschaft nur Frauen von angesehenen
Geschlechtern und Stand ein«, antwortete sie:
»Gott unterscheidet auch, macht Unterscheidungen bei
jeder Person, so daß der mindere Rang nicht über den
höheren emporsteige ... Welcher Mensch«, fragt die heilige Hildegard,»würde wohl seinen ganzen Viehstand in
einem Stall versammeln, Ochsen, Esel, Schafe, Böcke,
ohne dadurch Schaden zu tun?«[2]
Vor dem Hintergrund dieser Aussage zeigt sich, wie ra-
dikal und revolutionär Elisabeths Verhalten war, daß sie
als Fürstin ihren Stand aufgab und nach dem Tode ihres
Mannes außerhalb klösterlichen Schutzes in absoluter
Armut lebte. Auch das gehört zu den Einzigartigkeiten
ihres Lebens.
Mit Schaudern lesen wir, bezeugt von guten Dokumen-
ten, daß sie die eitrigen Schwären der Leprosen küßte,
um in radikaler Askese die Ekelschwelle in sich selbst
zu überwinden.
Um sich restlos von der Welt abzuwenden, verzichtete
sie auf den eigenen Willen und gab sich in gänzlichem
Gehorsam in die Hand ihres Seelenführers und Zuchtmeisters Konrad von Marburg. Als letzte und schwerste
Tat überwand sie die Mutterliebe zu ihren Kindern und
gab sie von sich. Sie schwor, ihre eigenen Kinder fürder-
hin nicht mehr zu lieben als alle anderen Kinder. Reinhold Schneider wertet diesen fast selbstzerstörerischen
Akt so:»Sie war so sehr Mutter aller – und immer der
Erniedrigten –, daß sie Mutter ihrer Kinder nicht mehr
sein konnte.«[3]
Schmerzhaft vollzog sie an sich das Christuswort:»Wer
Vater und Mutter mehr liebt als mich, der ist meiner

13

nicht wert; und wer Sohn und Tochter mehr liebt als mich, der ist mein nicht wert.«[4] Können wir Heutigen, wir Kinder der Selbstverwirklichung, solchen Lebensformen des Verzichts, der Selbstüberwindung noch folgen, sie nachvollziehen? Gemach, die Menschen ihrer Zeit konnten es auch nicht! Indem Elisabeth die Wertvorstellungen der thüringisch-staufischen Hofgesellschaft ignorierte, an Reichtum, Macht und Würden achtlos vorüberschritt, wurde sie zur Provokateurin, zum Ärgernis ihrer Klasse. Zunächst voll staunendem Unverständnis, dann mit Spott und Hohn und schließlich voller Haß schauten die Menschen auf die »sonderbare Heilige«, die ihr Hab und Gut und sich selbst hingab und für die die Armut der Weg zur Heiligung war. Die im Kranken, im Elenden Christus erblickte und der der Dienst am Aussätzigen, am Ausgestoßenen zum Gottesdienst wurde. Und ihre Armen, ihre Kranken, dankten sie es ihr? Nein, sie betrogen sie vielmals und stießen sie in den Kot der Straße. Das nahm sie fröhlich, ja dankbar hin. Hatte doch auch der Herr Hohn und Spott erleiden müssen, und da sie in seiner Nachfolge lebte, wurde auch das von ihr angenommen als Teil der »Imitatio Christi«. Von den Geißelhieben ihres Zuchtmeisters und Beichtvaters Konrad gedemütigt, den eigenen Willen hingebend, die Liebe zu ihren Kindern auf alle Kinder der Welt übertragend, von den liebsten Freunden getrennt, den Ekel überwindend, die elendesten Kranken pflegend, erreichte sie, eine Vierundzwanzigjährige, ihr Ziel, den Tod als Vereinigung mit Christus. Doch auch mit ihrem Tode war ihr Opfergang nicht beendet. Ein Schlag voller Tücke verfälschte ihr geistliches Erbe. Sie, die nur eine Arme in Christo sein wollte, die von einem Bettlerdasein in evangelischer Armut träumte, wurde von der von ihr verachteten Adelskaste »refeudalisiert«.

Nachdem ihr Seelenführer, Konrad von Marburg, bereits ihre Heiligsprechung betrieben hatte, griffen nun die thüringischen Landgrafen, ihre Schwäger Heinrich Raspe und Konrad, in diesen Prozeß ein. Zu offensichtlich war der geistliche wie der politische Machtgewinn, wenn es dem Landgrafenhaus gelänge, eine familieneigene Heilige durchzusetzen.

Wie leuchtete Venedigs Ruhm und Macht, seitdem es sich in den Besitz der Gebeine des heiligen Marcus Evangelista gebracht hatte! Wie glänzte das heilige Köln unter dem Patronat der Heiligen Drei Könige!

Nachdem Elisabeths Schwager, Landgraf Konrad, in den Deutschen Ritterorden eingetreten war, stand hinter dem Kanonisierungsverlangen nunmehr auch dessen Macht.

So wurde Elisabeth zu Pfingsten, am 27. Mai 1235, in Perugia von Papst Gregor IX. (1227–1241) heiliggesprochen. Sie, die eine geistige Schwester des heiligen Franziskus, des »Poverello«, war, die nur im »befestigten Turm der allerheiligsten Armut« leben wollte, stieg zur zweiten Patronin des Deutschen Ritterordens neben der heiligen Jungfrau Maria auf. Sie wurde Schutzpatronin Hessens, und die hessischen Landgrafen sahen in ihr die »erste Dame des Fürstengeschlechts«. Ja man nannte sie »gloria teutonicae« – den »Ruhm Deutschlands«.

Über ihrem Grabe baute der Deutsche Orden eine der ersten gotischen Kirchen Deutschlands. Elisabeths Tochter, Sophie, Herzogin von Brabant, stiftete für ihre Gebeine einen goldenen Schrein. Man gab ihm keinem Geringeren in Auftrag als dem Meister des Aachener Marienschreins – mit dem ausdrücklichen Hinweis, einen gleich prunkvollen Schrein für Sankt Elisabeth zu schaffen. Das prachtvolle Kunstwerk war übersät mit neun-

hundertfünfzig Juwelen. Die Summe, die diese Pracht-
entfaltung verschlang, hätte ausgereicht, im Sinne Elisabeths über Jahrhunderte hin viele Arme und Kranke
zu ernähren und zu pflegen.

So wurde die Heilige in einem unerhörten Verrat an
ihren geistlichen Zielen nochmals vertrieben; vertrieben aus ihrem »befestigten Turm der allerheiligsten Armut« in den von ihr so gemiedenen Glanz der Welt.
Betrachtet man die Paradoxie dieses Martyriums, einmal die völlige Auflösung des eigenen Selbst und dann
der darauf folgende Verrat der Nachwelt an ihrem sittlichen Streben, so befällt den modernen Betrachter dieser
Heiligenvita Ratlosigkeit und Trauer.

Zur Trauer gesellt sich Hoffnungslosigkeit. Welche Bot-
schaft hat denn dieses Heiligenleben für uns? Welche
Aussage kann uns dieses Leben der Armut und der
Selbstaufgabe geben?

Leben wir in unserer Zeit nicht auch auf der Wartburg?
In prächtigen Räumen, in festlichen Gewändern, ganz
den oberflächlichen Ritualen unserer Zeit hingegeben,
so wie einst die staufische Adelsgesellschaft?

Werden wir nicht böse, wenn uns unbequeme Vorbilder
an unsere Pflicht, an unser Versagen erinnern? Vertreiben nicht auch wir »das Heilige« aus der Wartburg unserer Tage? Gleichen wir nicht jenen Adelsdamen, denen wir noch begegnen werden, die huldvoll aus ihrem
Almosentäschlein Spenden unter die Armen verteilen
und glauben, dem Anspruch auf die ewige Seligkeit oder
dem unseres Gewissens Genüge getan zu haben?

Wir steigen nicht hinab in die Schattentäler der Armut,
wie es Elisabeth tat. Wir identifizieren uns nicht mit
den Armen, wir sehen in ihnen nicht den Bruder, ge-
schweige denn Christus.

Mein Gott, was sollen wir denn noch alles tun? Wir zahlen fünfzig Prozent unseres Einkommens an Steuern,

16

spenden Milliarden in die Dritte Welt, der es eben an Organisationstalent fehlt, das uns gegeben ist. Wem ist damit geholfen, wenn wir uns alle zu Armen machen, wenn keiner mehr geben kann? Sehr wohl, sehr wohl! Aber der Stachel in unserer Seele bleibt, und unsere Heilige schweigt und gibt uns ihr Leben zur Antwort.

Immer wieder hat es Menschen gegeben, die die Barrieren der scheinbaren Vernunft überwanden und dagegen die verzichtende Liebe stellten. Aus diesem so hoffnungslosen Tun ist die Caritas entstanden, als Einzeltat, aber auch als organisierte christliche Nächstenliebe, wie wir sie in den sozialen Einrichtungen finden.

Das Leben der Frühzeit und des Mittelalters war hart und bestimmt vom Gesetz des Stärkeren als Form der biologischen Auslese. Das Wirken der verzichtenden Liebe hat den Schutz der Schwachen entwickelt und über Jahrhunderte hin das Gewissen der europäischen Menschheit verändert und geschärft, langsam, unmerklich. Nicht nur die großen Religionen, sondern Gewerkschaftler und idealistische Sozialisten haben daran mitgewirkt, daß eine Sozialgesellschaft entstanden ist, so wie sie sich heute darstellt. Aber kann sie eine geschlossene Gesellschaft sein? Wir da droben, ihr da drunten? Wir auf der Wartburg, ihr in den Tälern der Not. Unsere Heilige sagt »*nein*«. Wirft ihr ganzes Leben in die Waagschale, die Taten der verzichtenden Liebe, das Opfer ihres Martyriums.

Müssen wir nicht fragen, woher die Kräfte kamen, die Elisabeth dieses Leben ertragen ließen? Diese Frage nicht zu stellen – hieße das nicht, in sich selber Leerräume menschlicher Erfahrung zu dulden?

Ist es nicht Pflicht, zu fragen und zu forschen, wie solches Leben möglich war? Aus welchem Wurzelgeflecht, diese das eigene Ich auflösende Gottesliebe entsprungen ist?

17

Dazu werden die Quellen der Heiligenvita Elisabeths nicht ausreichen. Man wird hineinsehen müssen in das 13. Jahrhundert mit seinen Widersprüchen von Treue, Verrat und Königsmord. Hineinschauen in die Kämpfe zwischen Papst und Kaiser, diese beiden Universalgewalten, die sich seit dem 12. Jahrhundert gegenseitig blockierten und unglaubwürdig machten. Man wird Elisabeths Herkunft, die Geschichte ihres Heimatlandes Ungarn, aber auch die Thüringens, wo sich ihr Schicksal vollzog, bedenken müssen. Dazu den Sittenverfall des Klerus, der Klöster, der Kirche insgesamt, wie ihn uns Cäsarius von Heisterbach in bunten Farben schildert.

Der Blick muß sich richten auf die großen Häresien, die ja nichts anderes waren als Manifeste einer verzweifelten Gottessehnsucht. Unsere Betrachtung muß sich den mittelalterlichen Armutsbewegungen zuwenden, namentlich den weiblichen, deren Lichtgestalt Elisabeth ist, wenn man hoffen will, Zugang und Verständnis für Leben und Martyrium dieser heiligen Seele zu finden.

Die Armutsbewegungen des Mittelalters sind eine einzigartige Erscheinung. Waren es bisher die Armen, die aufstanden, um ihren Anteil am Reichtum der Welt, zumindest aber das tägliche Brot, zu fordern, so sind es jetzt die Reichen, die ihren Reichtum weggeben, verschenken, um in evangelischer Armut das Leben der Armen zu teilen.

Und im Falle der heiligen Elisabeth ist es eine deutsche Reichsfürstin, eine der zehn oder zwanzig erhobenen, hochprivilegierten Personen im Reich, die allem entsagt, um eine Arme in Christus zu werden.

Begeben wir uns also auf die Reise zu jenem Leben der Gottesliebe. Einer Liebe, die trotz ihrer scheinbarer Erfolglosigkeit verhindert hat, daß unsere Welt gänzlich und hoffnungslos dem Haß und der Gier verfällt.

THÜRINGEN – FRÜHE KUNDE

Dem Stamm der Thüringer fehlt seit frühester Zeit eine eigene Geschichtsschreibung. Wohl berichtet uns Tacitus freundlich von den Hermanduren, aus denen sich im Verein mit Warnen und Angeln der Stamm der Thüringer herausbildete: »Während wir den übrigen Stämmen nur unsere Waffen und das Lager zeigen, haben wir diesen unsere Häuser und Villen aufgetan, ohne daß sie danach verlangen.«[5] Die Vorfahren unserer Thüringer scheinen demnach ein recht anpassungsfähiges Volk gewesen zu sein. Der Name »Toringos« fällt zum erstenmal in einem tiermedizinischen Werk der »Mulomedicina« des Vegetius Publius um 400 n. Chr., wo die so Bezeichneten wegen ihrer Pferdezucht gerühmt werden. Der gelehrte Bischof Sidonius Apollinaris (* um 432, † 480/90) erblickt in den Heerscharen des Hunnenkönigs Attila († 453) auch thüringische Kontingente, wie ja das Heer des Attila zum großen Teil aus germanischen Heerhaufen bestand, was unsere Geschichtsschreibung verschämt zugibt. Dann tauchen die Thüringer wieder im Spiegel fränkischer, langobardischer und sächsischer Geschichtsschreibung auf – und das führt notwendigerweise zu Verzerrungen. So schildert der hochadelige Mönch Widukind von Corvey die Thüringer in ihrem ersten Zusammentreffen mit den Sachsen als etwas dümmliche Leute. Er erzählt uns, daß sich die Sachsen mit ihren Schiffen an der Küste befanden, die Thüringer ihnen aber einen Lagerplatz verweigerten. Wir erfahren weiter, daß ein junger Sachse einem Thüringer für einen Sack thüringischer Erde einen Goldschatz gab.

Folgen wir Widukinds Text: »Mittlerweile kam der Sachse, seines Goldes ledig, hingegen schwer mit Erde beladen, zu den Schiffen. Als ihm seine Genossen entgegentraten und erstaunt fragten, was er tue ... bat er um Ruhe und sprach: ›Folgt mir, meine guten Sachsen, und ihr werdet zugeben, daß meine Torheit euch zum Nutzen ist.‹« Er nahm die Erde, streute sie so dünn wie möglich über die benachbarten Felder und gewann so einen Platz für sein Lager. Nun brach ein Krieg zwischen den Stämmen aus. Widukind berichtet weiter: »Als man nun lange und wiederholt von beiden Seiten gefochten hatte und die Thüringer damit rechnen mußten, daß die Sachsen ihnen überlegen sein würden, stellten sie durch Unterhändler das Verlangen, es sollten beide Teile unbewaffnet zusammenkommen und von neuem über den Frieden verhandeln, nachdem dafür Zeit und Ort ausgemacht seien. Nun waren in jenen Tagen bei den Sachsen große Messer im Gebrauch, wie sie die Angeln nach der Weise des alten Volkes heute noch führen. Mit dieser Waffe unter dem Mantel kamen die Sachsen aus ihrem Lager ... und da sie sahen, daß die Feinde unbewaffnet waren ... zogen sie ihre Messer, stürzten sich auf die Wehrlosen und überraschten und stießen alle nieder, so daß nicht einer am Leben blieb.«[6]

DAS THÜRINGER REICH UND SEIN UNTERGANG

Als faßbare politische Größe treten die Thüringer nach dem Tode des Hunnenkönigs Attila († 453) in Erscheinung und wurden zu einem beachteten Machtfaktor in Mitteleuropa. Sie schufen ein Reich, das zur Zeit des heiligen Severinus von Noricum († 482) bis Passau und Regensburg reichte. Hier stieß es an den Macht- und Interessenbereich des Ostgotenkönigs Theoderich (493–526), der das Thüringer Reich in sein Bündnissystem aufnahm. Die Annahme dieses Bündnisses gewinnt an Wahrscheinlichkeit, seitdem wir wissen, daß Deutschland südlich der Donau ein Menschenalter hindurch ostgotisches Gebiet gewesen ist.[7]
Zur Festigung dieses Bündnisses heiratete der Thüringerkönig Herminafried († 534) die Nichte Theoderichs, Amalaberga. Die Franken sahen sich nicht zu Unrecht eingekreist und griffen im Jahre 529 das Thüringer Reich an. Einem zweiten Vorstoß im Jahre 531 unter König Theudebert (511–533) und dessen Bruder Chlotar I. (511–561) fiel Thüringen in der Schlacht an der Unstrut zum Opfer.
Das war das Ende des Thüringer Reiches, bei dem auf fränkischer Seite auch sächsische Aufgebote mitgekämpft hatten. Teile des Thüringer Stammes unter ihrem König Herminafried wurden von den Franken an den Niederrhein umgesiedelt. Der Frankenkönig Theudebert lockte den Thüringerkönig in die merowingische Königspfalz Zülpich und ließ ihn dort von den Mauern der Stadt in den Tod stürzen. Gregor von Tours überliefert uns die Missetat.[8]

FRÄNKISCHE BEUTE

Die Tochter von König Herminafrieds Bruder und Mitkönig Bertachar, Radegunde, gehörte zur Kriegsbeute der Franken. Sie wurde nach Athies (Arrondissement Péronne) gebracht. Dort erhielt sie mit ihrem ebenfalls gefangenen Bruder eine standesgemäße Ausbildung. Dann wurde sie als Achtzehnjährige im Jahre 536 dem Frankenkönig Chlotar angetraut. Als ihr Mann Radegundes Bruder ermorden ließ, floh sie aus dieser Ehe in der damals einzig möglichen Form. Sie erflehte vom Bischof von Noyon, dem heiligen Medardus († um 560), den Schleier der Bräute Christi. Sie wurde Nonne, lebte und wirkte in ihrer Klostergründung Ste. Croix zu Poitiers.

Hier kam sie mit dem letzten Dichter der Spätantike, Venantius Fortunatus (535–600), zusammen, mit dem sie eine Seelenfreundschaft verband. Ihm klagte sie den Untergang des Thüringer Reiches und den Mord an dem Bruder. Venantius Fortunatus überlieferte uns dann in seinem Gedicht »De excidio Thoringiae« das traumatische Jugenderlebnis der thüringischen Prinzessin Radegunde:[9]

> »Da gehen in plötzlichem Sturz stolze Reiche zugrunde.
> Türme, die glückbestrahlt in langer Reihe gestanden,
> Liegen durch mächtigen Fall jetzt besiegt und verbrannt.

Früher hat der Palast gestrahlt in höfischem Treiben,
Statt des Gewölbes bedeckt finstere Asche ihn jetzt.
Einst gleißten die Dächer hochgeschmückt mit röt-
lichem Erz,
Bleicher Schutt bedrückt jetzt, was prangend ge-
glänzt.

Die Macht ist dem feindlichen Herrn unterworfen
und ist ihm gefangen,
Zu Boden niedergestürzt ist jetzt der ragende
Ruhm,
Einst stand der Gespielen Schar im gleichen Alter
erstrahlend,
Liegt beschmutzt jetzt im Staub, ist vollendet im
Tode.

Dicht und prachtvoll war der Kranz der mächtigen
Großen,
Jetzt besitzt er kein Grab, Totenehrung auch nicht.
Rot strahlte die Frau, übertraf das flammende Gold
mit den Haaren,
Auf die Erde gestreckt liegt sie bleich wie die Milch.
Wie schrecklich bedecken das Feld die Leichen hier
unbeerdigt,
Und ein ganzes Geschlecht liegt in einem Grabe.

Nicht mehr kann Troja allein nun seine Ruinen be-
klagen:
Gleiche Vernichtung erfuhr jetzt das Thüringer
Land.
Hier wurde die Gattin geraubt, an zerfetzten Haa-
ren gebunden,
Dem Herde konnte sie nicht sagen betrübtes Lebe-
wohl.

Nicht einmal durfte der Gefangene den Türpfosten
  küssen
Und nicht einmal den Blick wenden zur Heimat
  zurück.
Es trat der nackte Fuß ins Blut des Ehegefährten,
Wo tot der Bruder lag, ging die Schwester vorbei.

Aufgehenkt war am Kopf der Knabe, der Mutter
  entrissen,
Keiner weint' und vergoß Tränen über den Tod.
Nicht war schwer das Geschick, so das Leben des
  Sohns zu verlieren,
War doch sogar der Mutter fromme Träne verwehrt,
Selbst ich, die Barbarenfrau, vermag nicht genügend
  zu weinen,
Kann nicht, mit Trauer erfüllt, schwimmen im Trä-
  nenmeer.«

Das Schicksal der thüringischen Königstochter hat die
Herzen der Menschen bewegt. Radegunde wurde zur
Heiligen erhoben. In über hundertfünfzig Kirchen und
Kapellen Frankreichs beten fromme Christen um ihre
Hilfe und Fürsprache.
Zugleich ist die erste herausragende Gestalt in der Ge-
schichte des Thüringer Stammes eine Frau, die von
Jammer und Leid der Erde geschlagen, sich von dieser
abwendet und ihren Frieden bei Gott sucht.

THÜRINGEN UNTER KAROLINGERN UND OTTONEN

Die Thüringer wurden nach der Niederlage an der Unstrut im Jahre 531 fest in die Oberhoheit des fränkischen Reiches eingebunden. Doch im Jahre 551 unterstützten sie den Aufstand der Sachsen gegen die Franken und wurden gemeinsam mit ihnen besiegt. Zur Strafe wurde Thüringen erneut von den Franken verwüstet. Mit welcher Grausamkeit das zu geschehen pflegte, ruft das Gedicht des Venantius Fortunatus in Erinnerung. Dennoch, der blutig niedergeschlagene Aufstand hatte ein positives Ergebnis: Sachsen und Thüringer legten ihre Grenzstreitigkeiten bei und einigten sich auf die Unstrutlinie.

In der folgenden Zeit scheint die Geschichte Thüringen aus dem Blickfeld verloren zu haben. Schattenhaft tritt in der Mitte des 7. Jahrhunderts ein Herzog Radulf auf, ein Mann austrasischen Adels, beheimatet im Rhein-Maas-Raum. Durch Abwehrerfolge gegen die Slawen in seiner Stellung gestärkt, versuchte er die Selbständigkeit Thüringens zu erlangen. Ja es gelang ihm, dem austrasischen König Sigibert, der die feste Bindung Thüringens an das fränkische Reich wiederherstellen wollte, an der Unstrut zu besiegen.

Im Jahre 704 erkennen wir einen Herzog Heden, einen Franken, der mit einer Frau aus dem Umkreis der Karolinger verheiratet war. Zwei Urkunden von ihm, ausgestellt in Würzburg und Hammelburg, lassen den Schluß zu, daß dieses fränkisch-thüringische Herzogtum bis zum Main reichte. Gemäß diesen Urkunden schenkte Herzog Heden dem heiligen Willibrord (658–739) die Curtis Arnstadt, Besitzungen bei Kastell Mühlburg und die Curtis Monra. Im Jahre 726 gab Willibrord die ihm geschenkten Güter an seine Klosterstiftung Echternach. In der zweiten Heden-Urkunde schenkte der Herzog dem Bischof Willibrord sein Erbgut in Saalgau an der fränkischen Saale. Der heilige Bonifatius (672–754) machte Thüringen eine Zeitlang zum Mittelpunkt seiner Mission. Er gründete die Klöster Fulda, Ohrdruf und andere mehr. Durch die zeitweilige Erhebung Erfurts zum Bistum, das später in Mainz aufging, bestimmte er das staatliche Schicksal Thüringens. Denn das Erzstift Mainz war nie mehr bereit, auf das weitentfernte Erfurt zu verzichten. So kam es zwischen dem Erzstift und den thüringischen Landgrafen zu jahrhundertelangen Kämpfen, die den mitteldeutschen Raum erschütterten.

Die Stiftungen und Schenkungen fränkischer Könige und Adeliger waren so umfangreich, daß Thüringen nie zu einem geschlossenen Territorialstaat zusammenwachsen konnte. Die ganze spätere Landgrafschaft Thüringens war durchsetzt von umfangreichem Kirchenbesitz, namentlich des Mainzer Erzstuhles. In der Klosterlandschaft herrschte das gleiche Bild. Allein die Bonifatius-Gründung Fulda verzeichnete bis zum 10. Jahrhundert nördlich des Thüringer Waldes 233 und südlich des Thüringer Waldes 132 dokumentierte Besitzungen.[10]

Es scheint, als sei Thüringen bis zum Auftauchen der ludowingischen Landgrafen nur ein Spielball der Geschichte gewesen.

Aus den Zeiten Karls des Großen bricht Thüringen durch die Verschwörung des Hardrad aus dem Schatten der Geschichte auf. Aber dieser Aufstand zeigt sich nicht als ein Kampf um die Freiheit oder Stellung Thüringens im fränkischen Reich, sondern als eine Rebellion um Adelsinteressen. Regino von Prüm stellt uns einen Poppo II. als »Dux Thuringorum« vor, der außerdem Markgraf der sorbischen Mark war und dadurch seit 880 eine mächtige Stellung einnahm. Die Macht dieses Markenfürsten war so groß geworden, daß Kaiser Arnolf (887–899) ihn im Jahre 892 absetzte und an seine Stelle den Franken Konrad den Älteren berief.

Nun aber sehen wir das Geschlecht, das die Geschicke Thüringens führend übernehmen wird, die Liudolfinger – die Sachsen. Der Sachsenherzog Liudolf († 866) verheiratete seine Tochter Luidgard mit dem Sohn Ludwig des Deutschen, Ludwig dem Jüngeren. Sein Sohn Otto der Erlauchte († 912) heiratete Hadwig, eine Angehörige des ostfränkischen Karolingerhauses. Damit waren die Sachsen in doppelter Weise dem karolingischen Königshause angesippt und gehörten zu den ersten Familien des Reiches. Beim Tode des letzten Karolingers, Ludwig des Kindes (899–911), verzichtete der Sachsenherzog Otto der Erlauchte weise auf eine Thronkandidatur und handelte dem neuen König und den ihn beherrschenden Hofkreisen die Anerkennung seines Herzogtums für Thüringen ab, in dessen Besitz sich die sächsischen Herzöge Zug um Zug gebracht hatten.

Gestützt auf zwei Herzogtümer, Sachsen und Thüringen, konnte Otto des Erlauchten Sohn Heinrich im Jahre 919 die Königskrone erlangen. Mit ihm kam ein großer Realpolitiker an die Macht, der die sächsische Königs- und Kaisermacht etablierte, die erst im Jahre 1024 mit Kaiser Heinrich dem Heiligen (1002–1024) erlosch. Thüringen, unter den Ottonen mit Sachsen vereinigt, lebte weiter im Windschatten der Geschichte. Dennoch blieben starke Bindungen an die fränkischen Landschaften. Ebenso blieb es eingebunden in das Entwicklungsgeschehen der Marken. Bereits König Heinrich I. hatte weit nach Osten gegriffen und seine Grenzen gegen die ungarischen Überfälle durch einen extensiven Burgenbau gesichert. Dann hatte er sich durch seine »Merseburger Schar«, einen wüsten Haufen verurteilter Krimineller, eine von brutaler Härte gezeichnete ständige Eingreiftruppe geschaffen. Man sieht, die Fremdenlegion hat eine lange Geschichte. Im Jahre 929 hatte er die Burg Meißen erbaut, die später Mittelpunkt der Mark Meißen wurde und eng mit dem Schicksal Thüringens verbunden ist.

Unter Otto dem Großen (936–973) war, dem Reiche vorgelagert, eine gewaltige Markenlandschaft entstanden. Im Norden die Billunger Mark, begrenzt durch die Ostsee und das Mündungsdelta der Elbe. Daran anschließend die Nordmark mit dem östlichen Grenzverlauf am Westufer der Oder und den Orten Lenzen, Havelberg und Brandenburg. Dann die Mark Lausitz mit den östlichen Grenzlinien der Spree und des Bober. Im südlichen Anschluß die Marken Merseburg, Zeitz und Meißen. Diese riesige Markenlandschaft, praktisch ein Herzogtum von der Größe Altsachsens, wurde erobert, verteidigt und zusammengehalten durch die eiserne Faust des Markgrafen Gero. Bei seinem Tode gliederte Kaiser Otto der Große das gewaltige Herrschaftsgebiet in die vorgenannten Markgrafschaften auf.

Diese Machtkonzentration, die er seinem getreuen Gero anvertraut hatte, wollte er nicht in anderen Händen sehen.

DIE MARKEN UND DIE OSTKOLONISATION

Obwohl Thüringen nicht den Status einer Mark hatte, wurde es doch in die große, jetzt beginnende Siedlungsbewegung einbezogen.

Die Siedlerströme flossen aus ganz Deutschland, aus Franken und Baiern, aus Schwaben, aus den Rheinlanden, aus Burgund wie aus Holland und Flandern. Die Namensgebung der Hügellandschaft des Hohen und des Niedrigen Fläming erinnert an diese Siedler aus Niederdeutschland. Die Niederdeutschen waren auch in den östlicheren Marken gerne gesehen, weil sie aus ihren küstennahen, wasserreichen Heimatgebieten die Fähigkeit zur Trockenlegung sumpfiger und nasser Böden mitgebracht hatten.

Gründeten die Siedler auch ihre eigenen Dörfer, so kam es doch, wenn auch in geringem Maße, zur Vermischung von Slawen und Deutschen. Nur die Sorben haben sich als kleiner, aber geschlossener Bevölkerungsanteil erhalten.

SACHSEN, DAS SIND WIR ALLE!

Vor dem Hintergrund der Einwanderung aus fast allen Teilen Deutschlands in die Marken und nach Thüringen kann man sagen, daß die sächsisch-thüringische Bevölkerung eine Mischung aller deutschen Stämme mit einem geringen slawischen Anteil ist.

Stellt man sich die Vielfalt der Dialekte und Idiome vor, die durch die Siedlerströme ineinanderflossen, stellt man sich weiter vor, daß der Baier mit dem Flamen, der Moselfranke mit dem Friesen sich verständigen mußte, so erscheint es fast zwangsläufig, daß ein Mensch dieses Lebensraumes, Martin Luther (1483–1546), aus mitteldeutschen, oberdeutschen und niederdeutschen Sprachelementen die deutsche Hochsprache als gemeinsames Verständigungsmittel schaffen mußte.

Diese Überlegung wird durch Martin Luther selbst bestätigt, der in seinen Tischgesprächen sagt: »Ich habe keine gewisse, sonderliche Sprache im Deutschen, sondern brauch der gemeinen Deutschen Sprache, daß mich beide, Ober- und Niederländer verstehen. Ich rede nach der sächsischen Canzley.«[11]

Der Satz »Ich rede nach der sächsischen Canzley« ist nach Ansicht der neueren Forschung zu eng gesehen worden. Luther, in Wittenberg am nördlichsten Teil der mitteldeutschen Sprachgrenze lebend, wollte eine Sprache schaffen, die laut seiner eigenen Aussage vom Oberdeutschen wie vom Niederdeutschen verstanden werden konnte. Da war ihm die Sprache der sächsischen

»Canzley«, die Sprache der gebildeten Leute, sicher hilfreich, weil sie aufgrund ihrer geographischen Lage eine
Mittelposition innehatte.

DIE LUDOWINGISCHEN GRAFEN UND LANDGRAFEN

Immer noch sind die Herrschaftsverhältnisse in den Marken wie auch in Thüringen fließend. Immer noch konnte Herrschaft aus innerer Kraft heraus entstehen, wie es das Geschlecht der Ludowinger, eine Mischung aus Conquistadoren mit einer ausgefeilten Heiratspolitik, beweist. Ludwig der Bärtige († 1055), ein Sproß der Grafen von Rieneck, der sich der Blutsverwandschaft mit Kaiserin Gisela († 1043) rühmen konnte, zeigte, was im 11. Jahrhundert im Reich noch möglich war. Er setzte sich im Dickicht des Thüringer Waldes, südlich von Gotha, fest. Er schuf sechs Rodungsdörfer, erbaute die Schauenburg und kaufte Güter von den einheimischen Freien Günter von Käfernburg und Busso von Gleichen. Dann setzte er eines der wirksamsten Mittel der Herrschaftsbildung ein, eine gut geplante Ehe. Die Erwählte war Cäcilia von Sangerhausen, die ihm ein Heiratsgut von 7000 Hufen eingebracht haben soll, womit er seinen Herrschaftsbereich nicht nur wesentlich vergrößerte, sondern außerhalb des Thüringer Beckens bis nach Sangerhausen ausweitete. Das Erbgut der Cäcilia reichte aus, um den zweiten Sohn Ludwigs des Bärtigen, der in den Chroniken als Graf von Sangerhausen erscheint, auszustatten.

Ludwigs Sohn und Nachfolger, Ludwig der Springer († 1123), folgte dem Vorbild des Vaters. Er heiratete bereits in die Hocharistokratie hinein und gewann Adelheid, die Witwe des Pfalzgrafen Friedrich III. von Sachsen, zur Frau. Diese Ehe brachte dem Springer Freyberg ein, wo er eine starke Burg, die Neuenburg, errichtete. So war ein Machtdreieck entstanden zwischen Sangerhausen, Freyberg mit der Neuenburg im Osten und als westlichem Gegenstück Eisenach mit der Wartburg. Bei solchem Machtzuwachs konnte man leicht den Vorwurf ertragen, den man in den Quellen findet, Ludwig der Springer sei am Tode des Pfalzgrafen Friedrich III. nicht unbeteiligt gewesen. Vorsorglich stiftete er für sein Seelenheil das Kloster Reinhardsbrunn als Grablege für sich und seine Familie. Die Gründung eines Hausklosters ging weit über die Seelenängste des frommen Stifters hinaus. Sie war handfeste Realpolitik und bestimmendes Element mittelalterlicher Herrschaftsbildung.

Zunächst forderte eine Klosterstiftung eine reiche territoriale Ausstattung, in der sich zugleich der Reichtum und die Macht des Stifters widerspiegelte. Ein Kloster mit gelehrten und schriftkundigen Mönchen gab die zur Herrschaft notwendige Schriftlichkeit. Wer dauerhafte Herrschaft ausüben wollte, bedurfte der Urkunde, des schriftlichen Dokuments. Das Hauskloster erfüllte darüber hinaus Chronistenpflicht und belegte am Werdegang der Stifterfamilie deren Herrschaftsanspruch. Zur Erhärtung des Herrschaftsanspruches scheuten die Klöster auch vor Urkundenfälschungen nicht zurück. Das Reinhardsbrunner Kloster hat alle diese Aufgaben gegenüber seiner Stifterfamilie getreulich erfüllt. Die Reinhardsbrunner Chronik führt die Ludowinger über die Kaiserin Gisela auf Karl den Großen zurück. Aber auch Wipo, der Hofkaplan und Biograph Kaiser Konrads II. (1024–1039), bringt über Gisela folgenden Eintrag: »Ihr Vater war Herzog Hermann von Schwaben, ihre Mutter Gerberga, eine Tochter König Konrads von

Burgund, dessen Ahnen aus dem Geschlecht Karls des Großen hervorgegangen waren.«[12]
Somit hatten die Ludowinger Anteil am heiligen Blut der Könige und dem daraus entspringenden Königsheil.
Ludwig des Springers Söhne, Ludwig I. († 1140), der erste Landgraf von Thüringen, und sein Bruder Hermann Raspe († 1130), vervollkommneten die Kunst der Machterweiterung durch Heirat. Landgraf Ludwig ehelichte Hedwig, die Tochter des Grafen Gisor IV. Sein Bruder Raspe heiratete die Witwe des Grafen Gisor IV. So wurde Hermann Raspe zugleich der Schwiegervater seines Bruders und seiner Schwägerin. Dies schien von geringer Bedeutung, war doch durch die Eherochade die ausbaufähige Grafschaft Hessen erworben worden, allerdings auch der permanente Gegensatz zum Erzbistum Mainz, dessen Interessen weit nach Hessen und Thüringen reichten.
Die ludowingischen Grafen waren nicht nur Meister einer geschmeidigen Ehediplomatie, sondern erwarben sich auch in den Reihen der thüringischen Großen eine Führungsposition.
Im Bund mit den Sachsen bekämpfte Ludwig der Springer Kaiser Heinrich IV. (1053–1106). An ihn ließ er durch den abgesetzten Bischof von Halberstadt den Brief mit der beleidigenden Anrede schreiben:»Herr Heinrich, den sie Kaiser nennen.«
Streifen wir kurz die Ursachen des sächsisch-thüringischen Kampfes gegen Heinrich IV. Die moralischen Verleumdungen des Mönches Bruno in seinem »Buch vom sächsischen Krieg« gegen den Kaiser können nicht ernst genommen werden.
Den Haß der Thüringer und Sachsen zog Heinrich IV. auf sich, als er durch Gerichtsbeschluß seine Rechtsansprüche auf die während seiner Minderjährigkeit der Krone entwundenen Königsgüter im Harz, in Thüringen und in Sachsen erzwang.

34

Sein Mittel, den Königseinfluß zu sichern, war der Burgenbau. Das Schlimme daran war, daß er an die Spitze der Burgbesatzungen schwäbische Ministerialen stellte. Die Schwaben, zumeist nicht ritterbürtig, wurden als Fronherren empfunden. So verbündeten sich Thüringer und Sachsen auf der Trettenburg im Jahre 1073. König Heinrich besiegte in wechselnden Kämpfen die Verbündeten und schlug sie am 9. Juni 1075 bei Homburg so, daß sie sich im Herbst des gleichen Jahres bei Oberspier dem König ergaben, unter ihnen Graf Berengar, der Bruder Ludwig des Springers.

Aus diesen Kämpfen, die für beide Seiten Siege und Niederlagen brachten, wird sichtbar, daß sich der thüringisch-sächsische Adel als eine selbständige Kraft im Reich empfand.

Die Stellung der Ludowinger Grafen war so angewachsen, daß Kaiser Lothar (1125–1137) den Ludowinger Ludwig I. auf dem Reichstag zu Goslar im Jahre 1131 zur Würde eines Landgrafen erhob.

Thüringen brauchte eine ordnende weltliche Hand in diesem Nebeneinander von rivalisierenden Grafengeschlechtern, die sich als Landesherren oder als auf dem Wege dorthin empfanden. *Landgraf* – ein neues Amt war geschaffen. Der Landgraf hatte nicht die ganze Gewalt des Herzogs. Trotzdem wird in der Gelnhäuser Urkunde des Jahres 1180, in der das »Reich« Heinrichs des Löwen von Kaiser Friedrich Barbarossa zerschlagen wurde, der Landgraf von Thüringen vor den Herzögen geführt.

Der Landgraf war Vorsitzender des Landding von Mittelhausen und hielt dort unter Königsbann Gerichtstag. In der Ausübung des Königsbanns – der königlichen Gerichtsbarkeit – lag Würde und Quelle der Macht des Landgrafengeschlechts.

Im Kampf gegen das Königtum der Salier waren die Ludowinger emporgestiegen. Nun wurden sie getreue Stüt-

zen der staufischen Macht. Vor allem, nachdem der Sohn
des ersten Landgrafen, Ludwig II. (1140–1172), genannt
der Eiserne, die Stauferin Jutta, die Tochter Herzog Friedrichs II. von Schwaben und Halbschwester Kaiser Friedrichs I., geheiratet hatte. Die Ludowinger standen jetzt
ganz oben in der Hierarchie des Reiches. Wir finden Landgraf Ludwig II. an der Seite Barbarossas in Italien, vor allem als einflußreichen Heerführer vor Mailand.
Das Verhältnis der beiden Schwäger war so eng, daß der
Kaiser den sterbenden Schwager auf der Neuenburg auf-
suchte. Die Herrschaftsauffassung der Ludowinger,
einstmals Rebellen gegen Kaiser und Reich, hatte sich
durch die Nähe zum Kaiserthron grundlegend geändert.
»Man tue«, so schreibt Landgraf Ludwig II. an seinen
Bruder Heinrich Raspe, »den Vorfahren nur Recht, wenn
man sich besinne, auf welche Weise ihre Sache durch
Fortuna und Virtus gewachsen und durch Gottes Beistand solche Fortschritte gemacht habe, daß sie unter
den hervorragendsten Fürsten des Reiches gleichen
Rang und gleichen Namen und gleichen Ruhm hätten«.
Die Fortuna, das Heil, war schon mit ihren Vorfahren; es
ist die für den Herrscher wirksame Gunst der Geschicke, in deren Gegenwart sich die Virtus, die Fähigkeit, Herrschaft zu üben, entfalten kann. Fortuna und
Virtus haben erst dann ihren letzten Sinn, wenn sie zu
»locus«, »nomen« und »gloria« verhelfen. Adel ist nicht
gleich Adel, sondern er ist wieder unter sich nach Ansehen und Rang gestaffelt und will zu den »clarissimi regni primates« gehören. Auf den Schreiber dieses Briefes
sind »nomen« und »locus« ohne persönliches Verdienst,
nur nach dem Erbrecht gelangt. Sie können durch min-
derwertige Taten zu einer »inferior gloria« abgewertet
werden. Trotz Erbrecht ist die Gloria durch immer
neuen Gebrauch der Virtus zu verdienen. Man übt nicht
die rechte Virtus, wenn man sich im Frieden unnützen

Waffenübungen hingibt. Der Fürst hat nicht das Recht, sich durch Ritterspiele ohne Grund in Gefahr zu bringen, für ihn ist die Waffenübung auf den Staatszweck hin gerichtet. Er hat – das ergibt sich daraus – die Waffen nur im Kriege für das Land zu führen. Die Fähigkeit und der Eifer sind zum Nutzen der »regni negotia«, der Reichsgeschäfte, zu gebrauchen.[13]

Die Ludowinger hatten einen weiten Weg zurückgelegt. Sie waren aus Rodungsgrafen – fuchsschlau, brutal und mit einem Sinn für lukrative Heiraten – zu Reichsfürsten emporgewachsen. Zugleich ist dieser Brief auch ein Zeugnis für die Ausformung der Reichsidee unter Friedrich Barbarossa. Das Erbe des reichstreuen Ludwig II., der 1172 verstarb, trat sein Sohn, Ludwig III. der Fromme, an.

Auch er stand auf der Seite der Staufer, namentlich im Kampf gegen den Sachsenherzog, Heinrich den Löwen. Der Gerichtstag von Gelnhausen am 13. April 1180 war nicht nur der Triumph des Kaisers über seinen ungetreuen Vetter Heinrich den Löwen, sondern führte auch zur Erhöhung des ludowingischen Hauses. Die Pfalzgrafschaft Sachsen mit der Herrschaft über das Werra- und das Leinetal bis nach Göttingen war der Dank des Kaisers an das Landgrafenhaus.

Das Urteil von Gelnhausen mußte aber erst durch die Reichskräfte vollzogen werden. Wiederum wurde Thüringen zum Schlachtfeld. Nordhausen, Mühlhausen und Weißensee setzte der Löwe in Flammen. Landgraf Ludwig und sein Bruder Heinrich Raspe fielen gar in die Hand des Sachsenherzogs. Als dieser dann den vereinigten Reichskräften zu erliegen drohte, sandte er das landgräfliche Brüderpaar als Vermittler zum Kaiser. Doch der Sachsenherzog hatte sein Spiel überreizt und mußte sich auf dem Reichstag zu Erfurt unterwerfen. Er wurde verbannt und sein nordisches Reich zerschlagen.

Im März 1188 nahm der Landgraf, auch hier wiederum an der Seite des Kaisers, in Mainz das Kreuz.

Er zog aber nicht mit dem Landheer Barbarossas ins Heilige Land, sondern segelte per Schiff nach Akkon. Der Landgraf, der mit 3000 Kriegern den Belagerungsring um Akkon verstärkte, wurde als Führer des deutschen Heeres angesehen. Bevor die Reste des deutschen Hauptheeres unter Führung von Barbarossas Sohn, Friedrich von Schwaben, Akkon erreichten – der Kaiser war inzwischen im Saleph ertrunken –, hatte sich Landgraf Ludwig erkrankt auf die Heimreise begeben. Er starb am 16. Oktober 1190. Seine Gebeine fanden ihre Ruhe im Hauskloster Reinhardsbrunn. Er hatte im Denken der Zeit sein Leben als Held, als Kreuzfahrer, als »miles Christi« erfüllt. Das Volk verlieh ihm den Namen »Ludwig der Fromme«. Für die Welt erschien er als der Gipfel und die Erfüllung der ludowingischen Macht.

LANDGRAF HERMANN I.

Nach dem Tode Ludwig des Frommen, der nach dem Kreuzzug Kaiser Friedrich Barbarossas kinderlos starb, durfte sein Bruder Hermann I. († 1217) im sicheren Glauben sein, die Nachfolge auf dem Landgrafenstuhl anzutreten.

Dem aber war nicht so. Nach dem Tode des Vaters, Kaiser Friedrichs I., versuchte sein Sohn und Nachfolger König Heinrich VI. (1190–1197) die ludowingischen Lehen einzuziehen. Das war ein Affront, denn diese waren bereits in fünffacher Folge vom Vater auf den Sohn gegeben worden, und auch die Nachfolge des Bruders beim Fehlen leiblicher Erben des Lehensinhabers gehörte zur geübten Praxis der Staufer. Ein halbes Jahrhundert hatten die ludowingischen Landgrafen treu zum staufischen Hause gestanden, und nun geschah dieser Eklat der Lehensverweigerung.

Es muß festgehalten werden, daß der erste Verrat nicht von Landgraf Hermann, sondern von dem Barbarossa-Sohn König Heinrich VI. ausging.

Hier ist die Ursache zu suchen, warum Landgraf Hermann im staufisch-welfischen Thronstreit viermal die Seiten wechselte, je nachdem wo er für sich und sein Land den größeren Vorteil erhoffen durfte.

Er hatte erfahren, daß Treue ein zweifelhafter Begriff geworden war, und stand nun im opportunistischen Machtstreben nicht hinter Kaiser, Päpsten, Königen und anderen Mächtigen der Zeit zurück.

Ein so kluger und tiefschauender Historiker wie Karl Hauck nennt Hermann I. in seiner Kirchengeschichte gar den »Vater des Verrats«.

Diese negative Stellungnahme gegen den Ludowinger läßt den Schluß zu, daß es Herzenssache der deutschen Geschichtsschreibung war, keinen Schatten auf den Glanz der Staufer fallen zu lassen. Darüber hinaus vergaß sie in ihrer Sehnsucht nach dem zentralistischen Nationalstaat, daß die gegenseitige Treue zwischen Lehnsgeber und Lehnsnehmer die verbindende Klammer der Lehnsgesellschaft und der ihr innewohnenden föderativen Struktur war.

Die Kölner Königschronik berichtet lakonisch über den Vorfall. »Als er [Heinrich VI.] den Tod seines Vaters und des Landgrafen Ludwig erfahren hatte, rückte er nach Thüringen ein und versuchte, das Land in seine Hand zu bringen, das Lehen der Ludowinger einzubehalten.«[14]

Daß ihm dies nicht gelang, war das Ergebnis des vereinigten Widerstandes der Fürsten. »Unwillig vernahm der König in Saalfeld den Rat der zur Versammlung daselbst vereinten Fürsten.«[15]

Die Motive Heinrichs VI. sind klar. Er wollte die alte Königslandschaft in Mitteldeutschland wieder unter die Gewalt der Krone bringen. Sein Staatsziel wird sichtbar in seinem Streben, ein Erbreich zu schaffen und das Königtum aus den Zwängen der Fürstenwahl zu befreien. Nur mit Mühe konnte Heinrich VI. auf dem Reichstag zu Würzburg im April 1196 eine knappe Mehrheit der Fürsten für seinen Erbreichplan gewinnen, indem er ihnen die Erblichkeit ihrer Lehen zusagte. Darunter auch den Landgrafen Herman von Thüringen, dem es gelang, unter Anwendung der neuen Gesetze nicht nur die Anerkennung der Erblichkeit seiner Lehen, sondern auch deren Vererblichkeit in der weiblichen Linie von König und Fürsten bezeugen zu lassen.

40

So befand sich jetzt der Landgraf treu an der Seite des Staufers. Wie schon sein Bruder Ludwig der Fromme nahm auch Landgraf Hermann »im Streben nach göttlichem Lohn, nicht aus Furcht vor dem weltlichen Schwert« das Kreuz.[16]

Eine tödliche Malaria beendete das junge, genialische und skrupellose, von weiten Plänen getragene Leben Kaiser Heinrichs VI. am 28. September 1197 zu Messina. Er fand in Palermo sein Grab.

Das Gerücht, seine Frau Constanze habe ihm Gift gereicht, ist nur insofern interessant, weil es die Meinung der Zeitgenossen über das Verhältnis der kaiserlichen Gatten zueinander widergibt.

Es gibt Spekulationen, ob ein längeres Leben dieses Herrschers das Schicksal Europas, zumindest aber Deutschlands in andere Bahnen gelenkt hätte.

Die Wahrscheinlichkeit ist gering. Auch er war dem Zauber Italiens, dem Glanz und dem Reichtum Siziliens verfallen, genau wie sein hochbegabter Sohn, Kaiser Friedrich II. Das war der Irrtum der letzten Staufer, die Basis des Kaisertums in Italien und Sizilien zu sehen und nicht in Deutschland, namentlich in den rheinischen und mitteldeutschen Bastionen, die zum Schlachtfeld wurden und zum Untergang des staufischen Hauses führten.[17]

Während Landgraf Hermann noch vor Akkon stand, hatte er, als ihn die Nachricht vom Tode Kaiser Heinrichs VI. erreichte, wie versprochen und gelobt den Eid auf dessen Sohn Friedrich II. geleistet und sich wiederum zur staufischen Sache bekannt.

Am 5.3.1198 wohnte er noch in Akkon der Gründung des Deutschen Ordens bei. Wir sehen, die Verbindungen des thüringischen Landgrafenhauses zum Deutschen Orden haben tiefe Wurzeln.

Als Landgraf Hermann Ende Juli 1198 mit anderen deutschen Fürsten aus dem Heiligen Land zurückkehrte, war Philipp von Schwaben, Bruder Kaiser Heinrichs VI., am 6. und 8. März in stufenweiser Erhebung zu Ichtershausen und Mühlhausen in Thüringen zum deutschen König gewählt worden. Den Großen des Reiches schien der erst vierjährige Kaisersohn Friedrich im fernen Sizilien nicht fähig, in dieser schweren Zeit das Reichsregiment zu führen. Diese Überlegung war sicher vernünftig, aber doch ein Verrat an der bereits am 25.12.1196 vollzogenen Königswahl der deutschen Fürsten für den Kaisersohn Friedrich II.

Wenn sich jetzt Landgraf Hermann auf die Seite des Welfen Otto von Braunschweig schlug, so war dies kein Verrat an Philipp von Schwaben, sondern ein Verrat an dem vierjährigen Kaisersohn Friedrich II.

Der Hinwendung Hermanns zu dem Welfen lag das nüchterne Kalkül zugrunde, daß dieser als der scheinbar Schwächere den höheren Preis für seine Gefolgschaft zahlen würde.[18]

Es ist bekannt, daß Landgraf Hermann einige Male zwischen Staufern und Welfen wechselte. Aber er war nicht der einzige, der in der Zeit des Thronstreites Verrat beging, oder sollen wir sagen: die Notwendigkeiten seines Landes über die Treue zu Kaiser und Reich stellte.

Schließlich verriet Pfalzgraf Heinrich, der Bruder Ottos IV., sogar die welfische Sache. König Ottokar von Böhmen, Herzog Ludwig von Baiern, der Erzbischof von Magdeburg, ja Erzbischof Siegfried von Mainz, der Otto IV. seinen Erzstuhl verdankte und ihn dennoch exkommunizierte, sie alle handelten wie der Landgraf Hermann von Thüringen und stellten den eigenen Vorteil über die Reichsinteressen.

Und wo überhaupt lagen die Reichsinteressen? Beim Welfen, beim Staufer? Oder gar bei Papst Innozenz III.

(1198–1216), der mit Bannfluch und überlegener Intelligenz den deutschen Fürsten klarmachte, daß die Interessen des Reiches nur im Rahmen der universalen katholischen Kirche wahrgenommen werden konnten?
Die Ermordung des Reichgubernators Erzbischof Engelbert I. von Köln (1216–1225) durch seinen Verwandten Friedrich von Isenburg am 27. Oktober 1225 wirft ein Schlaglicht auf die Verfassung des Adels und den moralischen Zustand der herrschenden Klasse. Der Anlaß zu dieser bösen Tat lag nicht in den Reichsinteressen, sondern im Streit um die Vogtei des Essener Stifts.
Diese Zeit des gegenseitigen Verrats, des Mordes, der sich bis zum Königsmord steigert, gehört mit zum Lebenserlebnis der heiligen Elisabeth, zeigt ihr in fast theatralischer Dramatik die Vergeblichkeit des Menschen und seiner Welt.
Beim Landgrafen Hermann kann man außer der Suche nach dem eigenen Vorteil als Entschuldigung sein Damaskus-Erlebnis werten, das ihm die Treue gering und den eigenen Vorteil als einzige Sicherheit in der vom Thronkampf geschüttelten Welt erscheinen ließ: die Lehensverweigerung König Heinrichs VI. an ihn beim Tode seines Bruders Ludwig des Frommen.
Einer der dramatischen Höhepunkte des staufisch-welfischen Thronstreites, der ja in Wahrheit ein blutiger Bürgerkrieg war, ist die Ermordung König Philipps von Schwaben durch den zornentbrannten Pfalzgrafen Otto von Wittelsbach in der bischöflichen Residenz in Bamberg. Dieser Mord wird im Leben der heiligen Elisabeth eine entscheidende Stellung einnehmen.
Das augenscheinliche Ergebnis der Bluttat war der Sieg des Welfen, König Ottos IV. Die ganze Fürstenschar hob wieder die Schwurhand und begab sich zum scheinbaren Sieger. Als König Otto, zunächst der Kandidat Papst Innozenz' III., sich nun doch in Wahrung der Reichsinter-

essen in Widerspruch zum Papst stellte, erinnerte sich dieser an den letzten thronfähigen Staufer, an den in Sizilien herangewachsenen Friedrich II. Mit französischer Unterstützung (denn Otto IV. war als Verwandter des englischen Königs von diesem zum Grafen von Poitou erhoben worden, dem traditionellen Feind des französischen Königtums), mit päpstlichem Segen und päpstlichem Geld ausgestattet, begann Friedrich II. seinen historischen Ritt nach Deutschland.

Bei seinem Erscheinen in Konstanz im September 1212 flogen ihm die Herzen der staufisch Gesinnten in Schwaben und am Oberrhein zu. Am 19. November des gleichen Jahres sehen wir Friedrich an der Reichsgrenze zwischen Toul und Vaucouleurs in Verhandlungen mit dem französischen Thronfolger Ludwig VIII. das staufisch-kapetingische Bündnis erneuern. Dadurch kam er in den Genuß erheblicher französischer Subsidien, die ihm angesichts der bekannten Habsucht der deutschen Fürsten auch materiell den Weg ebneten.

Schon am 5. Dezember 1212 wurde er in einer großen Fürstenversammlung in Frankfurt am Main zum »Römischen König« gewählt und von Erzbischof Siegfried II. gekrönt.

Zu den ersten, die dem jungen Stauferkönig entgegenzogen, gehörte Landgraf Hermann I., von fünfhundert Rittern begleitet, die Heeresmacht Friedrichs II. zu verstärken.

Der Chronist des ludowingischen Hausklosters Reinhardsbrunn berichtet, daß Landgraf Hermann I. von Friedrich mit höchsten Ehren empfangen wurde.

Anscheinend hatte der Parteienverrat des Landgrafen ihm weder in den Augen der Zeitgenossen noch in denen Friedrichs II. geschadet.

Auch wenn sein Verrat seine Fürstentümer zum Schlachtfeld des blutigen Thronkampfes machte, haben seine Länder doch überstanden.

44

Die einstmals aus sechs Rodungsdörfern entstandene
Landgrafschaft erschien als Rechts- und Ordnungsinstitut so gesichert, daß sie diese unruhigen und sturmschweren Jahre überdauerte.

LANDGRAF HERMANN I. – SCHUTZHERR DER DICHTER UND SÄNGER

Die historische Gestalt des Landgrafen Hermann von Thüringen ist mit dem Vorwurf des Verräters oder, in milderer Form, des anpassungsfähigen Opportunisten nicht erschöpfend ausgedeutet. Einmal, dies wurde bereits gesagt, schien ihm der Parteienwechsel nicht geschadet zu haben, denn er blieb allezeit für die wechselnden Partner begehrt und vertragsfähig.

Er ist schließlich der Landgraf des Sängerwettstreites auf der Wartburg, die zu dieser Zeit nur unwirtliche Wehrburg und noch nicht großartige Wohnburg war. Dieser Ausbau geschah erst unter Landgraf Ludwig IV. (1217–1227). Die landgräfliche Pfalz, die wahrscheinliche Stätte des Sängerkampfes, befand sich am Fuße des Wachtberges, am Rande von Eisenach.

Landgraf Hermann ist nobler Gast- und Schirmherr Walthers von der Vogelweide, Heinrichs von Veldecke, Wolframs von Eschenbach und Heinrichs von Ofterdingen. Der machtvolle Zauberer Klingsor weilt am landgräflichen Hof und prophezeit die Heirat von Landgraf Hermanns Sohn mit der ungarischen Königstochter Elisabeth.

Landgraf Hermann erlebt mit seinen Sängergästen das romantische Märchen vom Tannhäuser, das später von Richard Wagner in Wort und Ton gemeistert wurde. Der Tannhäuser, der als historische Gestalt im Chiemgauer Alpengebiet beheimatet war, paßt gut in die Landschaft der Thüringer Berge und des Thüringer Waldes, aber auch in die Zerrissenheit der Zeit, von der Walther von der Vogelweide sagt:

>»Die Sonne hat ihren Glanz verloren,
Untreue ihren Samen gestreut
auf allen Wegen:
Der Vater erfährt Untreue beim Sohn,
der Bruder lügt seinem Bruder.
Geistlichkeit trügt in der Ordenstracht;
die uns zum Himmel leiten sollte.
Gewalt geht auf, das Recht vor dem Gericht vergeht:
Auf denn! Man hat hier allzulang geschlafen!«[19]

Walther, der Sänger zartester Minnelieder, schildert die moralische Welt, in der Elisabeth leben wird. Verrat und Untreue überall! Die beiden Säulen, die die mittelalterliche Welt getragen haben, Kaiser und Papst, bannen und fluchen einander gegenseitig. Die Ordnung der Welt ist gestört.

In prunkender Pracht am landgräflichen Hof zu Eisenach, neben brennenden Städten und rauchenden Dörfern, feiert der Landgraf an seinem Musenhof das Ritterfest seines Lebens.

Was sich hier an ritterlicher Kultur darbot, beschränkte sich ansonsten auf den Süden und den Westen Deutschlands.

Walther von der Vogelweide als Gast am thüringischen Hofe berichtet: »Der Landgraf ist so gesinnt, daß er mit vielen Helden seine Habe verzehrt. Mir ist seine hohe Lebensweise bekannt: Und kostete ein Fuder Wein tausend Pfund, so stünde doch niemals eines Ritters Becher leer.«

Walther zeigt aber auch die Hektik dieses Hofes: »Wer in den Ohren krank von bösen Leiden ist, das ist mein

Rat, der bleibe dem Hofe von Thüringen fern, denn wenn er dorthin kommt, so wird er närrisch. Eine Schar fährt aus, die andere ein, so geht es Tag und Nacht. Es ist ein großes Wunder, daß jemand dort zu Gehör kommt.« Und dennoch schreibt Wolfram von Eschenbach dort das 6. und 7. Buch des Parzival, dichtet Hermann von Veldecke, ein besonderer Freund des Landgrafen, seine Lieder.

Das dem 13. Jahrhundert angehörende Gedicht vom Sängerkrieg auf der Wartburg und das aus Bußliedern des 14. und 15. Jahrhundert überlieferte Tannhäuser-Lied versinnbildlichen die Bipolarität des Menschen, seine Sehnsucht nach Klarheit, Reinheit und Gotteserkenntnis und den zwanghaften Trieb nach höchster Sinnenlust – orgiastische Träume von der Erfahrbarkeit des Nichtzuerfahrenden im Reiche der Frau Venus.

Nachdem wir uns über Thüringen als Lebensfeld der heiligen Elisabeth und über das Landgrafenhaus als angeheiratete Familie unserer Heiligen einen Überblick verschafft haben, lenken wir jetzt unsere Aufmerksamkeit nach Ungarn und auf die eigene Familie Elisabeths.

ELISABETH UND IHRE FAMILIE

Geboren ist Elisabeth im Jahre 1207, entweder auf der Burg Sáros Patkos in Ungarn oder in Preßburg, als Tochter König Andreas' II. von Ungarn, aus dem Herrscherhaus der Arpaden. Sie stammt väterlicherseits in direkter Linie von den heiligen ungarischen Königen, Stephan I. dem Heiligen (997–1038), seinem heiligen Sohne Emrich († 1031) und Ladislaus dem Heiligen (1077–1095), ab.

Ihre Mutter war Gertrud von Andechs-Meran, eine Tochter Bertholds IV. († 1204), Herzog von Meranien und Markgraf von Istrien.

Gertruds Schwester, die heilige Hedwig, war die Mutter von Herzog Heinrich dem Frommen von Schlesien, der sich mit seinem Heeresaufgebot in der Tatarenschlacht bei Liegnitz am 8.4.1241 opferte und das Abendland vor den Mongolen bewahrte.

Elisabeths Onkel, der Bruder ihrer Mutter, Berchthold, war Patriarch von Aquileja. Ein anderer, Ekbert, war Bischof von Bamberg. Ihre Tante Agnes war mit dem König von Frankreich, Philipp II. August (1180–1223), verheiratet.

Eine andere Schwester ihrer Mutter, Mechthild von Andechs-Meran, war Äbtissin des in der Zeit des heiligen Bonifatius gegründeten, wegen seiner Gelehrsamkeit berühmten Benediktinerinnen-Klosters in Kitzingen, wo Elisabeth später selbst Zuflucht fand.

Man sieht, unsere Heilige war hineingeboren in ein wei-

tes Geflecht weltlicher Macht wie geistlicher Heiligkeit. Schon ein Jahr nach ihrer Geburt wurde sie zum
Objekt des geschichtlichen Zugriffs.

Im Jahre 1208 ermordete der empörte Pfalzgraf Otto von
Wittelsbach, der seinen Platz in der Geschichte als Königsmörder fand, den staufischen König Philipp von
Schwaben in der Bischofspfalz Bamberg. Bischof Ekbert
von Bamberg war in Verdacht geraten, in den Königsmord verstrickt zu sein. Er floh zu seiner Schwester, der
Königin Gertrud, nach Ungarn. Dort spielte der umtrie-
bige und weltgewandte Mann gemeinsam mit seiner
Schwester und König Andreas das wohl beliebteste Spiel
des europäischen Hochadels: profitable und weitrei-
chende Eheverbindungen zu knüpfen.

Bischof Ekbert schlug dem ungarischen Königspaar vor,
für ihre Tochter Elisabeth durch eine spätere Heirat eine
Verbindung mit dem thüringischen Landgrafenhaus anzustreben.

Waren die Landgrafen auch keine Könige, so waren sie
doch deutsche Reichsfürsten und trugen – genau wie die
ungarische Königin Gertrud – einen Tropfen karolingischen Blutes in sich, der sie zu Mitgliedern der nobel-
sten Kaste des Abendlandes machte. Zudem waren sie
durch die Ehe des Landgrafen Ludwig II. mit Jutta von
Schwaben dem staufischen Kaiserhaus angesippt.

Für Bischof Ekbert brachte die Ehe seiner kleinen Nichte Elisabeth die familiäre Bindung an seinen nächsten
territorialen Nachbarn.

Dem thüringischen Landgrafenhaus aber durfte es nütz-
lich sein, eine Königstochter zu erheiraten und sich mit
einem der mächtigsten süddeutschen Adelshäuser, dem
von Andechs-Meran, zu verbinden, dem ja die Mutter
der Braut entstammte. Das waren die politischen Kon-
struktionen, die zur Ehe der heiligen Elisabeth führten.
Und schließlich war der regierende Landgraf Hermann I.

Herr über Thüringen und Hessen, das Osterland und die seinem Vater von Friedrich Barbarossa verliehene sächsische Pfalzgrafschaft. Ein Machtkomplex, der sich von der Lahn bis weit über die Elbe gegen die Oder hin ausdehnte.

Die Ehestiftung durch die Eltern war im Mittelalter und noch bis ins 19. Jahrhundert der Normalfall. Im Prinzip war nur die Zustimmung des Vaters erforderlich, in der Praxis war sicher auch die Stimme der Mutter wichtig. Kein junges Mädchen von Stand hätte es gewagt, eine Ehe einzugehen, die nicht dem Willen der Eltern entsprach und die nicht vom Vater genehmigt worden war. Die Ehe war kein individuelles Willens- und Liebesbegehren zweier Menschen, sondern eine sorgsam geplante Unternehmung zur Vergrößerung, mindestens aber zur Erhaltung der Macht und des Reichtums der Familie und Sippe, wozu auch Kinderreichtum, namentlich das Gebären von Söhnen, gehörte.

Die Frau ging bei der Eheschließung aus der Muntgewalt des Vater in die des Gatten über.

Große Frauen haben zu allen Zeiten die Fesseln der patriarchalischen Welt gesprengt. Die blutigen Merowingerköniginnen ebenso wie die Kaiserin Judith, die Frau des Karls-Sohnes Ludwig des Frommen (781–840), die ihre Zeit und ihren Mann beherrschte. Ein besonderes Beispiel weiblicher Persönlichkeitskraft ist Eleonore von Aquitanien, die Königin von Frankreich war und nach ihrer Scheidung auf dem Konzil von Beaugency (1152) Königin von England wurde, die immer selbst die Herrschaft in ihren Erbländern Poitou und Aquitanien ausübte.

Elisabeths Mutter Gertrud muß ebenfalls ein bestimmender Mensch gewesen sein, die mit und neben ihrem Gatten Ungarn regierte. Sie wurde wegen ihrer Bevorzugung der Deutschen in Ungarn, vor allem aber wegen ihrer maßlosen Habgier und einer damit verbundenen Verschwendungssucht, vor den Augen ihrer Kinder von ungarischen Magnaten im Jahre 1213 erschlagen.

Dietrich von Apolda (* um 1228, † nach 1297), Biograph der heiligen Elisabeth, sagt über ihre Mutter: »... von männlichem Geist erfüllt«, habe sie »selber die Staatsgeschäfte geführt«.

Ihr Mann, König Andreas II., wird von der Historie als schwacher Fürst gesehen. Dennoch war er stark genug, den Deutschen Orden im Jahre 1225 aus Ungarn zu vertreiben, der das ihm anvertraute Burzenland im Inneren des Karpatenbogens und das angrenzende kumanische Gebiet aus dem Königreich Ungarn herauslösen wollte, um einen eigenen, unabhängigen Ordensstaat unter päpstlicher Lehnshoheit zu begründen.

Wenn auch der Kreuzzug, den König Andreas II. in den Jahren 1217/18 unternahm und an dem sich sein Vetter Herzog Leopold VI. von Österreich und seine Schwäger, Bischof Ekbert von Bamberg und Herzog Otto von Meranien, beteiligten, in seinen Zielen scheiterte, so bezeugt ein solches Unternehmen allein schon ein gewisses Maß an militärischer Kraft.

Bei genauem Hinsehen ergibt sich der Eindruck, als habe die Vertreibung des Deutschen Ordens aus Ungarn den Blick der klerikalen Chronisten in der Beurteilung König Andreas' II. getrübt.

Sicher ist, daß Elisabeths Familien väterlicher- wie mütterlicherseits zur europäischen Hocharistokratie gehörten und in beiden Linien eine Reihe ehrfurchtgebietender Heiliger erscheinen, so daß fast ein Zwang zu eigener Heiligkeit vorgegeben scheint.

Es begann wie eine alte Sage

Ein mächtiger Zauberer erschien in Eisenach am Fuße der Wartburg und gab dem Landgrafen Hermann I. und seinen Sängerfreunden, darunter mögen Walther von der Vogelweide, Wolfram von Eschenbach und Heinrich von Veldecke gewesen sein, folgende Prophezeiung:

»Ihr sollt wissen fürwahr, daß meinem Herrn, dem König von Ungarn, eine Tochter geboren wird in dieser Nacht, die wird Elisabeth genannt werden und eine Heilige werden. Sie wird dem jungen Fürsten, des Landgrafen Sohn, zum Weibe angetraut werden, und durch ihr lobesames, heiliges Leben soll die ganze Welt getröstet werden und besonders dieses Land.«[20]

Prophezeiungen oder Träume dieser Art gehören zum Muster der Viten großer Menschen, weltlicher wie geistlicher, von Alexander dem Großen bis zu Bernhard von Clairvaux.

Die Prophezeiung des Magiers Klingsor, so es ihn denn gegeben hat, kann gute Gründe gehabt haben.

Kam er doch aus Ungarn von des Königs Hof und war ein Mann von Ruf. Dort kann er von den Eheplänen, die König Andreas, dessen Frau Gertrud und Bischof Ekbert von Bamberg schmiedeten, gehört haben. So wäre es ihm leicht gewesen, als Prophet aufzutreten.

Im Jahre 1211 – die Heiratsverhandlungen zwischen dem Landgrafenhaus und dem ungarischen Königshof waren abgeschlossen – entsandte Landgraf Hermann I. eine ritterliche Eskorte unter Führung des Grafen Meinhardt von Molburg und des Schenken Rudolf von Vargula, eines dem Landgrafen Hermann I. und später seinem Sohn Ludwig IV. besonders treu ergebenen Vasallen, und eine Frau Berta von Bendeleben, zum ungarischen Hof, die kleine, jetzt vierjährige Prinzessin einzuholen. Da es sich um ein kleines Mädchen handelte, war die Begleitung der Eskorte durch eine adelige Dame zwingend und natürlich.

Die Erziehung der kleinen Prinzessinnen am Hofe des künftigen Gatten war im Mittelalter üblich. Einmal, um in die Gemeinschaft der neuen Fürstenfamilie hineinzuwachsen, zum anderen, um Sprache und Kultur der neuen Heimat zu erlernen und zu verstehen.

Wenn Busse-Wilson (vergleiche hierzu die genaueren Ausführungen im Kapitel »Die Quellen zur Vita der heiligen Elisabeth«) schreibt: »Die wachsende Vereinsamung, die Ursache ihrer unsozialen Entwicklung, findet in dieser Entwurzelung ihre Erklärung«, so ist dies eine Behauptung, die die Historie nicht bestätigt.

Viele europäische Prinzessinnen sind durch diese Entwicklung gegangen und wurden tüchtige, lebensstarke Frauen, Mütter und Fürstinnen. Ein Musterbeispiel ist Margarete von Österreich (1480–1530). Sie wurde im Alter von drei Jahren dem französischen Dauphin und späteren König Karl VIII. (1483–1498) angetraut. Wegen der großen Jugend der Braut wurde die Ehe natürlich nicht vollzogen. Als sich die politische Großwetterlage änderte, heiratete Karl VIII. aus politischem Kalkül die Herzogin Anne von der Bretagne. Die damals dreizehnjährige Margarete wurde nach Burgund zurückgeschickt. Einige Jahre später wurde sie an den spanischen Thronfolger Juan, Prinz von Asturien, verheiratet. Nach wenigen Monaten starb der spanische Prinz im Oktober 1497 und hinterließ Margarete als achtzehnjährige Witwe. Dann wurde sie im Dienste der habsburgischen Politik an Herzog Philibert II. von Savoyen verheiratet. Aber auch dieser Ehe war nur ein kurzes Glück beschieden. Der Herzog erlag im Jahre 1504 einem Jagdunfall, und Margarete stand vor dem Ende ihrer dritten Ehe. All diese Schicksalsschläge hinderten sie nicht, als Generalstatthalterin der Niederlande von 1506 bis 1530 eine der erfolgreichsten Regentinnen ihrer Zeit zu sein.

Ein weiteres Beispiel. König Ludwig VII. (1137–1180), ein Erzfeind König Heinrichs II. (1154–1184) von England, hatte seine Tochter Adelaide als künftige Ehefrau des Richard Löwenherz an den englischen Hof gegeben und mußte erleben, daß seine Tochter im jugendlichen Alter von ihrem zukünftigen Schwiegervater, König Heinrich II., mißbraucht wurde. Ein Skandal, der bis vor den Papst gelangte.

Als Adelaide wieder in ihre Heimat zurückkehren konnte, heiratete sie den französischen Edelmann Guillaume de Ponthieu und führte mit ihm eine normale Ehe.[21]

Diese Beispiele lassen sich beliebig vermehren. Es ist also festzustellen: Der Lebensweg der heiligen Elisabeth wird nicht bestimmt durch eine vereinsamte, frühe Jugend in Thüringen, sondern ist das persönliche Schicksal einer gottsuchenden Seele.

Zu der Vereinsamungstheorie von Busse-Wilson paßt auch kaum, daß König Andreas seiner Tochter zwei Begleiter mitgab, die Herren David und Farkasius, offenbar zwei Geistliche. Dazu eine ungarische Harfnerin mit Namen Alheit, die aber 1211 bei der Durchreise in Nürnberg blieb und dort Meisterin einer frommen Frauengemeinschaft wurde.

Dann gab man der vierjährigen Elisabeth die fünfjährige Guda, wahrscheinlich ein adeliges Mädchen, als Freundin und Gefährtin mit.[22]

Nach Vereinsamung, gar nach Entsippung sieht das alles nicht aus. Gerade in Elisabeths ärgsten Notzeiten erwies sich der Zusammenhalt ihrer Familie. Zu keiner Zeit hat König Andreas seine Tochter aus der väterlichen Fürsorge entlassen, wie uns die Quellen berichten: »Da geschah es, daß der König von Ungarn, der Vater der gottseligen Elisabeth, einen Grafen namens Pavias mit großem Gefolge hinsandte, um seine Tochter in sein Land zurückzuführen. Er hatte nämlich vernommen, daß sie als Bettlerin jedes Trostes beraubt wäre; als nun dieser Graf in die Stadt Marburg kam, fand er sie bei der Spindel sitzen und Wolle spinnen. Er bekreuzigte sich vor Staunen und sagte: ›Niemals hat man vorher eines Königs Tochter Wolle spinnen sehen.‹ Da sie aber die Armut und die Verbannung innig liebte, ließ sie sich nicht dazu bereden, mit den Boten ihres Vaters in ihr Geburtsland zurückzukehren.«[23]

Das besondere Lebensschicksal Elisabeths ist weder in einer vereinsamten Kindheit noch in einer Entsippung von ihrer elterlichen Familie zu sehen.

Die Hinwendung der ungarischen Königsfamilie drückt sich auch im Brautschatz aus, den Elisabeth für das neue Leben im fernen und fremden Lande erhielt.

Der Chronist zählt auf: »Darum sorgte sie [Elisabeths Mutter Gertrud], daß sie ihre Tochter reichlich und königlich außer Landes sandte. Als sie nun alle Dinge beschafft hatte zu der Fahrt und die ehrbaren Boten reichlich mit Silber und Gold und Kleinodien beschenkt hatte, legte sie ihre Tochter, die liebe Sankta Elisabeth, in eine silberne Wiege, die mit köstlichem seidenem Tuch ausgeschlagen war.

Sie sandte mit dem Kind unzählige goldene und silberne Trinkgefäße, achtbare Haften, Kränze und Kronen; viel verzierte Fingerringe und Spangen mit edlen Steinen und schön getrieben; viel bunte Bänder und reiches Gewand aus Pelz, golddurchwirkte Tücher und Baldachine. Wer konnte wohl das kaiserliche Bettzeug von purpurner Seide bezahlen, das da geschickt wurde und mit dem anderen teuren Hausrat, den niemand zählen konnte. Außerdem tausend Mark in feinem Silber und weiteres mehr. Dazu einen Badekübel aus Silber, darin das Mägdelein baden sollte. Einen so reichen Schatz und Kleinodien wie die Königin sandte mit ihrer Tochter, ward im Thüringerland nie wieder gesehen.«[24]

Von Ungarn nach Thüringen – die neue Heimat in der Fremde

In Eisenach wurde die kleine Elisabeth freundlich empfangen. In einer symbolischen Handlung wurde sie dem Erbprinzen beigelegt, wobei erwähnt werden muß, daß dies der erstgeborene, der Erbprinz Hermann war, der schon im Jahre 1216, Elisabeth war neun Jahre alt, verstarb. Auch die künftige Schwiegermutter, Landgräfin Sophie von Baiern, wird von der neueren Forschung nicht mehr als die »böse Schwiegermutter« gesehen, wie uns die Legende erzählt. Sie war eine karitative Persönlichkeit, die in der Verpflichtung guter Taten lebte. Vor allem war sie nach dem Tode ihres lebenslustigen Mannes um dessen Seelenheil besorgt, wofür der Landgrafenpsalter ein schönes Beispiel ist. Nach seinem Tode trat sie, dem vorgeschriebenen Schicksal adeliger Damen folgend, in ein Kloster ein. Allerdings blieb Sophie von Baiern dort, wie in ihrer Wohltätigkeit, immer Dame von Stand.

In Elisabeths Lebensbericht ihrer Jugendfreundin und Gefährtin Guda, die ja seit ihrem fünften Lebensjahr mit der kleinen Prinzessin zusammenlebte, wird viel von Spiel, Freude und Tanz gesprochen. Doch schon bricht im kindlichen Spiel die Frömmigkeit Elisabeths durch. Die Burgkapelle war für sie ein magischer Anziehungspunkt.

»Wurde sie nämlich von Dienerinnen beobachtet, so gab sie sich den Anschein, im Spiel ein Mädchen erhaschen zu wollen, lief auf die Kapelle zu und sprang schnell hinein ... Beim Hüpfespiel auf einem Fuß drängte sie die Mädchen auf die Kapelle zu. Wenn sie dann wegen des angeblichen Spiels nicht hineingehen konnte, küßte sie wenigstens die Tür oder die Wände der Kapelle. Ebenso setzte sie beim Ringspiel und bei jedem anderen Spiel ihre Hoffnung zu siegen und zu gewinnen auf Gott.«[25]

Ja, Elisabeth war ein frommes Kind, aber sie war nicht ohne Fröhlichkeit. Wir sehen sie auch mit einer gewissen Listigkeit ihre Ziele erreichen.

Um im Spiel zu gewinnen, versprach sie einige Kniebeugen und Ave Maria. »Konnte sie diese Versprechen einmal nicht unbemerkt erfüllen, so sagte sie zu einem Mädchen: ›Wir wollen uns messen, wer länger ist!‹ Um recht niederknien zu können, warf sie sich auf den Boden und maß sich mit den anderen.«[26]

Diese Berichte entsprechen nicht dem düsteren Bild eines kleinen, zerquälten, heimatlosen Mädchens, das in soziale Isolation hineingetrieben wird, wie uns moderne Psychologie suggerieren will.

Gerade ihre Fröhlichkeit, ihr Wille, Freude zu bereiten, gehörten zu den Geschenken ihres Lebens, die die Heilige vor uns ausbreitet und die wir im Laufe ihrer Lebensgeschichte immer wieder dokumentieren können.

Gott war ihr auch in Spiel und Tanz gegenwärtig: »Hatte sie beim Spiel die beste Aussicht zu gewinnen, so sagte sie: ›Jetzt, beim Gewinnen, möchte ich aus Liebe zu Gott aufhören.‹ Und wenn beim Reigen mehrere Runden zu tanzen waren, machte sie nur eine mit und erklärte den Gespielinnen: ›Eine Runde genügt mir für die Welt; die andere will ich Gott zuliebe unterlassen.‹«[27]

Aus späteren Jahren berichtet ihre Dienerin Irmingard: »Wenn die selige Elisabeth besonders fröhlich war, dann weinte sie am meisten. Das erscheint tatsächlich seltsam: froh sein und gleichzeitig weinen. Aber niemals verzog oder entstellte sich ihr Gesicht beim Weinen; die Tränen flossen wie aus einem reinen Quell, wobei ihr Antlitz ganz heiter und froh blieb. Deshalb sagte sie von solchen, die beim Weinen ihr Gesicht verziehen: ›Man meint, sie wollten den Herrn sozusagen abschrecken. Sie sollten ihre Gabe dem Herrn doch heiter und fröhlich darbringen.‹«[28]

Ein tiefes Wort. Die Tränen, geboren aus Leid, Askese und Schmerz, sind Opfer an den Herrn. Und diese Opfer sind fröhlich darzubringen.

Elisabeth sagt diese Worte kurze Zeit vor ihrem Tode, wo sie den ganzen Schmerzens- und Leidenskreis ihres Lebens fast schon durchschritten hatte, und ist dennoch ungebrochen in ihrer fröhlichen Gottesliebe.

Das Bild der gebrochenen, neurotischen Frau, das uns Elisabeth Busse-Wilson vermittels ihrer psychologischen Deduktionen vorstellt, läßt sich in den Quellen nicht wiederfinden.

DIE ERSTEN SCHICKSALSSCHLÄGE

Im Jahre 1213 ereilte die kleine, jetzt sechsjährige Prinzessin die Nachricht, daß ihre Mutter, die Königin Gertrud von Ungarn, ermordet worden war. »Das stifteten die Edlen und Vornehmsten im Königreich Ungarn an, denn sie waren ihr gram, daß sie so herrschsüchtig war.«[29]

Ein schlimmer Schlag. Der Tod eines Elternteils ist immer ein existentieller Einschnitt im Leben des Menschen, namentlich einer so sensiblen Seele wie Elisabeth. Aber sie scheint dieses Erleben getragen zu haben. War doch der Tod ein tägliches Ereignis im Mittelalter mit seinen geringen Lebenserwartungen. Der Tod, noch nicht ins Krankenhaus verdrängt, vollzog sich als ein normaler Lebensvorgang im Kreise der Familie. Von einer Gemütsverdüsterung oder übermäßigen Trauer der kleinen Elisabeth wissen die Quellen nichts.

Im Jahre 1216 verdunkelte ein weiterer Tod ihr Dasein, der ihr persönliches Leben betraf.

Der Nachfolger im Landgrafenamt, Erbprinz Hermann, ihr Verlobter, starb.

Damit war ihre eigene Position im Landgrafenhaus in Frage gestellt. Es wäre nicht unnormal gewesen, wenn man die kleine Prinzessin zurück nach Ungarn geschickt hätte, quasi wegen Wegfalls der Vertragsgrundlage. So wurde in solchen Fällen verfahren. Hinzu kam, daß Landgraf Hermann I., der Fürst, der jetzt die Entscheidungen hätte treffen müssen, dem Wahnsinn verfallen war. Der Mann, der im staufisch-welfischen Thronstreit, nur den Prinzipien seiner Landesherrschaft verpflichtet, die Seiten gewechselt hatte, der aber die Pfalz zu Eisenach zu einem Glanzpunkt staufischer Ritterkultur gemacht hatte, verdämmerte.

Da Macht aber kein Vakuum duldet, sahen die Höflinge, die mächtigen Vasallen, ihre Stunde gekommen. Die Plänemacher und Heiratsvermittler waren am Werk. Weg mit der kleinen Ungarin, wozu war sie noch nütze! Gab es nicht interessantere Verbindungen, die der Landgrafschaft neue Territorien einbrachten?

Die Freundin und Jugendgefährtin Guda kennzeichnet die Situation: »Eine besondere und mächtige Familie des Hofes, an den sie gebracht war und aufwuchs, quälte sie als Kind schon mit vielerlei Demütigungen und Zurücksetzungen. Was ihr aus Mißgunst wegen ihrer früh auftretenden und mit zunehmendem Alter wachsenden Frömmigkeit, Rechtschaffenheit und Tugend an Unbill und Hohn in Wort und Tat zugefügt wurde und was sie geduldig ertrug, all das veranlaßte sie immer mehr, ihre Zuflucht zu Gott zu nehmen und ihre Hoffnung auf ihn allein zu setzen. Als sie ins heiratsfähige Alter gekommen war, mußte sie sich schlimme und unverhohlene Gehässigkeiten von den Verwandten, Vasallen und Ratgebern ihres Verlobten und späteren Gemahls gefallen lassen. Diese drängten ihn auf jede Weise, sie zu verstoßen und ihrem königlichen Vater zurückzuschicken. Es wurde behauptet, sie habe eine weniger reiche Mitgift erhalten, als dem hohen Rang des Schwiegervaters und des zukünftigen Schwiegersohnes [gemeint ist der zukünftige Ehemann] entspreche. Dabei suchten sie ihn zu überreden, er solle sich nach einer höheren Mitgift und mächtigen Bundesgenossen in der Nähe umsehen und an eine andere Heirat denken. Als sie, durch solche Schmähung gekränkt, nach ihrer Gewohnheit zu Gott allein Zuflucht nahm, ihre ganze Not und sich selbst seinem Willen anheimstellte und sich ihm anempfahl, fand sie wider alles Erwarten und Hoffen an ihrem Bräutigam einen geheimen Tröster in all ihrer Betrübnis und Traurigkeit.«[30]

Dieser Teil des »Libellus« wurde bei der Bearbeitung der Kanonisationsakten gestrichen, gereichte er doch der Landgrafenfamilie, namentlich den Mächtigen des Hofes, nicht zu Ruhm und Ehre.

Aus dieser schwierigen Lage, bangend, ob man sie ruhmlos nach Ungarn zurückschickte, andererseits der Bosheit der Hofgesellschaft ausgeliefert, vollbrachte der Bruder des verstorbenen Erbprinzen Hermann, der spätere Landgraf Ludwig IV., an ihr ein Wunder an Menschlichkeit und Liebe.

Nachdem sein Vater, Landgraf Hermann I., im Jahre 1217 verschieden war, wurde er unter der Vormundschaft seiner Mutter Sophie Nachfolger im Landgrafenamt.

Kaplan Berthold berichtet: »Als man das Jahr 1218 schrieb, am 8. Tage des Heumondes, am Tage der Apostel Peter und Paul, ward der Landgraf Ludwig in seiner Stadt Eisenach voller Ehren zum Ritter geschlagen.«[31]

Mit dem Ritterschlag, der junge Landgraf war jetzt 18 Jahre alt, wurde Ludwig alleiniger Herrscher. Er zögerte nicht, in die Verlobungsverpflichtung seines verstorbenen Bruders einzutreten, und verkündete sein Verlöbnis mit Elisabeth.

Eine bemerkenswerte Tat. Denn eine neue Eheverbindung hätte erneuten Machtzuwachs bedeuten können. Darauf zu verzichten, in einer Zeit, in der der einzelne nur Diener der Machtmehrung von Sippe und Dynastie war, zeugt von einem besonderen Charakter.

Auch war die jetzt elfjährige Elisabeth keine Schönheit. Von ihrem magyarischen Vater hatte sie eine dunkle

Haut geerbt und entsprach so gar nicht dem Schönheits-
ideal, das thüringische Edeldamen und Ritter pflegten.
Außerdem war sie eine Fremde. Die Ablehnung des
Fremden ist kein Phänomen der Moderne, sondern
menschliche Verhaltensweise von alters her. Nicht umsonst haben die großen Religionsstifter in Kenntnis dieser Haltung den Gast, den Fremden, unter die heiligen
Gesetze der Gastfreundschaft gestellt.

Dennoch verband sich der junge Landgraf mit einer Elisabeth, die in keiner Weise dem äußeren Idealbild entsprach, das wir uns heute – nach den verzerrenden In-
terpretationen von Mittelalter, Barock und Romantik –
von ihr machen. Sie, die sich bislang Bruder und Schwester genannt hatten, wurden nun Verlobte und später
Ehegatten. Die Anrede Bruder und Schwester behielten
sie ihr Leben lang bei.

Dieser schwere und belastende Zeitabschnitt im Leben
Elisabeths schildert der Chronist so:

»Dieser selbe und freigebige Fürst hatte die ihm ange-
lobte Jungfrau Sankta Elisabeth sonderlich lieb, und
zwar durch heimliche, göttliche Anweisung, denn Gott
der Herr hatte sein Herz der lieben, heimatlosen Königstochter zugeneigt, so daß er mit ihr alleine recht
gütliche Zwiesprache zu halten pflegte, und er tröstete
sie mit seinen süßen guten Worten ... So kam es, daß
mancherlei Reden an seinem Hofe umgingen unter den
Rittern und Knechten, ob er nun mit ihr schlafen oder
sie wieder nach Ungarn heimschicken wollte.

Da waren unter den biederen Herren und Grafen, Rittern und Knechten viele, denen es leid gewesen wäre,
wenn er sie wieder heimgeschickt hätte, besonders
dem edlen Ritter Rudolf von Vargula, den damals Landgraf Hermann, des Landgrafen Ludwigs Vater, gen Ungarn gesandt und der Sankta Elisabeth ins Land geführt
hatte. Der ritt einstmals auf den Feldern neben dem ed-

len Landgrafen Ludwig und sprach heimlich zu ihm also:

›Gnädigster Herr, ich wollte Euer Gnaden etwas fragen: Wollt Ihr mir wohl antworten?‹

Da antwortete der freimütige Fürst und sprach:

›Frage nur mutig, was sich ziemt, will ich Dir gern sagen.‹

Da sprach Herr Rudolf, der gestrenge Herr:

›Lieber Herre, wollt Ihr des Königs Tochter zur Ehe behalten, oder wollt Ihr sie wieder heimsenden?‹

Da wies der tugendliche Fürst auf den Inselberg und sprach: ›Siehst du den großen Berg vor dir liegen? Wäre der aus rotem Gold, so wäre er mein, und doch würde ich meine liebe Buhle Elisabeth vorziehen. Man sage, was man sage, so spreche ich es doch aus, daß sie mir sehr lieb ist und daß ich auf diesem Erdreich nichts Lieberes habe.‹

Da antwortete der Ritter und sprach: ›Herre mein, soll ich ihr diese Botschaft sagen?‹

›Ja‹, sprach der Herre. ›Das sollst du tun, und bringe ihr ein Wahrzeichen, das ich dir mitgeben will.‹

Er zog aus seinem Beutel einen zweifachen Spiegel, der war schön gefaßt und hatte auf der einen Seite ein schlichtes Glas, und auf der anderen Seite war das Martyrium unseres Herrn gemalt, den die Sankta Elisabeth so innig liebte. Als sie den Spiegel in die Hand nahm, da lächelte sie freundlich und sah den Ritter lobesam an und dankte ihm.«[32]

Damit war für die Öffentlichkeit Elisabeths schwierige Position am Hofe beendet. Sie war die Verlobte des Landesherrn, des regierenden Landgrafen von Thüringen.

DIE EHE DER HEILIGEN ELISABETH

Die Ehe zwischen Elisabeth und dem Landgrafen Ludwig ist eine der zartesten Blüten ehelicher Liebe des Mittelalters. An sich war in der Ehe kein Raum für Liebe. Sie war ein Zweckbündnis zur Mehrung der Macht einer Familie und eine Institution, die der Aufzucht der Kinder galt, namentlich männlicher Leibeserben.

Dies galt besonders für die Fürstenehe, die dem Manne den zweifelsfreien Leibeserben und Thronfolger geben sollte.

Platz für die Liebe kannte die Ehe nicht, und wenn, dann war das eine Ausnahme.

Ja, die höfische Adelswelt glaubte an die Unvereinbarkeit von Liebe und Ehe. Der Künder dieser Anschauung war Andreas Capellanus (um 1182–1187 beurkundet), Kaplan des französischen Königs und der Gräfin Marie von Champagne, Tochter König Ludwigs VII. und seiner damaligen Frau Eleonore von Aquitanien. Marie von Champagne schrieb in einem auf den 1. Mai 1174 datierten Brief: »Wir verkünden und setzen unverrückbar fest, daß die Liebe ihre Macht nicht zwischen zwei Eheleuten entfalten kann.« Die Gräfin argumentierte, daß nur Liebende sich einander freiwillig hingäben, Eheleute unter dem Zwang gegenseitiger Pflichterfüllung lebten.[33]

Die Vizegräfin Ermengarde von Narbonne entschied als Richterin in der Frage, ob eine Dame nach ihrer Eheschließung ihre vorehelichen Liebschaften beibehalten könne, dahingehend: »... eine neueingegangene Ehe beende nicht die frühere Liebe.«[34]

Der Cheftheoretiker der höfischen Minne, Andreas Capellanus, formuliert in seinem Buch »De amore«: »Die Ehe ist kein ausreichender Grund, sich der Liebe zu entziehen.«

Das tragische Liebespaar des Mittelalters, Abaelard und Héloise, lebte in der gleichen Auffassung. In seiner Leidensgeschichte (»Historia calamitatum«) bekennt Abaelard, seine Geliebte Héloise habe sich, nachdem sie ein Kind von ihm geboren habe, geweigert, seine Ehefrau zu werden. Ihre Begründung: »... daß es ihr lieber sei und für meinen Ruf besser, wenn sie meine Geliebte und nicht meine Ehefrau heiße, damit ich allein durch Liebe ihr erhalten bliebe und nicht der Zwang des Ehebandes mich an sie bände.«[35]

Vor diesem Hintergrund von Sitte und Zeitgeist muß die Liebesheirat von Ludwig und Elisabeth im Jahre 1221 die höfische Welt in Staunen versetzt haben. Nun wird der hämische Ausruf einer thüringischen Hofdame verständlich, die Elisabeth spöttisch zugerufen haben soll: »Sie liebt ihren eigenen Ehewirt.«

Der Kaplan Berthold berichtet uns: »Da offenbarte der edle Fürst seinen getreuen Mannen seinen Entschluß und verstopfte den boshaften Kläffern den Hals, so daß von da an niemand wagte, törichte Reden zu führen wegen der Hochzeit und dem Beilager des Fürsten mit Sankta Elisabeth. Es wagte auch niemand mehr, etwas dagegen zu planen, denn die Hochzeit war bestimmt nach Gottes Anweisung und Willen, darum konnte menschliche Bosheit und Torheit nicht hindern. Nun merket, wie es diesem jungen keuschen Fürsten nicht nach Gold und Silber gelüstete, als er zur Ehe schritt, wie es ihm böse, falsche Räte rieten.«[36]

Der Kaplan Berthold vermittelt uns das Staunen der

thüringischen Adelsgesellschaft ob dieser Liebesheirat.
Für ihn muß Gottes Hand im Spiele sein, wenn ein junger Fürst die Verhaltensmuster hochadeliger Ehewahl
ignoriert, auf Gold, Silber und territorialen Machtzuwachs verzichtet, um sich in liebevoller Übereinstim-
mung mit der ungarischen Königstochter zu verbinden.
Dabei ist Landgraf Ludwig kein blasser romantischer
Träumer. Er treibt eine harte Machtpolitik, scheut sich
nicht vor Krieg, selbst nicht mit dem Erzbischof von
Mainz, und muß sogar die Exkommunikation hinnehmen. Er greift weit nach Osten aus, wie es die Landgrafen vor ihm getan haben. Als Vormund seines Neffen
Heinrich, des noch unmündigen Markgrafen von Meißen, dehnte er seine Befugnisse weit über das gewohnte Maß aus und nahm sogar die Feindschaft seiner
Schwester Jutta, Mutter des jungen Markgrafen Heinrich, hin.
Obwohl staufertreu, war er dennoch ein zäher Verhand-
ler und ließ sich seine Teilnahme am Kreuzzug Kaiser
Friedrichs II. mit 5000 Silbermark honorieren. Ja er erreichte seine Eventualbelehnung für Meißen für den un-
wahrscheinlichen Fall, daß sein Neffe Heinrich von
Meißen, ein Knabe von blühender Gesundheit, vor ihm
sterben sollte.
»Am 21. Tage des Juni (in Wirklichkeit dem 13. Juni) begann der Kaiser mit dem ganzen Heere nach Borgo San-
Donino aufzubrechen, wo der Landgraf Ludwig vom
Kaiser die Erlaubnis erhielt, nach Hause zurückzukehren. Da der Landgraf durch seine Ergebenheit in den Willen des Kaisers dessen Wohlgefallen erregt hatte, be-
lehnte ihn der Kaiser mit der Mark Meißen und der Lausitz und dem Lande Preußen, soweit er es unterwerfen
könne.«[37]
Wir haben es bei Ludwig IV. mit einem wirklichkeits-
nahen Realpolitiker zu tun, der sich bewußt in die poli-

tischen Notwendigkeiten seiner fürstlichen Landesherrschaft stellte. Und dennoch, der gleiche Fürst, der seine Interessen mit Macht, List, Verstand und, wenn es sein mußte, auch mit Gewalt durchzusetzen wußte, war ein feinsinniger, zartfühlender Ehegatte.

Ludwig – sein Biograph Berthold nennt ihn »der Heilige«, die Geschichte gibt ihm den Namen »der Fromme« – ist in seiner Zeit ebenso ein Phänomen wie seine Frau Elisabeth.

Wohl preisen die Fürstenspiegel, die Dichter und Sänger der staufischen Blütezeit den »gentiluomo perfetto« als Ideal der ritterlichen Welt. Aber in Wirklichkeit, vor allem als Ehemann, ist dieser Idealtyp kaum anzutreffen. Die Zeit wird bestimmt von Blut und Gewalt, von rücksichtsloser Vorteilsnahme. Ludwigs Vater, Landgraf Hermann I., ist dafür ein vollendetes Beispiel. Nicht umsonst läßt seine Frau, Landgräfin Sophie, dem die Parteien wechselnden Machtpolitiker, dem Frauenfreund, dem Patron weinseliger Tafelfreuden, dem Mäzen der Dichter und Sänger, unzählige Seelenmessen lesen.

Anders sein Sohn Ludwig. Einmalig die Zuwendung zu seiner Frau Elisabeth, seine Liebe, vor allem seine Treue und Keuschheit, die der Chronist fast verwundert rühmt. Wenn auch das Lob des Kaplan Berthold euphorisch klingt, so ist doch das Erstaunen über die Sittlichkeit des jungen Fürsten unverkennbar.

»Er (Landgraf Ludwig) stand einmal an einem Fenster und sah einem Tanze zu, dabei war ein wunderbar schönes Weib. Da sprach der Diener zu ihm:

›Herr, gelüstet Euch nicht dieses Weibes, ich könnte sie Euch wohl beschaffen.‹

Da antwortete der Fürst:

›Schweig stille und laß mich nichts mehr davon hören, so dir meine Huld und Gnade lieb ist.‹ So wies er den unverschämten Lästerer zornig ab.«[38]

Cäsarius von Heisterbach berichtet ähnliches:
»Der Landgraf war ein züchtiger und treuer Gemahl.
Teils aus Gottesfurcht, teils aus gegenseitiger Liebe
bemühte er sich, seiner frommen Gemahlin die Treue
zu halten. Da kamen eines Tages einige seiner Ritter, die
ihm wohlgesinnt waren, und sagten zu ihm:
›Herr, warum tust du nicht, was andere Fürsten tun? Du
kannst nicht oft bei deiner Herrin sein, und es ist
schwer bei deiner Jugend, keusch zu leben. Warum
gehst du nicht zu den Mägden?‹
Darauf antwortete Ludwig mit Schweigen. Aber als sie
ein anderes Mal solche Worte wiederholten, erwiderte
er zornig: ›Ihr Herren, so Ihr meine Gunst schätzt, hütet
Euch, mir diese Worte noch einmal zu Ohren zu bringen. Ich habe ein Weib, der ich die Treue zu halten gedenke.‹«[39]

DIE GUTE ALTE ZEIT

Das Hohelied ehelicher Liebe und Treue schwingt wie ein Grundakkord durch die Lebensschilderungen des Landgrafen Ludwig, nicht nur um den Helden zu rühmen, sondern auch darum, weil Treue und Keuschheit die Seltenheit waren.

Die berühmte Chronik der Dominikaner- und Predigermönche von Colmar skizziert lapidar und ohne moralische Entrüstung den zeitgeschichtlichen Tatbestand:

»Die Ritter trieben Jagd, Fischerei, Turniere, Kampfspiele, Frauenliebe, und fast alle hielten einfache Unzucht für gar keine Sünde. Jeder Knecht warb um wessen Magd er wollte, und wenn er sie durch Bitten und Gaben gewonnen hatte, kam er bei Tage und Nacht zu ihr.«

Die Colmarer Chronik weist auf den ökonomischen Nutzen dieses freien Geschlechtslebens hin, wenn sie weiter berichtet: »Dafür besorgte er ihr das nötige Schuhwerk, und so befreite der Liebhaber die Herrin [der Magd] von diesem Aufwand.«

Auch über das Leben der Geistlichkeit gibt die Colmarer Chronik unverblümt Auskunft:

»Viele Geistliche waren in der Wissenschaft schwach, weshalb sie nicht klugen Rat geben konnten. Auch hatten die Geistlichen insgeheim Beischläferinnen, weil die Bauern sie dazu gewöhnlich anhielten; denn sie sagten: Der Pfaff kann nicht enthaltsam sein, deshalb ist es besser, daß er nur ein Weib hat, als daß er die Weiber von allen versucht und erkennt. Die Stiftsherren und die Ritter erkannten Nonnen von Adel. Herr Heinrich, der Bischof von Basel, hinterließ bei seinem Tode 20 Kinder als Waisen der Sorge ihrer Mütter.«[40]

Die Häufigkeit der Priesterehe zeigt sich daran, daß Kaiser Friedrich Barbarossa ein Gesetz erließ, wonach die Priestersöhne nicht in den Ritterstand aufgenommen werden durften.

Die Päpste standen in gleichem Bemühen. Namentlich die deutschen Reformpäpste Leo IX. (1049–1054), der Papst aus dem Elsaß, geboren als Bruno Graf von Egisheim, und Papst Viktor II. (1055–1057), ebenfalls ein Deutscher aus dem Hause der Grafen von Hirschberg, versuchten die Priesterehe zurückzudrängen oder zu verbieten.

Papst Gregor VII. (1073–1085), der den Kaiser Heinrich IV. nach Canossa zwang, verbot die Teilnahme verheirateter Priester an gottesdienstlichen Handlungen und forderte, daß Frauen und Konkubinen von Geistlichen in den Stand der Hörigkeit zurückversetzt werden sollten. Lampert von Hersfeld (* um 1025, † 1081/85) gibt uns genauen Einblick in die nie erloschene Diskussion über die Ehelosigkeit der Priester:

»Papst Gregor VII. hatte schon auf mehreren Synoden, die er mit den Bischöfen Italiens abgehalten hatte, verfügt, daß entsprechend den Bestimmungen der alten Kirchengesetze die Priester keine Frauen haben dürften, daß die Verheirateten entlassen oder abgesetzt werden sollten und daß überhaupt niemand zum Priesterstand zugelassen werden dürfe, der sich nicht für alle Zeit zu Enthaltsamkeit und ehelosem Leben bekenne.

Diese Verordnung ließ er in ganz Italien verkünden; an die gallischen Bischöfe schickte er zahllose Briefe, in denen er ihnen befahl, in ihren Diözesen dieselben Vorschriften zu erlassen und alle Frauen ohne jede Ausnahme durch ewigen Bannfluch vom Zusammenleben mit Priestern auszuschließen.

Gegen diese Anordnung erhob sich sogleich ein Sturm der Entrüstung in der gesamten Klerikerschaft: Sie erklärten laut, der Mann sei ein vollendeter Ketzer, und seine Lehre sei irrsinnig, er habe Gottes Wort nicht beachtet, der spricht: ›Nicht alle fassen dieses Wort; wer es fassen kann, fasse es‹, ebenso wie der Apostel sagt: ›Wer sich nicht enthalten kann, soll freien; denn freien ist besser als Brunst leiden‹; er wolle die Menschen durch seine rigorosen Forderungen zwingen, wie die Engel zu leben, und indem er dem Naturtrieb die gewohnte Bahn versperre, lockere er nur der Hurerei und Ausschweifung die Zügel; wenn er weiter an seiner Verordnung festhalte, wollten sie lieber das Priesteramt aufgeben als die Ehe, dann könne er zusehen, wenn er die Menschen für unrein halte, woher er die Engel nehmen solle, um in der Kirche die Gemeinden zu leiten …

Der Erzbischof von Mainz, der wußte, daß es schwere Mühe kosten würde, eine seit so langer Zeit eingewurzelte Gewohnheit auszurotten und die alternde Welt zu den Bräuchen der Frühzeit der Kirche zurückzuführen, verfuhr mit ihnen maßvoller: Er gab ihnen zunächst eine halbjährige Frist und Bedenkzeit und ermahnte sie, was notwendig getan werden müsse, freiwillig zu tun und ihn und den Papst nicht in die Zwangslage zu versetzen, scharfe Maßnahmen gegen sie zu ergreifen.

Schließlich versammelte er im Oktober eine Synode in Erfurt, und hier setzte er ihnen schon schärfer zu, alle Ausflüchte zu unterlassen und sofort entweder der Ehe abzuschwören oder dem Altardienst zu entsagen.

Die Bischöfe führten viele Gegengründe an und bemühten sich, dadurch sein ungestümes Drängen zu überspielen und ihn zur Aufhebung seiner Anordnung zu veranlassen. Als sie aber gegen die Autorität des apostolischen Stuhles, durch die er nach seiner Behauptung wider seinen Willen gezwungen sei, nichts mit Gegen-

73

gründen, nichts mit Bitten und Flehen ausrichteten, gingen sie hinaus, angeblich, um zu beraten, und beschlossen, nicht auf die Synode zurückzukehren, den Bischof [gemeint ist der Erzbischof von Mainz], bevor er den verwünschten Spruch gegen sie verkünde, vom bischöflichen Stuhl herabzustürzen, ihn mit dem verdienten Tode zu bestrafen und so für die Nachwelt ein warnendes Zeichen aufzurichten, damit in Zukunft keiner seiner Nachfolger es wage, der Priesterschaft eine derartige Ungeheuerlichkeit zuzumuten.«[41]

Die Empörung der Priesterschaft gegen Papst und Erzbischof, die ja selbst vor dem Bischofsmord nicht zurückschreckte, darf aber nicht nur als Problem der sexuellen Enthaltsamkeit gesehen werden.

Durch den geforderten Zölibat wurden nicht nur bestehende menschliche Bindungen zerbrochen, sondern auch die uralte Arbeitsteilung zwischen Mann und Frau zerstört.

Der Priester des Mittelalters lebte ja nicht von einem Gehalt, mit dem er sich die benötigten Dienstleistungen kaufen konnte, sondern von Naturalien, von einem Stück Kirchenland, das er bearbeiten mußte. Hier war die Mithilfe der Frau zwingend vorgegeben, sei es bei der Nahrungszubereitung, bei der Herstellung von Kleidung und bei der Bewirtschaftung des Landes zur Fruchterzeugung wie zur Viehhaltung.

Bis ins 15. und 16. Jahrhundert hat sich die Kirche schwer daran getan, die Ehelosigkeit ihrer Priester durchzusetzen.

Päpste und Kaiser waren sich einig im Kampf gegen die Priesterehe. Den Päpsten ging es um die Reinheit der Lehre und der Moral, aber auch um die volle Verfügbarkeit des Priesters, ungehindert von Ehe- und Familienrücksichten.

Der weltlichen Macht ging es vor allem darum, daß die

Reichslehen, die in Kirchen- und Priesterhand waren, nicht durch Erbgang an Priestersöhne fielen, sondern der weltlichen Herrschaft verfügbar blieben.

Für den Zölibat sprachen gewichtige Gründe der kirchlichen Zucht wie des weltlichen Machtdenkens.

Das Mittelalter, und gerade das 13. Jahrhundert, dem unsere Aufmerksamkeit gilt, war sowohl ein Zeitalter der Askese, unerhörter Bußfertigkeit und mystischer Überhöhung und zugleich ein Kessel brodelnder Sexualität und Gewalttätigkeit: Die Ausübung der Sexualität mußte jederzeit gesichert sein. Dem vornehmen Gast bot man die eigene Frau oder eine Magd an. Beim Empfang großer Herren in den Städten begrüßte man sie mit nackten Mädchen, die zur Auswahl standen. Die burgundischen Herzöge errichteten dem englischen König und seinem Gefolge anläßlich eines Besuches ein Bordell mit willfährigen Frauen.

Was nützt es, wenn die Minnesänger das Frauenlob singen, wenn sie die reine Liebe preisen, die sich allein im Begehren erfüllt und in ewiger Treue. Es ist, als habe die höfische Minne die Dinge auf den Kopf gestellt, um in einem engen, höfischen Kreis einen Gegenentwurf zur brutalen Wirklichkeit zu konzipieren.

Man braucht sich nicht zu bemühen, um in den Chroniken den gelebten Alltag zu finden.

Der Propst Burchard von Ursberg (* um 1177, † um 1231), ein Zeitgenosse Elisabeths und staufertreuer Mann, klagt in seiner Ursberger Chronik über den Herzog Konrad von Schwaben (1196 ermordet), Sohn Friedrich Barbarossas und Bruder Kaiser Heinrichs VI.: »Er war ein Mann, der sich gänzlich dem Ehebruch, der Hurerei und Schändung und jeglichen Schwelgereien und Unzüchtigkeiten hingab.«[42]

Und der Mann, über den so Schändliches berichtet wurde, war ein Staufer, Mitglied eines Geschlechts, in dem wir das Urbild der Ritterlichkeit, der höfischen Minne sehen. Dies sind die trüben Schattenseiten des Mittelalters, über die die Geschichtsschreibung nicht gerne berichtet.

Der österreichische Ritter und Laienbruder Heinrich von Melk beklagt das allgemeine Verhalten der Ritterschaft: »Wo immer Ritter sich versammeln, wird darüber geredet, wie viele Frauen der eine oder der andere behurt hat. Über ihre Untaten können sie nicht schweigen; ihr Renommee bemißt sich nur nach Frauen. Wer aber in diesem Punkte nichts aufzuweisen hat, der kommt sich erbärmlich vor unter seinen Genossen.«[43]

Der König Adolf von Nassau (1292–1298) wird uns von der Geschichtsschreibung als überdurchschnittlich gebildet, als angenehmer Mensch und ritterlicher Krieger geschildert. Doch unter den Gründen seiner Absetzung durch das Fürstengericht am 23.6.1298 in Mainz wird als zweiter Grund im Absetzungsdekret uns von Sigfried Balnhausen überliefert: »weil er Jungfrauen geschändet hat.«[44]

Bei Feststellungen politischer Prozesse, und das war das Fürstengericht über Adolf von Nassau, ist Vorsicht geboten. Dennoch erstaunt man über die Spannungsbreite historischer Beurteilungen und über das, was Reichsfürsten sich untereinander so zutrauten.

Hermann von Reichenau (1013–1054), ein Universalgelehrter des Mittelalters, bedauert in seinem Gedicht »Über die acht Hauptlaster«, daß nur der Arme, der durch seine Armut dazu gezwungen war, sich mit einer Frau begnüge, daß aber der Reiche viele Beischläferinnen habe und sich nicht scheue, öffentlich zu verkehren: »... Der Arme hat erzwungenermaßen nur eine einzig legitime Ehefrau und erfreut sich der heiligen Ehe aus Furcht nur wenig. Der Reiche hingegen hat schändlichen Umgang mit ein, zwei oder mehreren Beischläfe-

rinnen, ist seiner unersättlichen Sinnlichkeit gänzlich
verfallen und scheut sich nicht, sich diesen Buhlschaf-
ten öffentlich hinzugeben.«[45]
Faßt man alle diese Stimmen zusammen, von denen ja
hier nur ein kleiner Teil zitiert werden kann, so versteht
man, daß Papst Innozenz IV. (1243–1254) dem Zeitgeist
resignierend Rechnung trug, wenn er auf die Frage »Warum von der Frau mehr gefordert wird als vom Manne«
antwortete: »... daß dem Ehemann erlaubt sei, mit mehreren Frauen zu verkehren, der Ehefrau dagegen nicht
der Umgang mit mehreren Männern. Es schadet nicht,
wenn ein Mann sein Fleisch unter vielen teilt. Wenn eine Frau aber ihr Fleisch unter vielen teilt, erlischt in ihr
das Sakrament.«[46]
Ebenfalls voller Resignation schrieb Papst Innozenz III.
(1198–1216) in einem Brief an Bischof Konrad IV. von
Regensburg: »Die Ritter, die darauf bestehen, daß sie
sich wegen ihrer Sünden nicht einem geistlichen Gericht zu unterwerfen brauchen, begehen ungestraft Ehebruch, Unzucht und andere Sünden und werden nicht
einmal zurechtgewiesen.«[47]
Die ungleiche Geschlechtsmoral zwischen Männern
und Frauen erhellt Andreas Capellanus in seinem dritten Buch, »De amore«: »Während bei Männern, wegen
der Dreistigkeit ihres Geschlechts, ein Übermaß an Liebe und Unzucht toleriert wird, wird es bei Frauen für ein
verdammungswürdiges Verbrechen gehalten.«
Die einseitige Bevorzugung des Mannes und die Verur-
teilung der Frau waren so offensichtlich, daß vereinzelt
Widerspruch laut wurde. Freidank, vermutlich identisch mit dem Magister Fridancus, der im Jahre 1233
im bairischen Kloster Kaisheim starb, sagt in seiner
Lehrdichtung »Bescheidenheit«: »Wenn eine Frau eine
Missetat begeht, wie sie ein Mann tausendfach began-
gen hat, dann soll ihr Ansehen vernichtet sein, wäh-

77

rend er Ruhm davon haben will. Das ist ein ungleich Spiel. Ein solches Recht will Gott nicht.«[48]

Im lateinischen Ruodlieb-Roman, entstanden um 1050 am Tegernsee, meldet sich in einem klösterlichen Dichter die Stimme der Gerechtigkeit. Der junge Held droht seiner Braut bei der Verlobung den Tod an, sollte sie ihm nicht die Treue halten: »Die Treue mußt du mir bewahren oder enthauptet werden.« Die Antwort der jungen Frau klingt modern und emanzipatorisch: »Es gehört sich, daß beide sich dem gleichen Urteil unterwerfen. Sag, warum soll ich dir eine bessere Treue bewahren als du mir? Sag, wenn du es verteidigen kannst, ob es Adam erlaubt gewesen wäre, eine Geliebte neben Eva zu haben? Wenn du dich mit Dirnen abgäbest, wolltest du deinerseits, daß ich eine Dirne wäre? Fern sei, daß ich mich in solchem Vertrag an dich binde; geh, lebe wohl, und wann immer du huren willst, dann aber ohne mich.«[49]

Ansonsten aber bleibt es bei Andreas Capellanus, der in seinem »De amore« unmißverständlich formuliert:

»Wir werden niemals zugestehen, daß einer Frau vergeben werde, die sich nicht schämt, sich in fleischlicher Lust mit zwei Männern zu vereinen. Bei Männern wird dies wegen des häufigen Vorkommens gestattet und wegen des Vorrechts des männlichen Geschlechts, das den Männern zusteht, alles natürlich Sittliche freier zu begehen.«

Der Magister Hugo von Trimberg, ein Bamberger Schulmeister, schreibt gegen Ende des 13. Jahrhunderts seinen »Renner« und geißelt dort die staufische Adelsgesellschaft:

»Jetzt ist das Leben an den Höfen gänzlich zum Schlechten verändert, so daß selten einer dort zu Ansehen gelangt, der nicht sieben Zungen hat ... Aufrichtigkeit, Sittsamkeit und Wahrheit, Demut, Schamhaftigkeit und Arglosigkeit, Sittenreinheit und Mäßigung sind vom Hofe vertrieben, und an ihrer Stelle gibt es dort Lüge, Betrug, Schurkerei, nichtsnutziges und bübisches Wesen, Falschheit, Zuchtlosigkeit, Schmeichelei, Trinken, Schmarotzen, Naserümpfen, Schlemmerei, Spiele, Diebstahl und Spott, und niemand denkt an Gott, an das Seelenheil und den Tod.«[50]

Doch wenden wir den Blick von der Moral der höfischen Gesellschaft hin auf den sittlichen Zustand von Klerus, Kirche und Klöstern.

Bedienen wir uns der packenden und prägnanten Darstellung des Kirchenhistorikers Albert Hauck:

»Fast unerschöpflich ist das Sündenregister, das ein Passauer Kleriker aus der Mitte des 13. Jahrhunderts seinen Amtsgenossen vorhält. Man tut einen Blick in eine Masse von gedankenlosen Torheiten, kleinen Nachlässigkeiten und träger Bequemlichkeit, die den handwerksmäßigen Betrieb des geistlichen Amtes zeigen, und sieht daneben den klerikalen Übermut, der auf die Würde des Amtes pocht, die pfäffische Strenge, der die unvernünftigsten Anforderungen die liebsten sind, und die sittliche Laxheit, die Sünden duldet, wenn sie nur verborgen bleiben. Geradezu entsetzlich ist die Ausnützung des geistlichen Amts für die ungeistlichsten Zwecke: die Begünstigung des Aberglaubens, weil er Geld einträgt, aus dem gleichen Grund die Häufung von Messen, die Forderung von Geldzahlungen als Satisfaktion und nun gar der Mißbrauch des Beichtstuhls zu einer Schule der Unsittlichkeit für die Unschuldigen.

Ganz vergessen aber scheint, daß das geistliche Amt ein Dienst am Mühseligen und Beladenen ist, sie zum Frieden der Seele zu führen. Und welche Vorstellung von der sittlichen Haltung zahlreicher Priester gewinnt man aus den Erzählungen des Cäsarius! In ihnen ist der liederliche Priester fast eine stehende Figur. Kein weibliches

79

Wesen ist vor der Geilheit der Kleriker sicher: Die Nonne schützt nicht ihr Stand, das Judenmädchen nicht ihre Nationalität, die Stiefmutter nicht die Scheu vor dem eigenen Vater; Mädchen und Ehefrauen, Dirnen und adelige Damen sind gleich bedroht.

Jeder Ort und jede Zeit ist zur Unzucht recht: Der eine treibt sie auf freiem Feld, wenn er zum Filial geht, und der andere in der Kirche, wenn er Beichte hört, der eine in einem Kloster und der andere in einem Judenhaus. Wer sich mit einer Konkubine begnügt, erscheint beinahe als ehrbar. Doch war die Unzucht nicht die einzige Sünde, die man an den Priestern tadelte: In jedem Wirtshaus konnte man zechende und spielende Kleriker finden, bald sah man sie mit den Bauern zusammen, bald mit dem Glöckner oder dem Sakristan; es kam vor, daß sie selbst ihr Priestergewand verspielten. Andere machten sich verächtlich und verhaßt durch ihre schmutzige Geldgier: Sie ließen sich die Absolution bezahlen, trieben das Kollektieren wie ein einträgliches Geschäft und verschmähten es auch nicht, Wuchergeschäfte zu treiben. Dazu die weitverbreiteten Klagen über den Mangel an Bildung unter dem Klerus. Viele Priester konnten nicht predigen, andere wurden zum Gespött der Leute, indem es selbst beim Zählen allerlei Anstöße gab. Ist es zu verwundern, daß die Laien von nichts lieber sprachen als von den Fehlern der Kleriker; man erzählte die frivolsten Reden, die der und jener im Munde führte.«[51]

Dies sind einige Fälle, die Albert Hauck aus einer großen Fülle belegter Quellen benennt.

Zu all dem wucherte vor den Augen des mittelalterlichen Menschen ein Dschungel von Aberglauben, Schwarzer Magie, teils aus heidnischer Vorzeit, zum Teil aber auch aus dem Mißbrauch christlicher Sakramente.

Burchard von Worms (965–1025) beschreibt den Vorgang mittelalterlichen Wettermachens. »Wenn lange kein Regen fiel, sammelten die Frauen eine Vielzahl kleiner Mädchen und stellten eines von ihnen an die Spitze; nachdem sie dieses splitternackt ausgezogen hatten, gingen alle bis ans Dorfende, wo sie ein Kraut suchten, das im Deutschen ›belisa‹ genannt wurde; das nackte Mädchen mußte dieses Gewächs mit dem kleinen Finger seiner rechten Hand ausgraben, wonach diese Wurzel an die kleine Zehe ihres rechten Fußes gebunden wurde. Danach führten die anderen Kinder das Mädchen mit Ruten in den Händen zum nächsten Flüßchen, mit Hilfe der Ruten bespritzten sie dann das Mädchen mit Wasser und riefen mit Zaubersprüchen den Regen herbei.

Am Schluß der Zeremonie gingen sie dann ins Dorf, wobei das nackte Mädchen, wie ein Krebs, rückwärts gehen mußte.«[52]

Elisabeth und Ludwig – Liebesehe in einer lieblosen Welt

Dies war die Welt, in der Elisabeth und Ludwig lebten. Eine gnadenlose Welt voller Elend und Hunger beim Volk; voller Ränke, listiger Tücke, eitler Hoffart, Prasserei und rauschender Feste bei Hofe, lasterhaft der Klerus und allen gemeinsam ungehemmte Sinnenlust, brutale Geilheit und ein fast zur Gewohnheit gewordener Ehebruch.

Dies war die große Konfrontation im Leben der heiligen Elisabeth und nicht die von Busse-Wilson gesehene Vereinsamung in Kindheit und Jugend, und wenn sie die heilige Elisabeth als schwache und gebrochene Persönlichkeit aus ihrer psychoanalytischen Retorte herausdestillieren will, so geben die Quellen andere Kunde.

Vielmehr ist Elisabeths Mut, sich dem Zeitgeist der höfischen Gesellschaft entgegenzustellen, zu bewundern.

Daß ihr aus der Mißachtung der Lebensformen der herrschenden Gesellschaft, die sich zur Verachtung steigerte, Leid erwachsen würde, mußte ihr klar sein, denn wir werden sie auf ihrem späteren Lebensweg nicht nur als heilige, mutige, sondern auch als eine kluge Frau erkennen.

Das weltliche Glück ihres Lebens ist die Liebe ihres Mannes, der ihr immer wieder gegenüber der Hofgesellschaft den Rücken stärkte und den sie in zärtlicher Liebe verehrte. Ihre Gefährtin Ysentrud von Hörselgau berichtet:

»Die selige Elisabeth stand des Nachts häufig zum Gebet auf, obgleich ihr Gemahl sie ermahnte, ihrer Gesundheit nicht zu schaden. Bisweilen hielt er auch eine ihrer Hände während ihres Betens in der seinen und bat sie aus Sorge um ihr Wohlergehen, sich doch wieder hinzulegen. Die selige Elisabeth ersuchte ihre Dienerinnen oft, sie nachts zum Gebet zu wecken. Manchmal schlief ihr Mann dabei, manchmal stellte er sich auch nur so. Da jene nun fürchteten, ihren Herrn durch das Wecken zu stören, fragten sie ihre Herrin, wie sie das Wecken besorgen sollten. Sie gab ihnen die Anweisung, sie an den Zehen zu ziehen. Einmal nun zog die gesagte Ysentrud an einer Zehe des Herrn. Dieser wachte auf; weil er aber ihre Absicht kannte, nahm er es geduldig hin. – Sie dehnte auch ihr Beten so lange aus, daß sie oftmals auf dem Teppich vor ihrem Bett einschlief. Als ihr darob von den Dienerinnen Vorhaltungen gemacht wurden, warum sie nicht gern bei ihrem Gemahl schlafe, antwortete sie:

›Wenn ich auch nicht immer beten kann, so möchte ich meinem Fleisch doch die Gewalt antun, daß ich mich von meinem heißgeliebten Gemahl losreiße.‹«[53]

Eine rührende Antwort. Hier bekennt sich eine Frau zur körperlichen Liebe zu ihrem Mann, und es ist ihr ein Opfer, aus Liebe zu Gott der körperlichen Liebe zu entsagen.

Eine der Bedeutsamkeiten an Elisabeth ist, daß sich ihre Haltung nicht in der Ablehnung der Hofgesellschaft und ihres flatterhaften Lebens erschöpft, sondern daß sie dieser das eigene Leben als Spiegel christlicher Tugend entgegenhält.

»Hatte sie Besuch von weltlichen Damen«, so weiß Ysentrud, »so sprach sie mit ihnen wie ein Prediger über Gott. Wenn sie diese nicht dazu bewegen konnte, mehrere Eitelkeiten aufzugeben – wie z. B. Tänze und allzu eng anliegende Ärmel [die Ärmel waren ein besonderer Schmuck der Damen von Stand und wurden bei feierlichen Anlässen eingeknöpft] oder seidene, in die Haare eingeflochtene Zierbänder, sonstigen Haarschmuck oder andere Überflüssigkeiten –, dann legte sie ihnen nahe, wenigstens auf eines dieser weltlichen Dinge zu verzichten.

Dann schickte sie ihnen anständige, den guten Sitten entsprechende Ärmel. Außerdem empfahl sie ihnen die Gelübde der Enthaltsamkeit für die Zeit nach dem Tode ihrer Ehemänner.«[54]

Liest man dies, so verschwindet das Bild der braven grauen Maus, die geduckt den Anweisungen ihres Beichtvaters Konrad folgt. Ein kämpferischer Mensch tritt zutage, der mit der Rigorosität der Jugend seine Ansichten verkündet und sich gegen seine Zeit stellt. Gut, sie war Fürstin, Landgräfin, der man nicht direkt widersprach. Doch auch der Fürst ist auf die stillschweigende Zustimmung seiner Umgebung, hier der Hofgesellschaft, angewiesen.

Landgraf Ludwig wußte um dieses Problem. Auf die Speisebeschränkungen anspielend, die Elisabeth von Konrad von Marburg erhalten hatte, sagte er: »Das gleiche möchte ich auch gerne tun, wenn ich nicht den Widerspruch meiner Leute und anderer fürchtete. Aber so Gott will, werde ich meine Lebensweise bald anders einrichten.«[55]

Zum Persönlichkeitsbild unserer Heiligen gehört auch der nochmalige Hinweis, daß sie ihrem Manne in einer tiefen, für damalige Zeiten ungewöhnlichen Gattenliebe verbunden war. »Oh, welch ein gar seliges Paar im ehelichen Leben sind diese beiden gewesen!« ruft Kaplan Berthold aus, der in unmittelbarer Gesellschaft des landgräflichen Paares lebte. Wem aber das Zeugnis des Chronisten nicht genügt, der kann sich daran orientieren,

daß die jugendliche Elisabeth ihrem Gatten in sieben-
jähriger Ehe drei Kinder schenkte: im Jahre 1222 den
Erbprinzen Hermann, im Jahre 1224 die Tochter Sophie,
spätere Herzogin von Brabant, und 1227, im Todesjahr
ihres Gatten, die Tochter Gertrud, spätere Äbtissin des
Klosters Altenburg bei Wetzlar.

Elisabeth war ein starker, liebesfähiger Mensch. Das erklärt ihre Gattenliebe, ihre Gottes- und Christusliebe,
ihre Menschenliebe und ihre Mutterliebe. Die Mutterliebe riß sie sich später aus dem Herzen, weil sie beschlossen hatte, ihre Kinder nicht mehr zu lieben als alle anderen Menschen auch.

Bis zum Tode des Landgrafen blieb dieser Liebeskreis in
voller Harmonie und wurde auch von ihrem Manne mitgetragen, ja wäre ohne seine Hilfe gar nicht möglich gewesen. Es war das seltene Glück einer großen körperlichen Liebe zwischen Mann und Frau, die auch im geistig-sittlichen Bereich ihren Niederschlag findet.

Alle Bußübungen Elisabeths geschehen mit Wissen und
Willen ihres Mannes, wie ja auch die Bestallung Konrads
von Marburg mit seinem Willen, vielleicht sogar auf seine Anregung geschah.

Gemeinsam mit seiner Frau Elisabeth hatte der Landgraf, der die sozialen Abgründe seiner Zeit wohl sah und
erkannte, Siechenhäuser gegründet, und zwar 1223 eines in Gotha und das zweite in Eisenach zur Zeit der
großen Hungersnot im Winter 1225/26. Die Spitalsgrün-
dung zu Marburg, Elisabeths eigenste Tat, war eine Fort-
führung der Armen- und Siechenhilfe des Landgrafenpaares. Zwar ist Ludwig IV. nie kanonisiert worden, aber
der Volksmund gab ihm zu Recht den Namen »Ludwig
der Heilige«.

So liegen die Heiligkeit und das Lebensschicksal Elisabeths nicht nur in ihrem tiefen Mitgefühl für den leidenden Menschen begründet, nicht nur in ihrer hinge-

benden Gottesliebe, in den drakonischen Askeseanweisungen ihres Seelenführers, oder sollen wir sagen: ihres Seelentyrannen Konrad von Marburg, sondern sicherlich auch in dem sich selbst heiligenden Ehebund mit ihrem Mann, dem Landgrafen Ludwig IV.

Das zeigen die Quellen an vielen Beispielen. Immer wieder deckte der Landgraf die Taten und Handlungen seiner Frau, die der Hofgesellschaft so widersinnig, vor allem weil gegen ihre eigenen Interessen gerichtet, schienen.

Konrad von Marburg berichtet in seiner Epistola an Papst Gregor IX.:

»Damals, als der Landgraf vom Kaiser nach Apulien gerufen wurde [hier irrt Konrad, der Landgraf befand sich beim Kaiser in Cremona in der Lombardei], brach eine Hungersnot aus, die viele Menschen das Leben kostete. In jener Zeit begann sich Schwester Elisabeth schon durch Tugend auszuzeichnen. In der gleichen Weise, wie sie bereits die Trösterin der Armen geworden war, wurde sie jetzt die Retterin der Hungernden. Sie richtete ein Siechenhaus ein, nahe einem ihrer Schlösser [gemeint ist die Wartburg], und dort brachte sie viele Kranke und Schwache unter. Sie verteilte viele reichliche Almosen, nicht nur in der Burg, wo sie wohnte, sondern in allen Landen, die ihrem Gemahl unterstanden. Sie erschöpfte alle Einkünfte der vier Länder des Fürsten [dies waren: Thüringen, Hessen, die Pfalzgrafschaft Sachsen und die Osterlande] und verkaufte ihre Juwelen und kostbaren Kleider, um die Armen zu unterstützen. Sie begann die Kranken regelmäßig zu besuchen, am Morgen und am Abend, und die jammervollsten Siechen pflegte sie selbst. Sie gab ihnen frische Streulager, hob sie bei den Schultern auf und vollführte alle Samariterdienste. Allen diesen Unternehmungen pflichtete ihr Gemahl bei.«[56]

Dieser letzte Satz in Konrads offiziellem Bericht an den Papst fordert unsere besondere Aufmerksamkeit. Bestätigt er doch die Sagen und Legenden, die uns erzählen, die Hofgesellschaft und vor allem die Hofbeamten hätten sich bei der Rückkehr des Landgrafen aus der Lombardei über die Verschwendungssucht der Landgräfin beschwert. Sie sahen in den landgräflichen Vorratsscheuern ihre eigenen Lebensmittelreserven.

Der Landgraf soll all diesen Vorwürfen mit den Worten begegnet sein: »Es genügt, wenn sie uns die Neuenburg und die Wartburg gelassen hat.« Mit diesen generösen Worten fegte er die Vorbehalte und Beschwerden der Hofkamarilla beiseite.

Aber nicht nur in den großen Entscheidungen stand der Landgraf Ludwig hilfreich an der Seite seiner Frau.

Darüber berichtet der »Libellus«: »Ferner erklärte sie, Magister Konrad habe ihr im Gehorsam befohlen, nur solche Einkünfte ihres Gemahls zu verwenden, über deren Herkunft sie ein gutes Gewissen habe. Daran hielt sie sich so streng, daß sie bei Tisch an der Seite ihres Gemahls alles verschmähte, was aus den Ämtern und Eintreibungen der Beamten stammt. Sie griff nur zu, wenn sie wußte, daß die Speisen von den rechtmäßigen Gütern ihres Gemahls kamen.«[57]

Was nun der Magister Konrad unter unrechtmäßigen Gütern des Landgrafen verstand, hat die Forschung noch nicht genau klären können. Wahrscheinlich verstand der Priester Konrad darunter die Besitzungen des Landgrafenhauses, über die man sich in strittiger Auseinandersetzung mit dem Erzbistum Mainz befand. Dann wäre die Speiseordnung, die Konrad über Elisabeth verhängte, nicht nur ein Mittel der Askese, sondern auch angewandte Kirchenpolitik im Sinne des Mainzer Hochstiftes gewesen.

Es ist rührend zu lesen, wie sich auch hier die Zusammengehörigkeit des Landgrafenpaares bewährte, denn der »Libellus« vergißt nicht zu erwähnen: »Ihr Gemahl sagte ihr immer leise, welcher Herkunft die gerade aufgetragenen Gerichte seien.«[58]

Und in dem euphorischen Ausruf des Kaplan Berthold, des Ludwig-Biographen, wird das Staunen über dieses Ehepaar deutlich, wenn er schreibt: »Ach welch ein selig, heilig, unschuldig Paar kam da zusammen durch Gottes Willen! Sie führten ein liebliches und geistliches Leben miteinander. Sie hatten eine unaussprechliche Liebe zusammen in Gott.«[59]

*

Der Magister Konrad von Marburg

Ein schwerer, tiefer Schatten legt sich über die Lebensgeschichte der heiligen Elisabeth und ihres frommen
Gatten, des Landgrafen Ludwig: *Konrad von Marburg.*
Dieser Kreuzzugsprediger, Ketzermeister und spätere
Seelenführer Elisabeths, ist ein Mann aus dem Dunkel.
Über Herkunft, Familie und Geburtsjahr haben wir nur
ungenaue Angaben. Er soll dem niedrigen Adel entstam-
men, und sein Vater soll Kaplan am thüringischen Hof
gewesen sein. Demnach wäre er ein Pfaffensohn gewe-
sen, was seinen zelotischen Eifer erklären könnte.
Man weiß nicht, war er Dominikaner, Franziskaner oder
Prämonstratenser, in deren Gebetsgemeinschaft ihn das
Kloster Arnstein bei Koblenz aufnahm. Sicher ist, daß er
Priester war und den Magistertitel erworben hatte.
Cäsarius von Heisterbach, der ihn persönlich gekannt
hat, sah ihn so: »Auf einem kleinen, unscheinbaren
Maultier durchzog Konrad predigend fast ganz Deutschland. Unzähliges Volk beiderlei Geschlechts folgte ihm
durch die Lande nach, angezogen von seinen Lehren und
Worten und auch von den Ablässen, die er an manchen
Orten gewährte. Jener Konrad von Marburg besaß keine
weltlichen Güter, obgleich sie den weltlichen Klerikern
nicht verboten waren. Er bemühte sich auch weder um
Einkünfte noch um eine Pfarre oder irgendwelche Würden. Er hielt sich in strenger Zucht, ja, sein Körper war
von langem Fasten und viel Arbeit zugerichtet und aus-
gemergelt.«[60]

Kaplan Berthold stellt uns den bemerkenswerten Mann, der eine entscheidende Rolle im Leben Elisabeths spielen sollte, so vor:

»Zu jener Zeit fand man unter den Bischöfen und Priestern gerechte, vollkommene und selige Leute, an denen sich die heilige Christenheit ein gutes Beispiel nehmen konnte.

Unter denen war einer, das war der ehrbare, gottesfürchtige Herr Magister Konrad von Marburg, dessen tugendhaftes Leben in deutschen Landen leuchtete wie ein lichter Stern, denn er war ein wohlgelehrter, wissensreicher Mann. Sein Leben und Wandel waren lauter und rein. Die heilige Schrift floß ihm zu; er war ein Beleber des christlichen Glaubens und ein Vertilger der Ketzerei und des Unglaubens. Reichtum und weltliche Güter oder geistliches Lehen wollte er nicht besitzen in keiner Weise. Er ließ sich genügen an einem schlichten pfäffischen Gewande. Seine Sitten waren reif und ernst, sein Antlitz scharf. Den guten Christen war er gütig und geneigt, den Ungläubigen aber zeigte er Härte und Strenge an Strafe und Gerechtigkeit.

Es war ihm vom Stuhle in Rom Erlaubnis gegeben, Gottes Wort zu predigen in deutschen Landen. Darum folgte ihm eine große Menge Volkes nach, gelehrt und ungelehrt, und hielt an ihm fest als an einem heiligen, gerechten Menschen, und einige liebten und fürchteten ihn, und etliche hatten rechte Furcht vor ihm.«[61]

Drei päpstliche Vollmachten erhielt der unbekannte Priester. Einmal als Kreuzzugsprediger, dann als päpstlicher Visitator über die deutschen Seelsorger und Klöster (»Visitator monasteriorum Germaniae«, so sein amtlicher Titel). Sein drittes Amt als Inquisitor und Ketzerverfolger, das er mit unmenschlicher Härte und Grausamkeit führte, machte ihn in ganz Deutschland bekannt und verhaßt.

Ein finsterer, düsterer, furchterregender Mann! Der französische Historiker Maurice Druon schreibt über diesen Menschentypus: »Es gibt in der Geschichte ein eigentümliches Geschlecht, das immer wieder auflebt – das der Fanatiker des öffentlichen Interesses und des geschriebenen Gesetzes. Logisch bis zur Unmenschlichkeit, mitleidlos gegen andere und sich selbst, finden diese Diener abstrakter Gottheiten und absoluter Gesetze sich bereit, das Henkeramt auszuüben, weil sie die letzten Henker sein wollen. Sie irren, denn sobald sie tot sind, gehorcht ihnen die Welt nicht mehr.«[62]

Seltsam, wie kam ein unscheinbarer Weltgeistlicher an solch einflußreiche Ämter?

Wie kam eine so enge Verbindung zu einem der bedeutendsten Päpste der Zeit, Gregor IX. (1227–1241), zustande? Konrad von Marburg hatte den Magistertitel. Den konnte er nur an einer französischen oder italienischen Universität, wahrscheinlich Bologna, erworben haben. Hatte er hier den dort als Rechtslehrer wirkenden Neffen Papst Innozenz' III., Hugolin, Graf von Segni, späterer Kardinalbischof von Ostia und darauf Papst Gregor IX., kennengelernt? Jenen Papst, der in seiner Kardinalszeit zum geistlichen Führer des heiligen Franziskus wurde und auch mit der heiligen Elisabeth in Briefverkehr gestanden hatte. Den Papst, der wiederum Konrad von Marburg zum Defensor unserer Heiligen bestimmte, um ihre Rechte auf ihr Wittum zu erstreiten.

Es liegt im Dunkel, wie die Verbindung Konrads von Marburg zur höchsten geistlichen Stelle der Christenheit zustande kam. War es Raimund von Penafort (* 1175/80, † 1275), der ebenfalls in Bologna studierte und lehrte und der ab 1230 an der päpstlichen Kurie als Kaplan und Pönitentiar wirkte?

Doch in diesen Studienjahren in Bologna muß die Verbindung entstanden sein, die zum Scharnier zwischen dem Wanderprediger in Deutschland und drei Päpsten wurde.

Am 8.1.1216 erhielt Konrad von Papst Innozenz III. (1198–1216) den Auftrag, in der Bremer Kirchenprovinz den Kreuzzug zu predigen. Elf Jahre später erteilte ihm Papst Honorius III. (1216–1227) erneut den Auftrag, im Norden Deutschlands diesmal für den Kreuzzug Kaiser Friedrichs II. das Wort zu führen.

Gregor IX. bevollmächtigte Konrad, deutsche Geistliche zu zwingen, ihre Konkubinen zu entlassen. In dem Ermächtigungsschreiben des Papstes an Konrad heißt es: »Der deutsche Klerus, welcher den Wohlgeruch der Tugend verbreiten sollte, verbreitet den Geruch des Todes. Es ist uns hinterbracht worden, daß Pfarrgeistliche und andere, welche die Weihen empfangen haben, ihre eigene Würde vergessen, ihre Untergebenen, denen sie mit einem ehrbaren Leben vorangehen sollten, durch ihre eigene Schlechtigkeit anstecken. Wie Wasser ausgegossen und wie ein Gefäß ohne Verschluß, geben sie sich leichtfertig jeder Unzucht hin, halten offen ihre Konkubinen und führen ein Wohlleben.«

Man sieht, der Heilige Vater war über das innere moralische Befinden seiner Kirche wohlunterrichtet und bestätigt das, was wir über die Moral der Zeit ausgesagt haben. So ist es verständlich, daß ein strenger Asket, der die Forderungen des Evangeliums vorlebte, ein Mann äußerster Sittenreinheit und dem Armutsideal verpflichtet, Aufsehen erregen mußte.

Eine seiner größten Leistungen war die Predigt für den Kreuzzug Friedrichs II. Die Kreuzzugsbegeisterung im deutschen Volke war erloschen. Zu schwer lastete auf den Gemütern der Deutschen die Erinnerung an den dritten Kreuzzug, bei dem sie in den Fluten des Saleph ihren König und Kaiser, den glorreichen Friedrich Barbarossa, verloren hatten.

So entsprach das Verhalten Friedrichs II., der ja ungern auf Kreuzfahrt ging, durchaus dem Mehrheitsempfinden der deutschen Bevölkerung.

Bereits im Jahre 1215 hatte Friedrich II. einen Kreuzzug beschworen, ihn aber nicht durchgeführt. Im Jahre 1220 hatte Papst Honorius III. Friedrich und seine Gemahlin zu Kaisern gekrönt. Dieser hatte sich im Gegenzug verpflichtet, im Frühjahr 1221 zum Kreuzzug anzutreten. Tatsächlich setzte sich das kaiserliche Heer erst im Jahre 1227 in Marsch.

Die Kreuzzugsmüdigkeit in Deutschland war so groß, daß man sogar Kriminelle, denen man Straf- und Sündenablaß versprach, anwarb. Konrad, der große Demagoge war es, der die Massen in Bewegung brachte.

Die Verdienste Konrads erschienen Rom so beeindruckend, daß Papst Gregor IX. ihn als Inquisitor über die bischöfliche Gerichtsbarkeit stellte. Damit wurde Konrad zum geistlichen Diktator Deutschlands.

Papst Gregor pries Konrad als Brautführer der Kirche (»paranymphus ecclesiae«), Diener des Lichts (»minister luminis«) und Spürhund des Herrn (»dominicus canis«). Es macht staunen, welch hohes Ansehen der deutsche Wanderprediger bei der römischen Kurie besaß. Man hatte in ihm einen Mann von suggestiver Rednergabe für die Kreuzzugsidee gefunden, der darüber hinaus diplomatische Schlichtungen für den Heiligen Stuhl, aber auch für das Mainzer Erzbistum erfolgreich erledigte.

Wie Konrad den Weg zum Thüringer Hof fand, ist unbekannt. Bereits im Jahre 1220 berief ihn Landgraf Ludwig IV. in seine Umgebung, um sich mit ihm über Kirchenfragen zu beraten. Kaplan Berthold berichtet über dieses Problem: »Demselben Meister Konrad verlieh der Landgraf große Ehre und Würde. Er befahl ihm, alle geistlichen Lehen, die ihm und seinen Brüdern gehörten, zu verwalten. Er gab ihm unter Brief und Siegel die Versicherung nicht nur für seine eigenen Lehen, sondern auch für die seines Bruders Heinrich Raspe und des Landgrafen Konrad, denn Magister Konrad hatte den Landgrafen wohl geleitet und ihm geraten. Eher ließ er sechzig Menschen töten, als daß er ein Kirchenlehen einem in die Hand geben würde, der es nicht beschützen könne.« Der fromme Kaplan Berthold, wohl schockiert ob der Radikalität dieses Vorschlags, fügt hinzu: »Wer kann nun wissen, gemäß dem Spruch des Salomon, ob er der Liebe oder des Hasses Gottes würdig sei?«[63]

Durch diesen Erlaß des Landgrafen Ludwig wurde Konrad von Marburg der mächtigste Geistliche in der Landgrafschaft Thüringen, denn ihm oblag jetzt die Neubesetzung aller offenen Pfarrstellen. Sein Maßstab ist gesetzt, wenn er sagt: »... es sei besser, sechzig Menschen zu töten, als ein Priesteramt mit einem unfähigen Seelenhirten zu besetzen.«

Diese scheinbar barbarische Aussage trifft uns, die wir das Glück auf Erden suchen, wie ein Schock. Im Selbstverständnis des Mittelalters hat solches Denken seinen festen und logischen Platz.

Ein unfähiger Priester konnte das Seelenheil der ihm Anvertrauten gefährden. Dagegen war der zeitliche, der irdische Tod ein geringeres Übel.

Das ist der Maßstab, mit dem das Leiden Elisabeths und ihr Verhältnis zu ihrem Beichtvater und Zuchtmeister Konrad zu sehen und zu werten ist.

So nimmt Elisabeth jegliche Härte, ja auch die körperliche Züchtigung, die ihr Konrad zuteil werden läßt, nicht als persönliche Demütigung, sondern als Weg zum Heil. Ist Christus nicht auch verhöhnt und verspottet worden? Wollte man ihn mit der Dornenkrone nicht nur körperlich quälen, sondern auch erniedrigen? Ist Christus nicht gegeißelt worden? Warum sollte sie, Elisabeth, die sich entschlossen hatte, dem Weg des Herrn zu folgen, nicht alle diese Plagen erdulden zum Heil ihrer Seele?

Buße und Züchtigung galten im Mittelalter nicht als Schmach. Könige und Fürsten hatten sich oftmals demutsvoll gezüchtigt, um einmal die Krone des ewigen Lebens zu erlangen.

Hatte nicht die Christenheit erlebt, wie sich der stolze englische König Heinrich II. (1154–1189) am Grabe des heiligen Thomas von Canterbury von Mönchen demutsvoll geißeln ließ? Den Vorrang der Seele und die Erlangung der ewigen Seligkeit müssen wir als Maßstab nehmen, wenn wir Elisabeth und Konrad von Marburg richtig sehen wollen. Das wird verhindern, daß wir Konrad nur als Sadisten und Elisabeth als eine ihm hörige Masochistin sehen, wie es moderne Psychologie will.

Im Jahre 1225 hatte Elisabeth im Katherinenkloster zu Eisenach dem Magister Konrad Gehorsam und, bei einem eventuellen Tode ihres Gatten, Keuschheit gelobt. Es scheint, als habe die starke Persönlichkeit Elisabeths sich bewußt jeden möglichen Rückzug in ein normales Leben nach dem Tode ihres Mannes verlegt.

Eine normale Schicksalswahl in einem solchen Falle wäre gewesen, die Regentschaft, zumindest die Mitregentschaft für ihren Sohn Hermann anzustreben, wie es ihre Schwägerin, Jutta von Meißen, für ihren Sohn Heinrich den Erlauchten durchgesetzt hatte.

Aber auch eine neue Heirat hätte den Traditionen entsprochen, denn eine zwanzigjährige Witwe königlichen Blutes und höchster Beziehungen im Reich war immer noch eine interessante Heiratspartnerin.

Aber Elisabeths unbedingte Liebe zu ihrem Mann und ihre elementare Gottessehnsucht verschlossen ihr diese Wege.

Der Historiker Karl Wenck[64] bringt eine bemerkenswerte Überlegung zur Auswahl Konrads als Beichtvater und Seelenführer der Landgräfin.

Der vorherige Beichtvater Elisabeths war einer jener Franziskanermönche, die schon sehr früh nach Deutschland und nach Thüringen gefunden hatten. Dieser Franziskaner namens Rodeger wurde von Eisenach nach Halberstadt abberufen, und Land graf Ludwig soll die Wahl auf Konrad gelenkt haben, weil er von diesem Nichtfranziskaner eine Steuerung von Elisabeths Hingabebereitschaft und ihrer ruinösen Spendenfreudigkeit erhoffte.

Tatsächlich hat sich Konrad später als ein umsichtiger Finanzberater und Treuhänder von Elisabeths Witwengut erwiesen. Er hat ihr auch den Weg in die von ihr gewollte franziskanische Armut versperrt. Somit ist Wencks Hinweis ein interessanter Gedanke, aber nicht mehr.

Haben wir doch einen unzweideutigen Hinweis über Konrads Wahl von Elisabeth selbst. Zu ihrer Dienerin Irmingard sagte sie in ihrer Marburger Zeit:

»Das Leben der Schwestern in der Welt ist sehr verachtet; aber wenn es einen noch verachteteren Lebensstand gäbe, hätte ich ihn erwählt. Ich hätte allerdings irgendeinem reichen Bischof oder Abt Gehorsam geloben können; ich glaubte aber, besser zu handeln, wenn ich dem Magister Konrad dieses Gelübde ablegte, weil dieser bettelarm ist. So hatte ich in diesem Leben keine äußere Hilfe zu erwarten.« Nach ihrer Aussage pflegte die selige Elisabeth den Magister Konrad sehr zu fürchten, aber als einen *Stellvertreter Gottes*, und dazu sagte sie: »Wenn ich schon einen sterblichen Menschen so sehr fürchte, wie sehr muß man dann den allmächtigen Herrn fürchten, den Herrn und Richter aller.«[65]

Das sind klare Aussagen. Aussagen eines starken Menschen und nicht die Bekenntnisse eines schwachen, verängstigten Geschöpfs.

Elisabeth selbst erwählte Konrad und nicht er sie oder ein Dritter. Sie erwählte ihn, weil er bettelarm war und sie keine äußere Hilfe erwarten konnte. Sie wählte ihn, weil er ihrem evangelischen Armutsideal entsprach.

Sie wählte ihn auch wegen seiner Strenge. Für sie ist Gott der Gott des Alten und des Neuen Testamentes. Er ist für sie sowohl der Gott der Liebe wie der Gott der Rache. Der Gott, den wir lieben dürfen, aber auch fürchten müssen wegen unserer Schwächen und Sünden.

Ein anderes überliefertes Beispiel zeigt Elisabeths starke, souveräne Lebenshaltung.

Bericht der Dienerin Irmingard:

»Magister Konrad habe die selige Elisabeth einmal nach Altenburg kommen lassen, um mit ihr zu überlegen, ob sie Reklusin werden solle. In dem Wunsch, die selige Elisabeth zu sehen, baten ihn die Klosterfrauen, die selige Elisabeth bei ihrer Ankunft die Klausur betreten zu lassen. Magister Konrad erwiderte: ›Sie mag eintreten, wenn sie will.‹

Das sagte er in der sicheren Annahme, sie werde es nicht tun. Aber im Glauben, die Erlaubnis zu haben, und im Vertrauen auf seine Worte trat sie ein. Als Magister Konrad das sah, rief er sie heraus, machte ihr Vorwürfe und hielt ihr das offene Evangelienbuch hin: Sie sollte schwören, seinen Befehlen wegen der Exkommunikation Folge zu leisten, der sie durch das Betreten der Klausur verfallen war. Die Dienerin Irmingard war draußen geblieben; aber weil sie dort den Schlüssel entgegengenommen hatte, befahl er ihr, sich mit der seligen Elisabeth zu Boden zu werfen. Dann wies er den Bruder Gerhard an, sie beide mit einer reichlich starken Rute zu schlagen. Dazu sang der Magister den Bußpsalm: ›Erbarme dich meiner, o Gott!‹

Irmingard sagte, sie habe noch drei Wochen die Spuren der Schläge gehabt und Elisabeth noch länger, weil sie heftiger gezüchtigt worden sei. Nachher habe die selige Elisabeth sich ihr gegenüber geäußert:

›Wir müssen solcherlei gern hinnehmen. Es ist mit uns wie mit dem Schilf, das im Fluß wächst. Schwillt der Fluß an, so wird es hinuntergedrückt und neigt sich. Das Wasser fließt darüber, ohne es zu brechen. Hört die Überflutung auf, richtet sich das Schilf wieder empor und wächst mit seiner Lebenskraft lieblich und schön. So müssen wir uns bisweilen beugen und demütigen, um uns danach lieblich und schön aufzurichten.‹«[66] Bemerkenswerte Worte!

Das ist nicht die Philosophie und Lebenshaltung einer schwachen, in ihrem Selbstbewußtsein gebrochenen Frau. Die Texte des »Libellus« sagen aus, daß sich Elisabeth in Konrad von Marburg das Werkzeug ausgesucht hat, von dem sie zur Heiligkeit geformt werden wollte. Der »Libellus« ist reich an Prügelszenen; Historiker und Hagiographen haben – je nach Temperament und Standort – sich darüber empört oder es auch als Ausdruck heiligmäßiger Unterwerfung bewundert.

»Schon zu Lebzeiten ihres Gemahls war sie dem Magister Konrad sehr gehorsam. Als dieser sie einmal zu einer Predigt rief und sie wegen des Besuchs der Markgräfin von Meißen [Jutta, die Schwester ihres Mannes] nicht kommen konnte, war Magister Konrad so gekränkt und ließ ihr durch Boten ausrichten, wegen dieses Ungehorsams werde er sich in Zukunft nicht mehr um ihre Leitung kümmern. Deshalb eilte sie gleich am kommenden Tag zu ihm und bat demütig um Verzeihung. Weil er sich aber weigerte, warf sie sich ihm zu Füssen und wurde sogleich mit ihren Mägden, denen Magister Konrad die Schuld zuschob, bis auf das Hemd entkleidet und schwer gezüchtigt.«[67]

Elisabeth nahm bewußt den Zorn des sich zurückgesetzt fühlenden Magisters und seine Züchtigungsstrafe an. Es wäre leicht für sie gewesen, sich dem Zorn des gekränkten Magisters zu entziehen, denn der Besuch, um dessentwillen sie die Predigt versäumte, war ein Staatsbesuch. Die Markgräfin Jutta von Meißen, als ihre Schwägerin und Schwester ihres Mannes, absolvierte keinen Verwandtenbesuch. Vielmehr war dieser Besuch eine hochpolitische Affäre, wo es wahrscheinlich um die Vormundschaftsrechte des Landgrafen über seinen Neffen Heinrich von Meißen ging. Ein Wort des Landgrafen an den Magister hätte Elisabeth die Züchtigung erspart. Sie wollte dies anscheinend gar nicht, sondern nahm Geißelung und Demütigung als Wege zu Gott.

Fast scheint es so, daß Konrad von Marburg empfunden haben muß, Werkzeug eines fremden Willens zu sein. In seiner Epistola an Papst Gregor IX. beschuldigt er sich nur, Elisabeth aus Sorge vor Ansteckung durch die Leprakranken gezüchtigt zu haben, und bittet Gott um Verzeihung.

Nach seinem Selbstverständnis mußten doch auch die anderen Prügelstrafen rechtens gewesen sein, da sie die Landgräfin auf die Straße der Heiligkeit führen sollten. Hat Konrad in seinen letzten Lebensjahren geahnt, daß er das Werkzeug eines größeren, härteren Willens war? Daß nicht er führte, sondern die scheinbar schwache, gedemütigte Frau, als deren Meister er sich wähnte?

Der folgende Satz in seinem Brief an den Papst bekommt unter dieser Betrachtung besonderes Gewicht, wenn dieser knochenharte, in seinen religiösen Vorstellungen verkrustete Mann schreibt: »Abgesehen von den Werken der Nächstenliebe habe ich, ich bekenne es vor Gott, kaum je eine Frau von tieferer Andacht gesehen.«[68]

Die Leidensgeschichte der heiligen Elisabeth

Die Leidensgeschichte der heiligen Elisabeth beginnt in ihrer ganzen Härte mit dem Auszug ihres Mannes, des Landgrafen Ludwig, zum Kreuzzug ins Heilige Land.

Alles, was vorher geschieht, ist Ouvertüre, Vorspiel, Einstimmung zum Thema ihres Lebens, des freiwilligen Leidens, der unentwegten Demütigung, der dauernden Hingabe an den leidenden, kranken, versehrten Menschen. Es ist eine Frömmigkeit, die sich nicht hinter Klostermauern verschließt, sondern die ihre Gottes- und Menschenliebe der Welt dienstbar macht.

Die Prügel des Magisters, die Ernährungsaskese, das heißt, am reichgedeckten landgräflichen Tisch aus Gehorsam zu hungern, die Ablehnung der Adelsgesellschaft, die sie ja auch zur Genüge brüskiert hatte, all das versinkt vor den Verzweiflungstälern, die sie nunmehr durchschreiten wird.

Solange der Landgraf lebte, wurde sie von seiner Liebe getragen.

Das Fiasko ihres Lebens beginnt mit seinem Tode, nein, vorher schon, als sie von seinem Entschluß erfuhr, ins Heilige Land zu fahren.

Der Kaplan Berthold, der liebevolle Biograph des Landgrafen, erzählt in seiner »Vita Ludovici« ausführlich über den Trennungsschmerz und die verzweifelte Entsagung des landgräflichen Paares. Der »Libellus« hingegen, der ja als Kanonisierungsunterlage diente, geht über

100

diese tiefgreifende Lebensepisode hinweg, als fürchte man sich, durch die Darstellung dieser existentiellen persönlichen Katastrophe die weltliche Bindung der Heiligen zu sehr herauszustellen.

Dabei kamen doch die Gattenliebe und die Gottesliebe Elisabeths aus dem gleichen Urquell ihres großen Herzens.

Zwar lobt und preist auch der »Libellus« die ehelichen Bindungen des Paares, aber dies wird nur gesehen im Rahmen einer fast überirdischen Ehe.

»All diese und viele andere erwähnenswerte Dinge, deren man sich im Augenblick nicht erinnert, tat sie zu Lebzeiten ihres Gemahls, mit dem sie löblich in ehelicher Gemeinschaft verbunden lebte. Sie waren in wunderbarer Weise einander zugetan, ermahnten und stärkten sich gegenseitig in aller Liebe zum Lobe und Dienste Gottes. Denn obwohl ihr Gemahl als Herrscher gezwungen war, sich um irdische Angelegenheiten zu kümmern, hatte er im Herzen doch immer die Furcht Gottes vor Augen und ließ der seligen Elisabeth volle Freiheit zu allen guten Werken der Frömmigkeit und Verherrlichung Gottes; er trieb sie sogar dazu an zum Heile ihrer Seele.«[69]

Über den Trennungsschmerz des Ehepaares geht man hinweg. Anders der Kaplan Berthold in seiner »Vita Ludovici«, der ja aus einem sehr persönlichen Verhältnis zum Landgrafen und dessen Frau Elisabeth berichtet:

»Es geschah nun im Jahre 1227, daß ein Kreuzzug ausgeschrieben wurde, damit Fürsten, Ritter und Knechte und auch andere Leute übers Meer fahren sollten, um dem Heiligen Land zu helfen. Und auf des Papstes Geheiß sollte auch Kaiser Friedrich mit demselben Kreuzzug übers Meer reisen. Viele Erzbischöfe und Bischöfe und andere gute Christenleute wurden in göttlicher Liebe entzündet wider die Heiden und Feinde Christi.

Zu derselben Zeit hatte der edle, christliche Landgraf Ludwig klugen, weisen Rat und Zwiesprache gepflogen mit dem Bischof von Hildesheim [Konrad II., 1221–1246] und nahm von ihm das Kreuz und ließ sich damit zeichnen. Er schwor, daß er streiten wolle um Gottes und des Glaubens willen wider die Heiden und im Namen des Herrn Jesu Christi. Aber er hielt es geheim bis zu gegebener Zeit. Er trug das Kreuz nicht offensichtlich auf seinem Gewand, auf daß seine liebe Gemahlin, Sankta Elisabeth, dessen nicht gewahr würde und sich nicht betrübe und erschrecke wegen des künftigen Abschieds, da sie ihn doch aus der Maßen und von ganzem Herzen liebhatte.

Doch konnte er es auf die Länge nicht verbergen. Es geschah eines Abends, daß sie seinen Gürtel ergriff und in sonderlicher Freundschaft in seiner Tasche zu suchen begann, ehe er dessen gewahr wurde. Da fand sie das Kreuz und erschrak so, daß sie zur Erde sank. Der liebe Fürst hob sie auf und tröstete sie mit lieben Worten und mit Ermahnungen aus der Heiligen Schrift. Und er nahm die Betrübnis von ihr und den Schrecken, denn sie hatte empfangen und war schwanger geworden und trug eine lebendige Frucht in ihrem Leibe. Diese Frucht hatte sie gelobt zu opfern für ein geistliches Leben, und zwar so, daß, wenn es ein Knäblein sein sollte, so solle man es nach Rumarsdorf bringen, würde es aber ein Maidlein sein, so sollte man es nach Altenburg bringen, zu dem Orden, der da heißt Prämonstratenser, die die Regel der Augustiner halten.

Als nun der edle und hochgeborene Fürst Landgraf Ludwig von Thüringen sich durch Gottes Willen demütigen wollte und auf Pilgrims Weise ins ferne Land ziehen wollte, beschloß er, auf eigene Kosten und Zehrungen zu fahren, damit er niemanden schätzen und schinden müsse.«[70]

Der fromme Kaplan Berthold vergißt bei der liebevollen Darstellung seines Fürsten mitzuteilen, daß dieser schon von Kaiser Friedrich II. mit 5000 Mark Silber honoriert worden war, um am Kreuzzug teilzunehmen.

Doch folgen wir weiter der Vita Ludovici des Kaplan Berthold: »Als nun alle versammelt waren, redete Landgraf Ludwig mit ihnen und sagte: ›Oh, ihr allerliebsten Freunde und meine lieben Getreuen, Grafen, freie Ritter und Knechte und auch ihr anderes Volk, meine lieben und getreuen Bürger und Bauern, ihr wisset wohl, daß zu meines Vaters Lebzeiten viel Krieg und Ungemach dies Land verdorben haben, denn sein Mut war so groß, daß viele Königreiche ihn mit Krieg bedrohten ... Nun hat Gott der Herr zu meinen Lebzeiten Land und Leuten Friede und Gnade geschenkt, genau wie dem König Salomon, dem Sohne Davids, dessen Namen Friedesam bedeutet.

Nun will ich für Gott und seine Liebe und für den christlichen Glauben dies Land verlassen und den großen Reichtum und Wert dieses Landes meinem lieben Bruder Heinrich Raspe übergeben.‹«

Es fällt auf, daß der Landgraf nicht die Möglichkeit wahrnimmt, seine Frau als Regentin für seinen Sohn Hermann einzusetzen, so wie seine eigene Mutter, Landgräfin Sophie, ihm bis zu seiner Volljährigkeit zur Seite gestanden hatte. Tat er dies auf Druck des Hofes, oder zweifelte auch er an Elisabeths Regierungsfähigkeit?

Dann fuhr er fort: »Ich verlasse meine allerliebste Gemahlin und ihre Kinder, die mir ans Herz gewachsen sind. Ich verlasse Freunde, Verwandte und allen Trost dieser Welt und will in Pilgrims Weise mich demütigen und übers Meer ziehen.

Bittet alle Gott, es möchte sein heiliger Wille sein, daß er mich wieder gesund nach Hause sende, dem Lande zum Glück und zum Troste, denn seiner Gnade befehle ich Land und Leute.«

»... Dann kam der Fürst nach Schmalkalden in seine Stadt und fand dort seine besonders vertrauten Freunde, die er dorthin beschieden hatte. Mit denen pflegte er vertraute Zwiesprache.

Sonderlich sprach er zu seinem Bruder Heinrich Raspe diese Worte:

›Lieber Bruder, ich habe mich nun bereit gemacht für den Weg Gottes, den ich mit seiner Hilfe zu wandern gedenke, und ich habe alles gerichtet und bestellt, was nötig ist zum ewigen Heil.‹ Er befahl seinem Bruder auch seine Frau und seine Kinder ...

Es wurden viele Zähren vergossen, mehr als ich sagen will. Die Mutter hielt ihren Sohn, die Hausfrau bat auch ihren Mann. Die eine zog hin und die andere zog her, daß er doch dableiben solle. Sankta Elisabeth schrie aus voller Kehle: ›Weh mir armem Weibe!‹«[71]

In diesem Aufschrei Elisabeths liegt die Erkenntnis ihres künftigen Schicksals. Die schützende Hand des Ehegatten und Fürsten ist fortgefallen. Nun steht sie der Welt, und das ist für sie die thüringisch-staufische Adelsgesellschaft, allein gegenüber. Eine Lawine von Haß wird sie treffen, der Haß der edlen, feinen Damen, deren Modesucht sie kritisiert hatte.

Wir erinnern uns, daß Ysentrud von Hörselgau uns erzählte, daß sie zu weltlichen Damen sprach wie ein Prediger über Gott. Daß sie bat, auf Eitelkeiten zu verzichten, auf enganliegende Ärmel und eingeflochtene Zierbänder im Haar. Daß sie ihnen anempfahl, Keuschheit zu geloben für die Zeit nach dem Tode ihrer Ehemänner. Elisabeth hatte nicht nur Spiel und Tanz, Lust, Gesang und lärmendes Ritterspiel von der einstmals so glänzenden Wartburg vertrieben, sondern auch tief in den persönlichen Lebensstil der Hofgesellschaft eingegriffen.

Und selbst wenn sie dies nicht tat, dann war doch schon ihr Beispiel Ärgernis für die sinnenfrohe Wartburgge-sellschaft.

»Als sie einmal ihrem Gemahl auf einen großen Landtag folgen wollte und bei einer Rast keine Speise vorfand, die sie ruhigen Gewissens zu genießen wagte [das heißt: die den Speisevorschriften des Magisters Konrad ent-sprachen], sondern nur Schwarzbrot, weichte sie es in bloßem warmem Wasser auf und aß es. Mit den Ihrigen war sie an diesem Tage mit einer solchen Mahlzeit zu-frieden, da sie an Samstagen ja ohnehin fasteten. So rit-ten sie noch acht deutsche Meilen, die stark dreißig ita-lienische Meilen ausmachten. [Nach heutigen Begriffen ca. sechzig Kilometer.] Ihr und ihrem damit einverstan-denen Gemahl wurden von der Familie wegen dieser auffallenden und ungewöhnlichen Lebensweise viele Vorwürfe ins Gesicht geschleudert, aber sie ertrug diese mit großer Gelassenheit.«[72]

All die Feindschaft, aber auch die künftige Verlassenheit artikulierte Elisabeth in dem Aufschrei: »Weh mir ar-mem Weibe.«

Der Kaplan Berthold widmet diesem Abschiedsschmerz, der an ein langsames Sterben erinnert, in seiner Vita viel Raum. Das war nicht üblich. Der Ritter, der ins Heilige Land zog, nahm auf seiner Burg den Segen des Priesters, segnete dann selbst Frau und Kinder und zog in den hei-ligen Krieg. Der Abschied von Ludwig und Elisabeth, diese Reise in Tod und Entsagung, vollzog sich über vie-le Kilometer. Horchen wir hinein in die Vita Ludovici:

»Alle, die gegenwärtig waren, die wurden traurig und weinten. Wer könnte wohl beschreiben, wie Lieb und Leid da verschlungen waren? Der edle Fürst war des Jammers voll, und er konnte doch nicht bleiben.

Zuletzt raffte er seinen Mut zusammen und entriß sich ihnen mit Gewalt. Da setzte sich auf sein Pferd der gute, friedsame Fürst: Die anderen Pilgrime, seine Genossen, die mit dem Kreuz gezeichnet waren, waren alle bereit. Er hatte keine Ahnung, daß er das Thüringer Land nie wiedersehen würde ...

Da nun das andere Volk zurückkehrte, folgten dem süßen Fürsten seine liebste Gemahlin dennoch. Ihr Herz war des Jammers voll, als ihr liebster Buhle aus dem Thüringer Land davonritt als Pilgrim, und sie konnte nicht gewiß sein, daß sie ihn mit ihren Augen jemals wiedersehen sollte.

Nun wäre es wohl an der Zeit gewesen, daß sie umkehrte, aber ihres Herzens Leid und Liebe wollten ihr nicht gestatten, daß sie sich von ihrem Gatten scheiden sollte.

Sie wußte nicht, sollte sie mit ihm gehen oder sollte sie bleiben.

Zuletzt, als sie an die Grenze des Landes gekommen waren und die göttliche Liebe die menschliche überwand, da sprach der ehrbare, gestrenge Rudolf Schenke:

›Gnädiger Herr, es ist Zeit, lasset die gnädige Frau umkehren: Es muß doch sein.‹«

Da es nun nicht länger sein konnte und es Zeit und Recht war, daß sie voneinander scheiden mußten, zog der Fürst zuletzt einen Fingerring aus seiner Tasche, mit dem er seine vertrauten Briefe zu siegeln pflegte, und zeigte den Ring seiner betrübten Gemahlin und sprach aus der Güte seines Herzens also:

›Meine allerliebste Schwester, sieh diesen Fingerring, darin das Lamm Gottes geritzt ist mit einer Fahne und Inschrift in einem edlen Saphir: Das soll dir ein Wahrzeichen sein: Durch den ich dir diesen Ring sende, dem sollst du voll und ganz glauben, was er dir meldet von meinem Wege und von meinem Leben und auch von meinem Tode.‹ Und er drückte ihr die Hand ganz freundlich und sprach: ›Gott im Himmel sei mit dir, allerliebste Schwester mein: Gott segne auch die Frucht deines Leibes, die du trägst, und bestelle es getreulich mit dieser Frucht deines Leibes, wie wir es untereinander gelobt haben.‹

Ach, wer kann solchen Jammer mitansehen und solche Betrübnis, wie sie sich schieden! Ihrer beider Herzen litten großes Leid und große Qual: An Seufzern und heißen Tränen gebrach es nicht.

Oh, wie bitter war das Scheiden! Alle, die da gegenwärtig waren, die standen in großem Jammer da: Es weinten die Frauen und Männer, die zarten Jungfrauen wanden ihre Hände. Sie baten Gott im Himmel, daß er den edlen Fürsten möge wiederkehren lassen.

Dann faßte der edle Fürst wieder Mut und zog getrost seines Weges, wie ein freudiger Recke es um des Preises willen tut.

Aber die betrübte Fürstin kam sehr traurig heim mit Tränen und Jammer. Sie legte ihr fürstliches Gewand ab und nahm ein Witwenkleid. Von da an wurde ihr keine Freude mehr zuteil. Sie befahl sich ganz in Gottes Hut, in Einsamkeit und Trauer. Sie ergab sich der Heiligkeit früh und spät.«[73]

Der Kaplan Berthold hat uns eine große mittelalterliche Liebesgeschichte miterleben lassen. Eine seltene Liebe in diesen Zeiten. Denn der Sinn der Ehe war ja nicht die Liebe, sondern die Zeugung von Nachkommenschaft und die Mehrung, zumindest aber die Festigung des Besitzstandes.

In einem schmerzhaften Prozeß trennten sich zwei Liebende. Der eine in den Tod, der andere in die totale Verweigerung der Welt.

Die Demut und die allerheiligste Armut im Mittelalter

Die Demutshaltung des mittelalterlichen Menschen ist dem modernen kaum zugänglich. Sie entsprang dem völligen Durchdrungensein von der Allgewalt Gottes, vor der der Mensch zum Schatten seiner selbst wird.

Um von diesem Gott angenommen zu werden, bedarf es der Selbsterniedrigung, der Brechung des eigenen Willens – »nicht mein, sondern dein Wille geschehe« (Luk. 22), betete Christus am Ölberg –, der Auflösung des Egos in die allumfassende Liebe Gottes.

Elisabeths Zeitgenossin, die selbstbewußte, auch intellektuellere Mechthild von Magdeburg, schreibt in ihrem Buch der Einkehr:

»Wenn ich, aller Menschen Ärmste, zum Gebete gehe, so schmücke ich mich mit dem Unedlen meines Wesens und kleide mich in den Abschaum, der ich selber bin. Dann beschuhe ich mich mit der edlen Zeit, so ich verloren habe alle meine Tage, und gürte mich mit der Pein, deren ich schuldig worden, und hülle mich in einen Mantel der Verderbnis, deren ich voll bin. Mein Haupt kröne ich mit einer Krone heimlicher Schande, durch die ich mich wider Gott vergangen. Dann nehme ich in meine Hand einen Spiegel wahrhafter Erkenntnis und sehe darin, wer ich selber sei, und sehe leider nichts anderes, denn alles, o weh.«

Dieses Unwertbewußtsein, das permanente Schuldbewußtsein vor Gott ist das tragende Lebensgefühl des 13. Jahrhunderts.

Aus ihm erwachsen die großen Häresien der Zeit, die ja nicht von Gott weg, sondern noch näher zu ihm wollten. Hier ist der Urgrund der großen Armutsbewegungen des Jahrhunderts, in welchen – und das ist das Staunenswerte – die Armen nicht Anteil am Reichtum der Reichen haben wollen, sondern die Reichen sich freiwillig ihres Reichtums begeben, um arm zu sein.

Vom heiligen Franz von Assisi, der ja mit seiner Kirche in Einklang lebte, stammt der Satz: »Jeder Reiche ist ein Dieb oder eines Diebes Erbe.«

Das Wort der französischen Aufklärung und Eckpfeiler marxistischer Philosophie bis in die Neuzeit: »Eigentum ist Diebstahl« hat eine ehrwürdige Tradition.

Der heilige Franz begnügte sich nicht mit seinem griffigen Schlagwort, daß jeder Reiche ein Dieb sei, sondern er formulierte genauer:

»Durch das Eigentum, über das die Menschen sich sorgen und bekämpfen, wird die Liebe Gottes und des Nächsten verhindert, es ist schwerer, *aus dem Palast als aus der Hütte* in den Himmel zu kommen.«

Ein fundamentaler Satz. Man muß ihn verinnerlichen, um die Armutsbewegungen des 13. Jahrhunderts, aber auch um Elisabeth zu begreifen.

Wenn es leichter ist, aus der Hütte in den Himmel zu kommen, so muß man den Palast verlassen und zur Hütte hinabsteigen. Wenn der Reichtum den Weg zu Gott versperrt, so muß man ihn hingeben, um das Himmelreich zu erlangen.

Vor dem Hintergrund dieses franziskanischen Denkens erschließt sich das Tun und Handeln der Landgräfin in seiner unbezweifelbaren Logik.

Man betrachte dann die Armutsgebote, die Christus durch die Evangelisten verkündet: »Willst du vollkom-

men sein, so gehe hin, verkaufe, was du hast, und gib's
den Armen, so wirst du einen Schatz im Himmel haben,
und komm und folge mir nach.«[74]
Auch bei der Aussendung der zwölf Apostel erhebt
Christus wieder seine Armutsforderung: »Und er gebot
ihnen, daß sie nichts bei sich trügen auf dem Wege, allein einen Stab, kein Brot, keine Tasche, kein Geld im
Gürtel.«[75]
Wichtig sind auch die Seligpreisungen und Weherufe
aus der Bergpredigt: »Selig sind die Armen, denn das
Reich Gottes ist euer. Selig seid ihr, die ihr hier hungert;
denn ihr sollt satt werden. Selig seid ihr, die ihr hier weinet; denn ihr werdet lachen. Selig seid ihr, so euch die
Menschen hassen und euch ausstoßen und schelten
euch und verwerfen euren Namen als einen bösen um
des Menschensohnes willen.
Weh aber euch Reichen! denn ihr habt euren Trost dahin. Weh euch, die ihr hier satt seid! denn euch wird
hungern. Weh euch, die ihr hier lachet! denn ihr werdet
heulen und weinen.«[76]
Liest und bedenkt man dies, so ist es verwunderlich, daß
Elisabeth im frommen Mittelalter die Ausgestoßene, die
Nichtverstandene war. Denn sie war es, die den Auftrag
der Herrenworte des Evangeliums wortwörtlich erfüllte.
Stehen wir hier vor dem Dilemma des Christentums,
der scheinbar unüberbrückbaren Diskrepanz zwischen
Gottes Wort und unserem eigenen gelebten Leben?
Und wo der Glaube nicht mehr ausreicht, versuchen wir
mit Hilfe der Psychologie die Botschaft des Herrn als
Gleichnis und Mythe zu deuten.
Der große Kompromiß zwischen Gottes Wort und den
Notwendigkeiten der Welt – unserer Welt – wird fleißig
geübt und sogar abgesegnet. Nur wenigen großen Menschen gelingt die Einheit von christlichem Wort und
christlicher Tat – und diese nennen wir die Heiligen.

Es ist Elisabeth, die das Herrenwort an sich wahr macht: »So jemand zu mir kommt und hasset nicht seinen Vater, Mutter, Weib, Kinder, Brüder und Schwestern und dazu sein eigen Leben, der kann mein Jünger nicht sein. Und wer nicht sein Kreuz trägt und mir nachfolgt, der kann mein Jünger nicht sein.«[77]

Und wenn Elisabeth beim Abschied ihres Mannes schreit: »Weh mir armem Weib«, dann zeugt dieser Aufschrei davon, daß sie nun die letzte Bindung zur Welt und zum Leben durchschnitten hat. In diesem Aufschrei ist mit eingeschlossen die spätere Aufgabe der Kinder.

Von nun an wird ihr jede äußere mentale Hilfe fehlen. Die Zeit der Arrangements mit der Welt, der Kunst des Ausgleichs und des Kompromisses ist vorbei; Elisabeth ist nicht nur der Hofgesellschaft ausgeliefert, sondern der viel größeren Gnadenlosigkeit ihrer eigenen moralischen Ideenwelt.

All ihre Askese, ihre Selbstgeißelungen, ihr bewundernswertes Verhalten im Hungerjahr 1226/27, als sie die landgräflichen Scheuern öffnete, als sich der Hof der Wartburg mit Armen und Kranken füllte, erscheinen nur als Vorspiel für die kommende Einsamkeit ihrer Leiden.

Wenn sie sich nächtens von ihren Dienerinnen hatte geißeln lassen, so kehrte sie doch zurück in den Schutz des Ehebettes und eines liebevollen Mannes.

Die Anfeindungen der Hofgesellschaft konnte sie ertragen. Ysentrud von Hörselgau erzählt uns:

»Als die selige Elisabeth noch in weltlicher Pracht gekleidet war, nahm sie heimlich einen kranken Bettler auf, der an einer Kopfkrankheit litt und schrecklich anzusehen war. Sie schor mit eigener Hand seine ekelerregenden Haare, hielt seinen Kopf in ihrem Schoß und wusch diesen nachher an einer versteckten Stelle ihres Obstgartens, um nicht von den Menschen dabei gesehen zu werden. Von einigen Hofdamen überrascht und getadelt, lachte sie nur.«[78]

Sie konnte auch lachen, und zwar so lange noch, wie über allen Anfeindungen die liebevolle Sorge ihres Gatten stand.

Doch auch ihren eigenen Gefährtinnen und Dienerinnen mutete sie schwere Entsagung zu:

»Am Fuße der Wartburg, wo sie damals weilte, stand ein großes Haus. Darin brachte sie sehr viele Kranke unter, die zur allgemeinen Almosenverteilung nicht kommen konnten. Sie besuchte die Insassen dieses Hauses ohne Rücksicht auf den sehr mühevollen Ab- und Anstieg mehrmals am Tage, tröstete sie, sprach mit ihnen über geduldiges Ausharren und ihr Seelenheil und stillte ihnen vollauf Hunger und Durst. Um ihnen Almosen schenken zu können, verkaufte sie sogar ihren Schmuck. Obwohl ihr sonst verdorbene Luft überall zuwider war, ertrug sie, selbst im Sommer, die schlechteste Krankenluft, die ihre Mägde nur schwer und mit Murren aushielten.

Mit ihrem Kopftuch [dem Zeichen der adeligen Frau] wischte sie Speichel und Auswurf aus dem Gesicht sowie Schmutz aus Mund und Nase ... Neben diesen Kranken wählte sie aus der Schar der armen Almosen-empfänger die Ärmsten und die Schwächsten aus, brachte sie vor der Burg unter und verteilte mit eigener Hand die Überreste ihrer Mahlzeiten.« Und nun kommt ein bemerkenswerter Satz aus dem Bericht der Urquelle:

»Nachdem sie das Volk so bis zur nächsten Ernte mit Nahrung versorgt hatte, gab sie allen Arbeitsfähigen Hemden und Schuhe, damit sie ihre Füße nicht an Stoppeln verletzten, und Sicheln, damit sie mähen und sich durch ihre eigene Arbeit ernähren konnten.«[79]

Sie leistete, so würden wir heute sagen, Hilfe zur Selbsthilfe. Das war im Mittelalter nicht üblich. Denn der Arme, Kranke und Hungernde hatte ja seinen festen Platz im Weltbild der Zeit.

Erstens wissen wir, daß man den Armen Gott näher wähnte als den Reichen. Also gab es keinen Grund, ihn aus diesem beneidenswerten Stand zu erlösen. Zweitens war der Arme in seiner Eigenschaft als Almosenempfänger eine Möglichkeit der eigenen Bußleistung und damit eine Sprosse auf der Leiter ins Himmelreich. Das hört sich zynisch an, wurde aber nicht so empfunden.

Der Arme, als Stufe und Brücke zum Himmelreich, dieser Gedanke kommt auch in einer der ganz seltenen dramatischen Werke der Elisabeth-Literatur vor:

>>Braucht ihr uns nicht zur Jakobsleiter Eures Ruhmes
Und steigt auf unserem Rücken auf zum Himmel.<<[80]

Indem Elisabeth Hilfe zur Selbsthilfe leistete, sprengte sie wiederum den Rahmen der mittelalterlichenVorstellungswelt.

Auch in ihrer Krankenpflege war sie revolutionär und forderte den Widerstand der Adelsgesellschaft heraus. Wohl hatten vor ihr und nach ihr adelige und hochadelige Damen Spitäler gegründet und auch besucht, um Wohltaten zu erweisen. Aber niemals war es erlebt worden, daß eine Fürstin persönlich die Krankenpflege ausübte. Und das bei solch ekelerregenden Kranken, vor denen die eigenen Dienerinnen schaudernd zurückschraken.

Die Franziskanerin

Bevor der heilige Franziskus am 3. Oktober 1226 in seinem Geburtsort Assisi starb, hatte er der christlichen Welt das Beispiel seiner allumfassenden Liebe gegeben. Einer Liebe, in die Gott, Mensch und Kreatur eingeschmolzen waren. Sein Leben der franziskanischen Armut hatte die Herzen der Menschen erobert.

Man braucht nur den letzten Satz des zweiten Kapitels seines Regelwerkes zu lesen, um die Vornehmheit seiner Gesinnung zu erfahren.

Nachdem er seine Brüder zu Armut, Demut und Gehorsam aufgerufen hatte, verfügte er:

»Ich füge noch die Meinung hinzu, daß sie [die Brüder] Menschen mit weichen und farbengeschmückten Kleidern nicht verachten und verurteilen dürfen; auch den nicht, der sich an seinen Speisen und Getränken ergötzt; jeder beurteile und verachte sich selbst.«[81]

Die Chronik des Bruder Jordan von Giano berichtet über das erste Auftreten der Franziskaner in Deutschland:

»Im Jahre des Herrn 1219 ... hielt Bruder Franz ein Kapitel bei der heiligen Maria von Portiuncula. Er schickte Männer nach Frankreich, Deutschland, Ungarn, Spanien und in die Provinzen Italiens, in welche die Brüder bisher nicht gekommen waren.

Nach Deutschland wurde Bruder Johannes de Penna mit ungefähr sechzig Brüdern entsandt. Als sie die deutschen Gaue betreten hatten, antworteten sie, wenn sie etwas gefragt wurden, z. B. ob sie übernachten oder etwas essen

114

wollten, einfach mit ›Ja‹, weil sie die Sprache nicht kannten. Daraufhin wurden sie von einigen wohlwollend aufgenommen. Da sie merkten, auf das Wörtlein ›ja‹ hin würden sie menschlich behandelt, so beschlossen sie, auf jegliche Frage mit ›Ja‹ zu antworten. So kam es, daß sie auch auf die Frage, ob sie Ketzer seien und ob sie deshalb nach Deutschland gekommen wären, um es mit den Häresien zu verseuchen, wie sie schon die Lombardei verdreht hätten, mit ›Ja‹ antworteten.

Nun wurden einige eingekerkert, andere wurden entkleidet und nackt zum Tanze geführt. Das war für die Umstehenden ein kurzweilig Schauspiel. So sahen die Brüder ein, daß sie in Deutschland nicht gedeihlich wirken konnten, und gingen nach Italien zurück.«[82]

Im Jahre 1221 erneuerte der heilige Franz den Missionsauftrag für Deutschland und stellte diesmal den Deutschen Cäsar von Speier an die Spitze dieser Mission. Cäsar wurde erster Minister des Ordens in Deutschland. (Das Wort Minister wurde als Diener verstanden.) Die Chronik des Bruders Jordan von Giano berichtet:

»Auch einen Laien namens Rodeger nahm er [Cäsar von Speier] in den Orden auf. Er wurde im Laufe der Zeit Guardian in Halberstadt und der Lehrmeister geistlicher Zucht für die heilige Elisabeth. Er unterwies sie in der Bewahrung der Keuschheit, in Demut, Geduld, Nachtwachen und Beten und ließ sie in der Ausübung der Werke der Barmherzigkeit schwitzen.«[83]

Mit diesem Eintrag in der Chronik des Jordan ist die direkte Verbindung zwischen Franziskanertum und Elisabeth von Thüringen hergestellt.

Elisabeth hat, ergriffen vom gelebten Armutsideal der Franziskaner, diese am Fuße der Wartburg in Eisenach angesiedelt und ihnen sofort eine Kirche zugesprochen. Sie lag am südlichen Hang des Marktes, oberhalb der Stadtkirche St. Georg. Der »Libellus« weiß darüber:

»Auch zu Lebzeiten ihres Gatten spann sie mit ihre Mägden Wolle und ließ Gewänder für die Minderbrüder [Minoriten = Franziskaner] und die Armen weben.«[84] Ob Elisabeth persönliche Beziehungen zu ihrem großen Vorbild, dem heiligen Franz, gehabt hat, läßt sich nicht belegen, aber auch nicht ausschließen.

Bedenkt man, daß Papst Gregor IX. an ihrem persönlichen Schicksal Anteil nahm, ihr Briefe schrieb, ihr Konrad von Marburg als Defensor zuordnete, bedenkt man ferner, daß Papst Gregor IX. in seiner Zeit als Kardinal Hugolin von Ostia der große Förderer des heiligen Franziskus und seines Ordens war, dem es vor allem gelang, den Franziskaner-Orden in das Gefüge der katholischen Kirche einzubinden, so ist es nicht unwahrscheinlich, daß Papst Gregor in seiner Kardinalszeit den heiligen Franziskus auf die heiligmäßige Landgräfin Elisabeth in Deutschland aufmerksam gemacht hat.

So ist die Nachricht schon verständlich im Sinne des Gesamtgeschehens, daß Franziskus seiner deutschen Schülerin Elisabeth seinen Mantel als besonderes Zeichen gesandt hat. Denn der wirkliche Lehrmeister der Heiligen war nicht Konrad von Marburg, sondern Franziskus. Konrad von Marburg nahm in Elisabeths Leben die Rolle ein, die Franziskus so beschrieben hat:

»Die Dinge, die dir im Wege sind, Gott den Herrn zu lieben, und die Menschen, die sich dir in den Weg stellen, Brüder und andere: selbst wenn sie dich geißelten, sollst du als Gnade nehmen, und wolle es so und nicht anders. Und das halte für den wahren Gehorsam gegen den Herrn und mich, denn ich weiß gewiß, dies ist der wahre Gehorsam. Und liebe sie, die dir solches antun, und wolle nichts anderes von ihnen, als was der Herr dir gibt und darin liebe sie.

Und du darfst nicht wollen, daß sie bessere Christen sind, und das muß dir mehr sein als Einsiedelei.«[85]

116

Der Franziskanismus, der wie ein geistiger Sturm die Herzen der Christenheit auflodern ließ und dessen eifrigste Dienerin Elisabeth war, stellt sich dar in der Schrift »Von der vollkommenen Freude«.

Die Legende erzählt, daß Franz diese Betrachtung seinem Begleiter eines Wintertags auf dem Heimweg nach Portiuncula diktiert habe. Ist dieses Gespräch auch nicht gesicherte Überlieferung, so entsprechen Gedankeninhalt, die tiefe Einsicht und die herrliche Sprache dem Heiligen:

»Wenn auch die Minderbrüder auf der ganzen Erde ein gutes Beispiel großer Heiligkeit und Erbauung geben, so ist darin nicht die vollkommene Freude. Und wenn ein Minderbruder Blinde erleuchtete, Verwachsene streckte, Dämonen austriebe, Tauben ihr Gehör, Lahmen ihren Schritt, Stummen das Wort wiedergäbe und, was mehr ist, einen vier Tage lang Toten erweckte: da ist nicht die vollkommene Freude.

Und wenn ein Minderbruder die Sprachen aller Völker und alle Wissenschaften wüßte, so daß er wahrsagen und offenbaren könnte, nicht nur das künftige, sondern auch das innere Wissen der anderen: da ist nicht die vollkommene Freude.

Wenn ein Minderbruder mit Engelszungen redete und Sternenlauf und Kräuterkraft wüßte und alle Schätze der Erde ihm enthüllt wären, und wenn er die Kräfte und Eigenschaften von Vogel und Fisch, Tier und Mensch, Wurzel und Stein, von Baum und Wasser kennte: da ist nicht die vollkommene Freude.

Und vermöchte ein Minderbruder so erhaben zu predigen, daß er alle Ungläubigen und Gläubigen bekehrte: da ist nicht die vollkommene Freude.

Aber wenn wir jetzt zur Stätte der heiligen Maria von den Engeln kommen, so im Regen gebadet und vom Frost erstarrt, auch beschmutzt und ausgehungert, und

117

dann an die Pforte klopfen und der Pförtner zornig kommen und sagen wird: Wer seid ihr – und wir dann sagten: Wir sind zwei von euren Brüdern – und wenn er herwieder sagte: Nein, ihr seid zwei Landstreicher, ihr lauft überall in der Welt herum, um den Armen ihre Almosen zu rauben – und wenn er uns nicht öffnete und uns bei Schnee und Regen, in Frost und Hunger bis zum Tode stehen ließe: dann, wenn wir so viele Widerwärtigkeiten und Unbill und Unruhe und Murren geduldig ertrügen und demütig und liebreich dächten: dieser Pförtner kennt uns nach der Wahrheit, und Gott reizt seine Zunge wider uns; schreib, da ist die vollkommene Freude.

Und wenn wir dann immer weiter klopften und der Pförtner nun, als wären wir Zudringliche, gegen uns hinausträte, und uns grausam mit Maulschellen bedächte und sagte: Macht euch fort von hier, ihr elenden Lumpe, und geht zum Spital! wer seid ihr auch, hier bekommt ihr gewiß nichts zu essen – und wenn wir das dann ganz geduldig hinnehmen und die Kränkung von ganzem Herzen in Liebe vergeben: da ist die vollkommende Freude.

Und wenn wir völlig niedergeschlagen unter der Pein von Hunger und Kälte und schon im Nahen der Nacht wieder klopfen und schreien und mit Weinen fast flehen, daß er uns öffne, und er dann empört sagte: Das sind ganz unverschämte, kecke Menschen, ich will sie zur Ruhe bringen – und er käme mit einem knotigen Knüppel heraus, packte uns an der Kapuze, würfe uns in Dreck und Schnee zu Boden und prügelte uns derart mit seinem Knüppel, daß er uns ganz mit Beulen bedeckte: wenn wir so viele Übel, wenn wir so viele Kränkungen und Schläge mit Vergnügen ertragen, bedenkend, daß wir die Peinen Christi des Benedeiten dulden und ertragen sollen: schreib und merk es wohl; da ist die vollkommene Freude.

Und vernimm den Schluß: Unter allen Begnadungen des Heiligen Geistes, die Christus seinen Knechten gewähren wird, ist das Vornehmste, sich selber zu besiegen und gern um Gottes willen und Gott zuliebe Erbärmliches auszuhalten. Denn in all dem Wunderbaren, das vorhin genannt ward, können wir uns nicht rühmen, weil es nicht unser, sondern Gottes ist. Was hast du auch, was du nicht empfangen hättest? Hast du's aber empfangen, was rühmst du dich, als hättest du's nicht empfangen? Aber im Kreuz der Trübsal und Widerwärtigkeit können wir uns rühmen, denn das ist unser. Und darum hat der Apostel gesagt: Mir aber sei es fern, mich zu rühmen, außer im Kreuze unseres Herrn.«[86]

In diesen Worten und Gedanken des heiligen Franziskus finden wir den Schlüssel zum Opfer der heiligen Elisabeth, sehen wir den Weg, den sie zu ihrer Heiligkeit beschreitet.

Der Magister Konrad von Marburg wird auf das Maß reduziert, mit dem Elisabeth ihn gemessen hat:

»Ich hätte allerdings irgendeinem reichen Bischof oder Abt Gehorsam geloben können; ich glaubte aber, besser zu handeln, wenn ich dem Magister Konrad dieses Gelübde ablegte, weil dieser bettelarm ist. So hatte ich in diesem Leben keine äußere Hilfe zu erwarten.«[87]

Mit diesem Wort Elisabeths wird der zugegebenermaßen unheilvoll erscheinende Magister Konrad entdämonisiert. Er wird zum Werkzeug einer Heiligen.

So sei es nochmals erwähnt: Elisabeth hatte Konrad von Marburg ausgewählt. Bei aller Demut und Unterwerfung blieb sie die Herrin, die das Werkzeug ihrer Demütigungen bestimmte. Das Kriterium, nach dem sie verfuhr, war franziskanisch, »die allerheiligste Armut«, so daß sie in diesem Leben keine äußere Hilfe zu erwarten hatte.

Der Aussatz

Auch in der Krankenpflege erwies sich Elisabeth als Franziskanerin. Sie hatte den Mut, sich gegen Magister Konrad zu stellen, der ihr, aus Sorge um ihr Leben, die Pflege der Leprosen verbieten wollte.

Magister Konrad berichtet: »Als der Knabe gestorben war, nahm sie [Elisabeth] ohne mein Vorwissen ein aussätziges Mädchen in Pflege und verbarg es in ihrem Haus. Ihm leistete sie in dem Grade jeden menschlichen Dienst, daß sie sich nicht nur demütigte, ihm Speisen zu reichen und es zu betten, zu waschen, sondern auch ihm die Schuhe zu lösen; dabei bat sie ihre Dienerinnen inständig, zu sorgen, daß sie nicht deshalb gescholten werden möchte. Als ich dies dennoch erfuhr, da habe ich sie – Gott verzeihe es mir – aufs härteste gezüchtigt, weil ich fürchtete, daß sie angesteckt würde.

Als ich dann die Aussätzige weggebracht hatte und zur Predigt in die Ferne gezogen war, nahm sie einen armen, ganz und gar an Krätze kranken Knaben, der kein Haar auf dem Kopfe hatte, auf, um ihn von der Krätze zu heilen, und besorgte seine Pflege mit Waschungen und Arzneimitteln – von wem sie es lernte, weiß ich nicht – und dieser Knabe saß bei ihrem Tode an ihrem Lager.«[88]

Dieser Bericht Konrads von Marburg an Papst Gregor IX. zeigt zweierlei. Erstens, daß die Behauptung von Busse-Wilson, Elisabeth habe in einem Hörigkeitsverhältnis zu Konrad gestanden, nicht haltbar ist. Elisabeth widersetzte sich ihrem Beichtvater, wenn er ihre sittlichen

Grundsätze verletzte, und trotz harter körperlicher Züchtigung pflegte sie weiter krätze-, aber auch leprakranke Menschen.

Ihr sittliches Vorbild ist nicht der Magister Konrad, sondern Franziskus, der sich rücksichtslos gegen sich selbst in die Pflege aussätziger Menschen gestellt hatte.

Die Lepra wird auch Aussatz genannt. Dies ist keine Krankheitsbezeichnung, sondern kennzeichnet die Behandlung, die der Kranke aufgrund seiner Krankheit von seinen Mitmenschen erfährt. »Er wird ausgesetzt.« Dieses unmenschliche Verfahren zeigt andererseits den Schrecken, den diese Volksseuche auslöste. Die Krankheit war mit den damaligen ärztlichen Mitteln nicht heilbar. Der einzige Schutz war die Aussonderung, Ächtung, Internierung, eben die Aussetzung.

Mitte des 13. Jahrhunderts soll es in Europa 20 000 Leprahäuser gegeben haben. Ob diese Zahl genau stimmt, wissen wir nicht. Doch signalisiert die Größe der Zahl auch das Ausmaß der Seuche, die Europa überschwemmte und der die Menschen hilflos gegenüberstanden.

Der Leprose bekam eine besondere Tracht, die ihn kennzeichnete, dazu die Klapper, um den Herannahenden zu warnen.

Dem Kranken wurde vor der Aussetzung eine Messe gehalten, eine Totenmesse, die ihn aus der Gemeinschaft der Lebenden ausschloß. Eine Geste der Hilflosigkeit, aber doch auch des Versuches, wenigstens die Seele des Kranken zu versorgen, wenn denn seinem Körper keine Hilfe mehr möglich war.

Das Krankheitsbild der Seuche verströmte Grauen. Zuerst bildeten sich rötliche oder bräunliche Pusteln und Flecke im Gesicht und an den Extremitäten. Dann brachen aus Nase, Mund, Rachen und Ohren eitrige Ausflüsse. Das Gesicht schwoll an und wurde zu einer einzigen Wunde. Die Lepra zerfraß erst den Nasenknorpel und zerstörte die Menschlichkeit des Antlitzes. Dann zerfielen Ohren und Lippen. Aus wimpernlosen Augen flackerten Angst und Schrecken über das eigene Ich. Im letzten Stadium der Krankheit zerstörten die eiternden Geschwüre das untere Hautgewebe und zerfraßen die dünnen Knochen der Hand- und Fußgelenke. Der Mensch zerfiel und verfaulte bei lebendigem Leibe. Nun war die Lepra-Klapper nicht mehr vonnöten, denn der Pesthauch der Eiterströme warnte mit seinem ekelerregenden Gestank den Herannahenden.

Wie keine andere Krankheit war die Lepra, diese das Menschenbild zerstörende Tragödie, geeignet, dem mittelalterlichen Menschen die Vergänglichkeit, die Vergeblichkeit und die Nichtigkeit menschlichen Lebens auf dieser Welt darzustellen. Die Lebensängste, die Weltverzweiflung und die Entsagung des Mittelalters haben in dieser Krankheit einen ihrer Gründe. Sich dieser Krankheit in christlicher Gottesliebe entgegenzustellen, sich ihr mit dem Einsatz des eigenen Lebens entgegenzuwerfen, war franziskanische und elisabethanische Tat.

Aus dem Leben des heiligen Franziskus wird berichtet, daß seine innere Abwehr gegen die Leprakranken so groß war, daß er ihnen keine Almosen zu geben vermochte, da er sich der Ekelgefühle gegenüber diesen stinkenden, verfallenden menschlichen Ruinen nicht erwehren konnte.

Der noble Jüngling aus dem reichen Kaufmannshaus der Familie Bernadone war zunächst der Konfrontation mit dem menschlichen Elend nicht gewachsen. In einem Selbsterziehungsprozeß gleichen Ausmaßes wie dem des menschlichen Leids, dem es zu begegnen galt, formte sich Franziskus zum liebevollen Diener dieser Ausgestoßenen.

Auch Elisabeth hat, wie ihr Vorbild Franziskus, diesen Selbsterziehungsprozeß an sich durchlitten. In der Urquelle wird berichtet:

»Und wo immer sie später Aussätzige antraf, setzte sie sich zu ihnen, tröstete sie und ermahnte sie zur Geduld, damit ihre körperlichen Leiden ihnen einmal verdienstlich sein würden.« Und nun weiß die Quelle zu rühmen: »Sie begegnete ihnen wie Gesunden, ohne Ekel, und gab ihnen reiche Almosen.«[89]

»Sie begegnete ihnen wie Gesunden, ohne Ekel.« Hinter diesem schmalen Satz steht das geistige Exerzitium der Selbstüberwindung.

Denn auch Elisabeth hatte wie jeder Mensch die seelischen Schutzmechanismen, mit denen die Ekelschwelle den Gesunden davor bewahren will, sich dem Kranken zu sehr zu nähern, um ihn vor Ansteckung zu schützen. Und das ist ein Triumph von Elisabeths Selbstüberwindung:

»Am Gründonnerstag vollzog sie immer feierlich die Fußwaschung an armen Leuten. Einmal rief sie dafür viele Aussätzige zusammen und wusch ihnen die Füße und Hände; demütig, vor ihren Füßen niederkniend, küßte sie ihnen die schlimmsten, mit Geschwüren bedeckten und widerlichsten Wunden.«[90]

Die Fußwaschung am Gründonnerstag stand in der Tradition der Fußwaschung, die Christus an diesem Tage seinen zwölf Jüngern erwiesen hatte. Auch heute noch wird sie vom Heiligen Vater, von Kardinälen und Bischöfen zum Angedenken des Herrn, aber auch als besonderes Symbol der Demut praktiziert.

Die Imitatio Christi – die Nachfolge des Herrn, das war der Antrieb der großen Religiosen im Mittelalter. Aus Elisabeths Marburger Zeit folgender Bericht:

»Eine Ordensfrau namens Irmingard, einst Dienerin der seligen Elisabeth, jetzt im grauen Kleide, wurde unter

Eid vernommen und sagte aus, die selige Elisabeth habe es sich zur Gewohnheit gemacht, nach ihrer Einkleidung Arme in ihr Hospital bei Marburg aufzunehmen und persönlich zu bedienen.

Auch außerhalb dieses Hospitals gab sie vielen Leuten Geld zur Unterstützung der Armen. Heimlich verkaufte sie goldene Ringe, seidene Kleider und andere Kostbarkeiten, um den Notleidenden helfen zu können. Sie sagte auch aus, die selige Elisabeth habe ein mit Aussatz behaftetes und einäugiges Kind sechsmal in einer Nacht zur Verrichtung der Notdurft abgehalten, ins Bett zurückgebracht und oft wieder zugedeckt. Sie wusch auch selbst seine schmutzig gewordenen Bettücher und sprach ihm gütig und freundlich zu. Ebenfalls sagte sie aus, Elisabeth habe nach Gründung des Marburger Hospitals selbst mitgeholfen, die Kranken zu baden, nachher wieder ins Bett zu bringen und zuzudecken.

Einmal zerriß sie einen Leinenvorhang, wie er gewöhnlich zum Schmücken der Häuser benutzt wird, bettete die Armen nach dem Bade darauf, deckte sie damit zu und rief: ›Welches Glück für uns, unseren Herrn baden und zudecken zu dürfen!‹«[91]

In direkter, aber auch in kindlich froher Art setzt sie das Christuswort um: »Was ihr getan habt einem unter diesen meinen geringsten Brüdern, das habt ihr mir getan.«[92] Der Arme, der Kranke, der Leidende ist für Elisabeth Christus. Die Gedanken des heiligen Franziskus sind viele hundert Kilometer von ihrem Ursprung, im Norden, jenseits der Alpen, in Thüringen, aufgeblüht und im Herzen der heiligen Elisabeth Wirklichkeit geworden.

Franziskus ist Gründer dreier Orden: des Ordens der Minoriten – der Minderbrüder – oder nach ihm benannt: der Franziskaner.

Dann gründete er den weiblichen Orden der Klarissen und den dritten Orden, den Orden der Tertiaren, des heiligen Lebens in der Welt. Elisabeth ist wohl eine der ersten Tertiarinnen auf deutschem Boden.

Dieser dritte Orden entsprach den Vorstellungen Elisabeths. Sie wollte nicht hinter Klostermauern fromm sein, sondern die Liebe Christi in der Welt lebend verwirklichen.

DER ABSTURZ

»Libellus« und »Epistola« wie auch Cäsarius von Heisterbach berichten uns nichts davon, wie Elisabeth die
Nachricht vom Tode ihres Mannes vermittelt bekam.
Alle drei Urquellen gehen über dieses fundamentale Ereignis hinweg. Man schildert zwar die Heimkehr der
Gebeine des Landgrafen Ludwig und Elisabeths Erschüt-
terung. Aber nur die Vita des Kaplan Berthold erzählt
uns die Tragödie der Übermittlung der Todesnachricht.
»Sogleich wurden Boten ins Thüringer Land gesandt,
um den kläglichen Tod des guten, edlen Fürsten zu ver-
kündigen. Doch ward die Botschaft der Fürstin Sankta
Elisabeth etliche Zeit vorbehalten, damit sie durch diese traurige Märe nicht plötzlich und unerwartet er-
schreckt würde. Zuletzt fand man den Rat, daß Frau Sophie, ihre Schwiegermutter, ihr die ganze Geschichte
mit Güte und Weisheit zubringen solle. Und so tat sie
es. Sie nahm etliche edle, weise Frauen mit sich und
kam zu ihrer Schwiegertochter auf das Schloß Wartburg.
Da wurde sie mit Ehre und Liebe empfangen.
Als sie sich gesetzt hatte, sprach sie die Worte:
›Allerliebste Tochter mein, nun sollst du dich nicht erschrecken wegen der Geschichte, die meinen lieben
Sohn, deinem Gatten, nach Gottes Fügung geschehen
ist.‹
Aus diesen Worten verstand die liebe Sankta Elisabeth,
daß er gefangen wäre und vermutete seinen Tod nicht,
und sie antwortete: ›Ist nun mein lieber Bruder gefangen

[so pflegte sie ihn zu nennen], so wird er gewiß mit Gottes Hilfe und unserer guten Freunde Rat auch wieder frei werden.‹

Da antwortete Frau Sophie also: ›Liebe Tochter, er ist tot.‹

Da sie das hörte, schloß Sankta Elisabeth die Finger und die Hände ineinander und legte sie klagend und mit geneigtem Haupt auf ihre Knie und sprach mit betrübtem Herzen diese Worte:

›Tot, tot soll mir nun alle weltliche Freude sein.‹

Und damit stand sie auf in großem Schmerz und lief auf dem Söller hin und her, weinend und schreiend, recht wie ein Mensch, der von Sinnen ist. Alle, die bei ihr waren, konnten sie kaum beruhigen. Sie wurden alle zu Tränen gerührt von dem Jammer, den sie sahen, und auch um den Fürsten. Aller Trost auf dieser Erden, der war für Sankta Elisabeth dahin, doch tröstete sie der Heilige Geist in der Süßigkeit seiner Gnade, denn er läßt die Witwen und Waisen nicht im Stich, die sich ihm ergeben.«[93]

Erinnern wir uns: Schon am Tage des Abschieds von ihrem Manne legte die Landgräfin, so erzählte uns der Kaplan Berthold, ihr fürstliches Gewand ab und nahm ein Witwenkleid. Nun waren ihre Ahnungen und Ängste tödliche Gewißheit geworden, zur Gewißheit der absoluten Verlassenheit.

Denn nun fiel der Haß der Hofgesellschaft über die Frau her, die aus dem glänzendsten deutschen Fürstenhof ein Armenhaus oder, freundlicher gesagt, eine Stätte christlicher Hilfsbereitschaft gemacht hatte. Tausend Tänze, die nicht getanzt worden waren, tausend Lächeln, die nicht erblüht waren und darum nicht hatten erwidert werden können, all das Nichtgelebte, Unterdrückte ballte sich jetzt zu schwelendem Haß über der Landgräfin zusammen. Solange der Landgraf noch gelebt hatte, erhoben in der Gloriole eines Kreuzfahrers, eines »miles Christi«, hatte sein Schutz gewirkt. Nun sank alles dahin wie der Rauch eines erlöschenden Feuers.

Neben all diesen unterschwelligen Gefühlen der Ablehnung gegenüber der Frau, die ihnen die glückhaften Feste der Lebensfreude geraubt hatte, die sich lieber mit ekelhaften Kranken umgab, deren gesamtes Dasein ein stiller, eindringlicher Protest gegenüber einer kleinen, parasitären Herrschaftsgruppe war, die ihr Wohlleben der Unterdrückung einer fronenden Bauernschaft verdankte, gab es die reale Angst, daß die »Verschwenderin«, die im Winter 1226/27 die landgräflichen Scheuern dem hungernden Volke geöffnet hatte, wieder das Regiment bekam. Und darum ... fort mit ihr ... hinweg!

DIE VERTREIBUNG

Es gibt einen Gelehrtenstreit über die Frage, ob Elisabeth von der Wartburg vertrieben worden ist oder ob sie die Burg freiwillig verlassen hat, da sie, nunmehr entmachtet, nicht mehr in der Lage war, die ihr von Konrad von Marburg anbefohlene Speiseordnung einzuhalten.

Der Streit ist notwendig, um aus den Mauerblöcken der traditionellen Überlieferung den Kristall der Wahrheit zu schlagen.

Die landgräfliche Familie, ihre Chronisten, aber auch die folgenden Geschichtsschreiber, bis in den Anfang des 20. Jahrhunderts fast alle aristokratisch geprägt, liebten die Vertreibungsgeschichte der Heiligen, die man ja »den Ruhm Deutschlands« nannte, nicht.

Da war es doch sehr viel eleganter und dem Selbstverständnis des Adels und seiner Historiker angenehmer, wenn unsere Heilige die Wartburg freiwillig verlassen hatte, um nicht gegen die strengen Speisevorschriften des Magisters Konrad zu verstoßen.

Cäsarius von Heisterbach führt entschuldigend an, daß der Landesverweser, Landgraf Heinrich Raspe, noch sehr jung gewesen sei und in seinem Handeln das Opfer böswilliger Ministerialen war. Nein, die Vertreibung in ihrer ganzen Härte wollte man nicht wahrhaben.

Dennoch steht im »Libellus« ein Satz, den die landgräfliche und die ihr nachfolgende Geschichtsschreibung auszurotten vergaß:

»Post mortem vero mariti eiecta fuit de castro et omnibus possessionibus sui dotalici a quibusdam vasallis mariti sui.«[94]

In der Übersetzung von Albert Huyskens heißt das:

»Nach dem Tode ihres Gatten wurde sie aus der Burg und aus allen Besitzungen ihres Witwengutes von einigen Vasallen ihres Mannes vertrieben.«

Dies ist die unverrückbare Aussage der Urquelle, und sie verweist alle anderen Überlegungen in das Reich der Spekulation.

Entschuldigend sagt der »Libellus«: »Der Bruder [Landgraf Heinrich Raspe] war damals noch jung.«

Diese Feststellung trifft nicht. Raspes Geburtsjahr wird in den »Regesten des Kaiserreichs von 1198–1272« von J. F. Böhmer, neu hrsg. von Julius Ficker, mit dem Jahre 1202 angegeben.

»Schieders Handbuch der Europäischen Geschichte«, Bd. II., benennt das Jahr 1204. Unterstellen wir Fickers Datum, dann war Heinrich Raspe beim Tode seines Bruders, des Landgrafen Ludwig, im Jahre 1227 fünfundzwanzig Jahre alt, und nach der Festlegung in »Schieders Handbuch der Europäischen Geschichte« dreiundzwanzig Jahre alt.

Bedenkt man, daß die Regierungsfähigkeit eines Fürsten mit dem vollendeten sechzehnten, spätestens aber mit dem achtzehnten Lebensjahr begann, dann ist es falsch, Heinrich Raspe im zeitlichen Kontext als jungen Mann darzustellen.

Er war nach mittelalterlicher Auffassung ein Mann auf der Höhe des Lebens, und allzu große Jugendlichkeit kann nicht als Entschuldigung für die Vertreibung seiner Schwägerin dienen. Es ist ja auch nicht nur die Vertreibung, die ihm anzurechnen ist. Ebenso schwer wiegt die Verweigerung von Elisabeths Witwengut, womit er sie in Not und Armut trieb.

Allerdings muß – um der Redlichkeit der Diskussion

willen – gesagt werden, daß Heinrich Raspe schon gewichtige Gründe hatte, die Herausgabe des Witwengutes (Wittum) an Elisabeth zu verweigern. Das Wittum
darf nicht als Eigentum der fürstlichen Witwe angesehen werden. Sie besaß an ihm nur das Recht des
Nießbrauchs. Beim Tode der Witwe fiel es wieder an die
Familie zurück, um der nächsten Fürstenwitwe als Le-
bensgrundlage zu dienen.

Bei einer unbeschränkten Herausgabe des Wittums an
Elisabeth hätte für das Landgrafenhaus die Gefahr bestanden, daß diese das ganze Witwengut an die Armen
verschenkt hätte. Dem wollte Heinrich Raspe im Sinne
der fürstlichen Familie vorbeugen. Er hätte aber der
landgräflichen Sache besser gedient, wenn er das Witwengut zwar einbehalten, aber Elisabeth und ihren Kindern aus diesen Gütern eine monatliche oder jährliche
Rente bezahlt hätte.

So aber vollzog sich in eisiger Nacht Elisabeths Absturz
vom Fürstenthron in den Schweinestall eines Schankwirtes in Eisenach.

»Sie ging nun in die unterhalb der Burg gelegene Stadt
[Eisenach] und begab sich in das erbärmliche Haus im
Hofe eines Schankwirtes, in dem sich die Gefäße und
Hausgeräte dieses Wirtes befanden und wo früher der
Schweinestall gewesen war.«[95]

Und wie ist die Reaktion unserer Heiligen auf Armut,
Verrat und Demütigung?

Wird sie sich daran erinnern, wie sie auf der Höhe von
Macht und Ansehen davon träumte, in evangelischer
Armut zu leben, wie ihre Gefährtinnen Ysentrud und
Guda eidlich aussagten:

»Als sie noch in großem weltlichem Glanz lebte, streb-
te sie schon sehr nach der Armut und sprach mit ihren
Dienerinnen häufig über diese Tugend. Und indem sie
im Palast vor ihnen einen erbärmlichen Mantel anzog

131

und ihren Kopf mit einem billigen Tuch bedeckte, sagte sie, wie um ihr künftiges Elend vorauszusagen: ›So werde ich einmal einhergehen, wenn ich Gott zuliebe betteln und Not leiden werde.‹«[96]

Ysentrud und Guda, die diese Elendsstunden mit ihr teilten, bezeugen: »In diesem Haus [der Abstellraum und ehemaliger Schweinestall war] verbrachte sie die erste Nacht in großer Freude.«[97]

Die Armut, die Verlassenheit waren ihr nun widerfahren, das heißt im Denken der Elisabeth: Sie war Christus nähergekommen. In ihrer Freude darüber ging sie zur Mitternachtsmette zu den Minderbrüdern (Franziskanern), die sie in Eisenach angesiedelt und denen sie Kutten gesponnen hatte, und bat sie zum Dank an Gott, der ihre Armut angenommen hatte, das »Te Deum laudamus« anzustimmen.

Das ist ihre Antwort auf Armut und Verrat. Die Armut hat die Barrieren weggerissen, die sie von Gott trennten. Die Armut ist die gerade Straße zur Nachfolge des Herrn.

Aber genug ist nicht genug! Da ihr keiner der Reichen in Eisenach eine Bleibe anbot, verbrachte sie mit ihren Dienerinnen Guda und Ysentrud die Nacht in einer Kirche. Jetzt holte die Adelsclique auf der Wartburg zu einem schrecklichen Schlage aus. Man schickte ihr die Kinder von der Burg hinunter in ihr Domizil in der Kirche.

Ein tragisches Bild. Die ehemalige Landgräfin mit ihrem Sohn, dem fünfjährigen Erbprinzen Hermann, und der dreijährigen Sophie, umgeben von den beiden mitleidenden Gefährtinnen. Ob man die Grausamkeit besaß, der Mutter die drei Monate alte Tochter Gertrud in die eisige Kälte der Winternacht mitzusenden, sagen die Quellen nicht, schließen es aber nicht aus.

Fast ist man versucht, in diesem Verhalten einen verkappten Mordanschlag gegen die Kinder, vor allem gegen den Erbprinzen Hermann zu sehen.

Elisabeth suchte Zuflucht bei einem Priester. Aber ihr, die immer gegeben hatte, wurde nichts geschenkt. Sie ernährte sich im Hause des Gottesmannes kümmerlich durch Gestellung von Pfändern.

Man wies ihr ein Quartier bei einem ihrer Gegner zu. Hier wurde sie mit ihren Kindern und den beiden Dienerinnen nicht nur auf engstem Raum zusammengepfercht, sondern sie mußte auch die Bosheiten und Niederträchtigkeiten ihrer Hauswirte ertragen.

So sagte sie in franziskanischer Schau der Welt, aber auch in nüchternem Realismus den Wänden, die ihr Schutz vor Regen und Kälte geboten hatten, Lebewohl: »Ich würde den Menschen gerne meinen Dank abstatten, aber ich weiß nicht wofür.«[98]

Da ging sie mit den Ihren lieber wieder zurück in den Schweinestall.

Nun, da der Schutz der hohen Geburt von ihr abgefallen war, lernte sie das wirkliche Gesicht der Menschen kennen.

Schlug ihr nun Liebe, Dankbarkeit und Hilfsbereitschaft entgegen? Nein, der blanke Haß begegnete ihr, auch von den Armen, die doch so nahe bei Gott sein sollen.

»Ein altes Weib, das in seiner Krankheit oft Almosen und für ihre Gesundung nützliche Heilmittel erhalten hatte, begegnete der seligen Elisabeth einmal auf dem Weg zur Kirche in einer engen Gasse. Wegen des tiefen vorbeifließenden Schmutzwassers lagen dort Steine. Das alte Weib wollte nicht ausweichen und stieß deshalb die selige Elisabeth in den Schlamm, so daß sie mit allen ihren Kleidern hineinfiel und sich von oben bis unten besudelte. Geduldig ertrug sie das, erhob sich lachend und wusch mit Freuden ihre Kleider.«[99]

Erinnert uns diese Schilderung nicht an den heiligen

Franziskus und seine Darlegung dessen, was er die vollkommene Freude nennt? Nämlich die fröhliche Hinnahme jeglicher Demütigung, härtester Not, Brechung der Ichsucht, um sich zu überwinden, das Unerhörte freudig hinzunehmen, dankbar für Unrecht, Heimtücke und Schande, das ist die »vollkommene franziskanische Freude«!

Elisabeth lebte ganz in der Gedankenwelt des heiligen Franziskus, des Leitsymbols ihres Lebens.

Merkwürdigerweise tritt in den Eisenacher Tagen Konrad von Marburg nicht in Erscheinung. Alleine geht Elisabeth ihren Weg, ungebrochen in ihren franziskanischen Wertvorstellungen.

Das hätte doch auch Frau Busse-Wilson, die in ihr eine willenlose, auf Konrad fixierte Masochistin sah, oder Will Durant in unseren Tagen, der sie eine »folgsame Sklavin Konrads« nennt, »der eine krankhafte Anziehung auf sie ausübte«, bemerken müssen?[100]

Diese Tage der Erniedrigung, der körperlichen Entbehrung und des Hungers führten Elisabeth auf einen Gipfel, der zum höchsten Glück des mittelalterlichen Menschen gehörte: zur Vision Gottes.

»Eines Tages in der Fastenzeit lehnte sie sich kniend an eine Wand und hielt ihre Augen sehr lange auf den Altar gerichtet. Als sie endlich in ihre erbärmliche Behausung zurückgekehrt war und wegen sehr großer Schwäche nur wenig Speise zu sich genommen hatte, brach ihr der Schweiß aus. Sie wollte sich an eine Wand stützen, fiel aber der genannten Ysentrud in den Schoß. Nachdem alles außer den besagten Dienerinnen herausgeschickt war, schlug sie die Augen auf, wandte den Blick auf die Fenster und begann mit fröhlicher Miene holdselig zu lächeln.

Nach einer guten Stunde schloß sie die Augen von neuem, vergoß zahllose Tränen und öffnete darauf die

Augen nochmals, wie vorher überaus lieblich lächelnd.
In diesem Zustand der Beschauung lag sie bis zum Kom-
plet. [Bis sechs Uhr abends.] Manchmal weinte sie kurz
mit geschlossenen und lachte dann wieder mit offenen
Augen, verharrte aber viel länger in ihrer Fröhlichkeit.
Endlich, nach langem Schweigen, rief sie aus: ›Herr, so
also willst du bei mir sein, und ich will bei dir sein, und
niemals will ich von dir getrennt werden.‹

Die genannte edle Frau Ysentrud, ihr näherstehend als
alle anderen Dienerinnen, bat sie inständig, ihr zu ent-
hüllen, mit wem sie gesprochen habe.

Die selige Elisabeth sträubte sich zunächst, gab aber
schließlich doch ihrem Drängen nach und sagte: ›Ich sah
den Himmel offen und ihn, meinen lieben Herrn Jesus,
wie er sich mir zuneigte und Trost spendete in den verschiedenen Ängsten und Betrübnissen, die mich be-
drückten. Und solange ich ihn sah, war ich froh und
lachte; wenn er aber sein Antlitz abwandte, als ob er
weggehen wollte, weinte ich. Dann erbarmte er sich
meiner, blickte mich überaus milde an und sprach:
›Wenn du bei mir sein willst, will ich bei dir sein.‹ – Ich
gab ihm Antwort.‹

Ysentrud drang noch in sie, ihr doch die oben erwähnte
Vision kundzutun, die sie in der Kirche [am Morgen] bei
der Darbringung der Hostie gehabt hatte. Die selige Elisabeth erwiderte: ›Was ich da gesehen habe, das mitzuteilen geht nicht an; aber wisse: Ich habe eine große
Wonne erlebt und wunderbare göttliche Geheimnisse
gesehen.‹

Wenn sie bei Tage oder auch bei der Nacht betete, hatte
sie häufig Offenbarungen, Visionen und göttliche Trö-
stungen. Sie selbst jedoch verschwieg und verheimlich-
te diese auf jede nur mögliche Weise und erklärte dazu,
bei solcherlei Dingen müsse man sehr auf der Hut sein,
damit sich der Geist des Stolzes nicht einschleiche –

nach dem Apostelwort: ›... damit ich mich im Übermaß der Offenbarungen nicht überhebe.‹«[101]

Diese Lichtstunden göttlicher Nähe und Sicht waren der Preis unsäglicher Askese, Demütigung, ja Verelendung der jungen Fürstin. Sie waren aber auch in der mittelalterlich-katholischen Welt der sichtbare Ausweis, daß man es mit einem besonderen, heiligmäßigen Menschen zu tun hatte.

Schließlich, und das darf nicht vergessen werden, ist der sogenannte »Libellus de dictis quatuor ancillarum S. Elisabeth confectus« – die Aussage der vier Dienerinnen vor den päpstlichen Kommissaren (Bischof Konrad von Hildesheim, Abt Hermann von Georgenthal, Abt Ludwig von Hersfeld) – das Grundlagenpapier zur Heiligsprechung Elisabeths. Ferner ist es wichtig, darauf hinzuweisen, daß weder in den Eisenacher Elendstagen noch in den Glanzstunden göttlicher Visionen die Anwesenheit Konrads von Marburg bezeugt ist.

Elisabeth geht auch ohne ihren Seelenführer ihren Weg in der Nachfolge des Herrn.

Sie wird Heilige aus eigenem und nicht durch fremden Willen, aus eigener Kraft und aus eigenem Schicksal.

LANDGRAF LUDWIGS LETZTER LIEBESDIENST

Während Landgraf Heinrich Raspe die Verelendung seiner Schwägerin Elisabeth hinnahm, organisierte sich Hilfe für die leidende Frau. Die mütterliche Seite, das Haus Andechs-Meran, wurde aktiv.

Schließlich war die Frau, die in den Gassen von Eisenach verdarb und verelendete, ungarische Königstochter, Reichsfürstin, durch ihren Ehemann, den Landgrafen Ludwig, dem staufischen Kaiserhaus angesippt und durch die Ehe ihres Onkels, Markgraf Otto VII. (1204–1234) von Andechs-Meran, mit Beatrix von Hohenstaufen in doppelter Weise dem Kaiserhaus verbunden, eine der ersten Damen des Reichs.

Mechthild von Meran, Äbtissin des berühmten Benediktinerinnenklosters Kitzingen, Schwester von Elisabeths Mutter und somit ihre Tante, eilte zur Hilfe herbei.

In der Erkenntnis, daß eine baldige Aussöhnung mit dem landgräflichen Hause nicht möglich war, führte sie Elisabeth zu ihrem Onkel, dem Bischof Ekbert von Bamberg, der ja einstmals Elisabeths thüringische Ehe mitkonzipiert hatte.

Die Stellung der bambergischen Bischöfe im Reich war von besonderer Art. Der Gründer des Bistums, Kaiser Heinrich II. (1002–1024), hatte Bamberg aus der Oberhoheit des Mainzer Erzstuhles herausgelöst und es dem Papst direkt unterstellt.

Bischof Ekbert empfing seine Nichte mit allen Ehren,

wie es einer Dame ihres Ranges zukam. Als realistischer Kirchenpolitker plante er für sie eine neue Ehe. Er griff in seinen Plänen ganz hoch. Es schwebte ihm eine Eheverbindung mit Kaiser Friedrich II. vor. Diesem konnte es reizvoll erscheinen, durch eine Ehe mit einer als heiligmäßig geltenden Frau sein gestörtes Verhältnis zum Papst zu verbessern, und auch für das Haus Andechs-Meran, das sich in Auseinandersetzungen mit dem Reichsgubernator, Herzog Ludwig I. von Baiern (1183–1231), befand, schien die Verbindung nicht ohne Interesse.

Aber die Pläne des bischöflichen Onkels scheiterten am Willen der Franziskanerin Elisabeth.

Für sie galt das Gelübde, das sie im Jahre 1226 abgelegt hatte, unumschränkt. Ysentrud von Hörselgau weiß darüber:

»Die selige Elisabeth hatte noch zu Lebzeiten ihres Gemahls, des Landgrafen [er weilte damals am kaiserlichen Hof zu Cremona], und mit seiner Zustimmung dem Magister Konrad in die Hand versprochen, nach dem Tode ihres Mannes dauernde Enthaltsamkeit zu üben. Das geschah im Kloster der heiligen Katherina zu Eisenach.«[102]

Daß dieses Gelübde künftiger Keuschheit ihrem Innersten entsprach und nicht dem geistigen Zwang des Magister Konrad, erweist sich jetzt, wo sie ohne ihn und seine Anwesenheit das Gelübde drakonisch untermauert. So sagt sie zu ihren Gefährtinnen Ysentrud und Guda, die gemeinsam mit ihr Enthaltsamkeit gelobt hatten:

»So fest vertraue ich auf den Herrn, der ja weiß, daß ich schon zu Lebzeiten meines Gemahls das Gelübde der Enthaltsamkeit aus ganz reiner Gesinnung abgelegt habe, daß ich es im Vertrauen auf sein Erbarmen für unmöglich halte, in meiner Keuschheit von ihm nicht wider alle menschliche Überredung und Gewalt geschützt

138

zu werden. Habe ich die Enthaltsamkeit doch nicht unter einer Bedingung gelobt wie etwa: wenn es meinen Freunden gefallen oder: wenn Gott nichts anderes offenbaren sollte, sondern bedingungslos: vollkommene Enthaltsamkeit nach dem Tode meines Gemahls.

Selbst wenn mein Onkel mich gegen meinen Willen mit jemandem vermählen wollte, würde ich mit Herz und Mund Widerstand leisten. Und fände ich keinen anderen Ausweg, so würde ich mir heimlich die Nase abschneiden. So häßlich verstümmelt, würde ich wohl von niemandem umworben werden.«[103]

Bemerkenswert ist die Intelligenz ihrer Argumentation, mit der sie die Unbedingtheit ihres Keuschheitsgelübdes darlegt, zugleich aber auch die Radikalität ihres Widerstandes mit Herz und Mund, der auch vor der Selbstverstümmelung nicht zurückschreckt.

Und in dieser heroischen Frau wollen Historiker des 19. und des 20. Jahrhunderts eine willenlose Sklavin sehen? Die Urquellen sprechen da eine ganz andere, sehr eindeutige Sprache.

Dem bischöflichen Onkel Widerstand zu leisten, das war im Mittelalter fast eine revolutionäre Tat. Denn dieser Onkel war als Bruder ihrer Mutter und in Abwesenheit ihres Vaters auch ohne bischöfliche Würden ein natürlicher Vormund, unter dessen Munt sie stand.

Der Onkel war auch entsprechend verärgert und setzte sie gegen ihren Willen auf Burg Pottenstein fest, bis sie sich seinen Eheplänen fügen würde.

Es entsprach nicht dem Verständnis der Zeit, daß eine zwanzigjährige fürstliche Witwe ihrem selbstgewählten Keuschheitsideal lebte. Vielmehr hatte sie den Pflichten ihrer Familie, ihrer Sippe und dem Rang ihres Hauses gerecht zu werden. Und das erforderte neue Heirat, neue Verbindung und Mehrung der Macht. Der einzige standesgemäße Ausweg wäre der Eintritt in ein Kloster gewesen, verbunden mit baldiger Äbtissinnenwürde, gemäß ihrem hohen Range. Diesen Weg aber verschmähte sie, weil sie »die allerheiligste Armut in der Welt« erfahren wollte.

Da griff noch einmal ihr toter Gemahl, Landgraf Ludwig IV., hilfreich in ihr Leben ein. Ein bischöflicher Bote erschien auf Burg Pottenstein und meldete, die Festsetzung sei beendet. Elisabeth möge nach Bamberg zurückkehren, um die Gebeine ihres Mannes entgegenzunehmen, die von den Getreuen des Landgrafen in die Heimat überführt wurden.

Kaplan Berthold schildert uns das traurige Wiedersehen: »Als die Gebeine des milden Fürsten nach Bamberg gebracht wurden in die Gegenwart und das Angesicht der trauernden Witwe Sankta Elisabeth und die Lade und der Schrein geöffnet wurden: was da an Liebe und Leid durch ihr Herz ging, das kann niemand wissen, nur der allein, der die Herzen kennt. Ich glaube, daß sich ihr Leid erneuert hat: Ihr ganzer Leib zitterte, da sie ihres liebsten Buhlen Gebeine sah. Aber wie groß ihr Leid auch war, sie dachte doch an die Güte Gottes und sprach mit gefalteten Händen und mit zum Himmel erhobenen Augen diese Worte:

›Herr, ich danke dir für deine Gnade und Barmherzigkeit, daß du mir armen Frau den Wunsch erfüllt hast und mich die Gebeine meines allerliebsten Bruders und Freundes noch einmal hast erschauen lassen. Obgleich ich ihn von ganzem Herzen über alle irdischen Dinge liebgehabt habe, doch hasse ich es nicht, daß er sich dir geopfert hat und durch deinen Willen dem Heiligen Land zu Hilfe gekommen ist und dort hat sterben müssen. [In Wirklichkeit war er auf der Überfahrt von Otranto zum Heiligen Land auf seinem Schiff an einer fiebrigen Krankheit gestorben.] Du weißt wohl, wäre es mit deinem göttlichen Willen möglich gewesen, so wäre mir sein Leben und seine liebende Gegenwart und fröhliches Angesicht lieber als alle Freuden und Wonnen dieser Welt; ich würde wählen, alle meine Tage in Armut und Bettel zu verbringen, wenn ich nur sein freundliches Angesicht und seine Gestalt sehen könnte. Aber nun will ich, allerliebster Herr, nicht wider deinen Willen streben. Ich befehle ihn und auch mich in deinen göttlichen Willen. Ich würde ihn nicht wieder ins Leben rufen gegen deinen heiligen Willen um den Preis eines einzigen Haares.‹‹[104]

Der innere Selbstwandlungsprozeß in ihr war so weit vorgeschritten, daß sie den Opfertod ihres Gatten bewußt bejahte. Aus der jammernden jungen Frau, die sich in ihrem Abschiedsschmerz kaum von dem scheidenden Gatten trennen konnte – ja der Ritter und Schenke Vargula mußte eingreifen, um das nicht enden wollende Abschiedslamento zu beenden –, war ein Mensch geworden, der Leid und Schmerz und auch den liebsten Menschen dem Willen Gottes opfert.

Auch Bischof Ekbert konnte Elisabeth nun nicht mehr halten. Sie zog mit den Vasallen ihres Mannes, die seine Gebeine in die landgräfliche Grablege im Kloster Reinhardsbrunn überführten, zurück nach Thüringen.

Der »Libellus« versichert, der Bischof Ekbert habe sie den Vasallen nur unter der Bedingung anvertraut, daß sie ihr zur Erlangung ihres Wittums verhelfen sollten.

Aber auch die Kreuzzugsgefährten Ludwigs IV. blieben gegenüber dem Regenten Heinrich Raspe und den ihn bestimmenden Hofkreisen erfolglos. Die Zahlung des Wittums wurde weiter verweigert. Andere Mittel waren gefordert, um die Landgräfin wieder in ihre Rechte zurückzuführen. Papst Gregor IX. stellte Elisabeth und ihre Güter unter den Schutz des Heiligen Stuhles und ernannte Konrad von Marburg zum Verteidiger ihrer Ansprüche, meldet der »Libellus«.

So problematisch Konrad als Seelenführer Elisabeths gesehen werden muß, so erfolgreich war er bei der Erstreitung ihres Wittums wie auch als Berater in ihren weltlichen Angelegenheiten. Er erzwang die Herausgabe ihres Wittums in Höhe von zweitausend Silbermark, damals eine enorme Summe, und die Zuweisung von Gütern und Liegenschaften in und um Marburg.

Konrad wußte auch zu verhindern, daß sie ihr Wittum nebst ihrer »Fahrnishabe«, das war ihr persönliches Eigentum an Schmuck, Kleidern und Pelzen, in einem franziskanischen Schenkungsrausch verschleuderte, sondern er brachte ihr Leben in wohlgeordnete Bahnen. Wahrscheinlich sahen die Landgrafen in Konrad persönlich eine Garantie, daß die Liegenschaften nicht verschleudert wurden und somit dem Hause erhalten blieben.

Das letzte Gelübde und die Abkehr von der Welt

Im Leben unserer Heiligen gibt es einige Brüche und Ungereimtheiten, die die Forschung nicht aufklären konnte und die uns wohl verschlossen bleiben werden.

Wir wissen, daß Elisabeth im Winter 1227/28 die Wartburg verließ. Im Frühjahr 1228 reiste sie mit ihrer Tante, der Äbtissin Mechthild, über Kitzingen zur bischöflichen Pfalz nach Bamberg. Darauf erfolgte die Festsetzung auf Burg Pottenstein nahe Bayreuth.

Im Mai des Jahres 1228 fanden die Beisetzungsfeierlichkeiten für Landgraf Ludwig IV. im Kloster Reinhardsbrunn in Anwesenheit Elisabeths statt.

Am Karfreitag, dem 24. März, des gleichen Jahres legte sie in einer Kapelle in Wehrda bei Marburg in Gegenwart des Magisters Konrad ihr letztes Gelübde ab.

Wehrda liegt nahe Marburg. Im März möchte man Elisabeth in Bamberg oder auf Burg Pottenstein sehen und nicht in der Nähe von Marburg. Oder ist sie erst Ende März zum bischöflichen Onkel nach Bamberg gereist? Das wäre möglich.

Andererseits läßt der Text des »Libellus« – »Ihre Tante, die Äbtissin von Kitzingen im Bistum Würzburg, brachte sie danach aus Mitleid mit ihrem Elend zum Herrn Bischof von Bamberg, einem Onkel der seligen Elisabeth« – annehmen, daß die Tante sie in »ihrem Elend« in Eisenach besuchte und sie dann nach Bamberg geleitete.

Die Aussage des Konrad von Marburg in seiner Epistola an den Papst legt Zeitpunkt und Ort dieses Gelübdes genau fest. Hier heißt es:

»Sie [Elisabeth] versuchte zu ergründen, ob es besser wäre, wenn ich sie in einer Einsiedelei oder in einem Kloster beriete; schließlich kam sie zu dem Entschluß und bat mich unter Tränen, sie doch in einen Bettelorden ziehen zu lassen. Als ich ihr dies abschlug, erwiderte sie: ›Aber ich werde tun, was Ihr nicht hindern könnt.‹ Am Karfreitag [24. März 1228], als die Altäre bar und bloß waren, verzichtete sie auf alle weltlichen Eitelkeiten und auf alles, was der Erlöser in der Heiligen Schrift als Verzicht anrät: Eltern, Kinder und den eigenen Willen. Dies geschah in der Kapelle der Minderbrüder in Wehrda, wo sie Obdach gesucht hatte, und sie legte dabei die Hände auf den Altar. Aber als sie auch auf ihre Besitztümer verzichten wollte, da hielt ich sie davon zurück, denn die Schulden ihres Gemahls waren noch nicht bezahlt.«[105]

Auch Cäsarius von Heisterbach drückt sich in seiner Elisabeth-Vita über die Zeit- und Geschehensabfolge im Frühjahr 1228 verschwommen aus.

»Nachdem die Getreuen des Landgrafen seine Gebeine ehrfurchtsvoll im Kloster Reinhardsbrunn beigesetzt hatten, sorgten sie dafür, daß die aufsässigen Vasallen zur Rechenschaft gezogen und Elisabeth ihre Mitgift zurückerstattet wurde. Trotzdem wurden ihre geldlichen Angelegenheiten vernachlässigt, und sie lebte in Armut, bis Magister Konrad von Papst Gregor zu ihrem Defensor ernannt wurde. Er regelte die Angelegenheiten ihres Wittumsguts mit ihrem Schwager Heinrich Raspe, worauf ihr jedes Jahr eine Summe von 500 Silbertalern ausgezahlt wurde.

Als alles wieder geregelt war, nahm sie das Gewand der Tertiarinnen und verteilte zu verschiedenen Zeiten im ganzen fast zweitausend Mark Silber.«[106]

Das Gelübde Elisabeths in der Minoritenkapelle in Wehrda am Karfreitag 1228 übergeht Cäsarius ganz – oder verbirgt sich das Ereignis hinter den Worten: »Als alles wieder geregelt war, nahm sie das Gewand der Tertiarinnen«?
Der Ablauf der Ereignisse wird wohl immer ein Geheimnis bleiben.
Als Tatsache bleibt bestehen, daß Konrad von Marburg Elisabeth in den Besitz ihres Wittums brachte und ihrem Schenkungsrausch entgegentrat. Durch die Errichtung des Marburger Spitals aus den Mitteln ihres Wittums erschuf er ihr eine Wirkungsstätte, die ihrer franziskanischen Karitas und Hilfsbereitschaft einen würdigen Rahmen gab und sie gegenüber dem Marburger Adel, der sie anfeindete, festigte.
»Von seiten der Mächtigen des Landes erfuhr sie Schmähungen, Lästerungen und große Verachtung, so daß ihre Verwandten sie vielfach kränkten, verleumdeten und sie weder sehen noch sprechen mochten, weil sie ihnen wegen des Verzichts auf irdische Reichtümer töricht und verrückt vorkam.«[107]
In Marburg begegnete ihr die gleiche Ablehnung, die sie auch vom Adel der Wartburg-Gesellschaft erfahren hatte.
Es ist nicht wahr, daß der heilige Mensch sofort die allgemeine Anerkennung und Bewunderung findet. Negiert er vor allem die Eigentumsverhältnisse, erscheint ihm weltlicher Besitz wertlos, so erschüttert er die Grundstruktur der gesellschaftlichen Wertegemeinschaft. Darüber hinaus wird er in seiner Verneinung und Askese zum lebenden Vorwurf.
Auch dem heiligen Franziskus ist zunächst diese Ablehnung widerfahren, die sich erst in einem langen Prozeß über Hohn, Lächerlichkeit, Haß zu Anerkennung und späterer Bewunderung läuterte.

Bis zur Fertigstellung des Marburger Hospitals lebte Elisabeth mit ihren beiden Freundinnen und Dienerinnen, Guda und Ysentrud, und mit ihrer jüngsten Tochter Gertrud in Wehrda, einer drei Kilometer von Marburg entfernten Ortschaft. In einem verlassenen Bauernhaus, dessen schadhaftes Dach mit Laubwerk notdürftig abgedichtet war, richtete sie sich ein. Sie selbst hauste unter der Treppe, nach dem Vorbild des heiligen Alexius, der siebzehn Jahre lang unerkannt unter der Treppe seines elterlichen Hauses in äußerster Armut und Askese verbracht hatte. Das Alexiuslied, das von diesem Schicksal berichtet, hat Elisabeths Zeitgenossen, den 1218 verstorbenen Petrus Waldus, so erschüttert, daß er Hab und Gut verschenkte und ein Leben in evangelischer Armut führte. Es ist nicht unwahrscheinlich, daß Elisabeth in Kenntnis des Alexiusliedes symbolhaft die Stelle unter der Treppe erwählte.

Auch in der Zeit in Wehrda setzte Elisabeth ihre Liebestätigkeit an Kranken, Schwachen, Schwangeren und Hilflosen fort. Vor allem aber fand sie selbst zur letzten, absoluten Form ihrer geistig-sittlichen Existenz, die in ihrer Härte und Unbedingtheit zunächst erschrocken macht.

»Weil Magister Konrad ihr zugeredet hatte, alles zu verachten, bat sie den Herrn flehentlich, sie alle irdischen Güter geringschätzen zu lassen, sodann ihr eine übertriebene Liebe zu ihren Kindern zu nehmen und endlich ihr die Bereitschaft zum Ertragen von Schmähungen zu verleihen. Nach innigem Gebet sagte sie zu ihren Dienerinnen:

›Der Herr hat mein Flehen erhört, denn siehe, allen weltlichen Besitz, der mir einst so lieb war, erachte ich jetzt für Unrat. Ebenso sorge ich für meine Kinder – dafür ist mir Gott Zeuge – wie für jeden anderen Nächsten: Ich habe sie Gott anempfohlen; er möge an ihnen tun nach seinem Wohlgefallen! Auch habe ich Freude an Verleumdungen, Beleidigungen und Geringschätzung meiner Person. Ich liebe nichts als Gott ganz allein.‹«[108] Hier ist für den modernen Menschen die Verstehensgrenze erreicht oder überschritten. Eine Mutter, die bekennt, ihre Kinder nicht mehr zu lieben als jeden anderen Mitmenschen, ist für uns nicht mehr begreifbar.

Wenn dem so ist, dann heißt das aber auch, daß wir das Wort Gottes in den Evangelien nicht mehr verstehen, sondern nur noch als Gleichnis und Mythos nehmen.

Denn im Evangelium des Matthäus steht doch: »Wer Vater und Mutter mehr liebt als mich, der ist mein nicht wert, und wer Sohn und Tochter mehr liebt als mich, der ist mein nicht wert.«[109]

Was uns so fremd und schockierend erscheint, war dem mittelalterlichen Menschen offenbar. Denn Christus verlangt ja nur, daß man Vater und Mutter, Sohn und Tochter nicht mehr liebt als ihn, den Heilsbringer, der den Erlösungstod für die Menschheit auf sich nimmt.

So sagt Elisabeth aus dieser geistigen Tradition heraus, daß sie ihre Kinder nicht mehr liebt als alle anderen Mitmenschen. Die Liebe zu ihren Kindern hat sie erhoben, sublimiert in reine Menschenliebe, so wie Christus es befohlen hat: »Du sollst deinen Nächsten lieben wie dich selbst.«[110]

In diese Nächstenliebe, die den Nächsten liebt wie sich selbst, sind Elisabeths Kinder mit eingeschlossen.

Elisabeth ist nun bereit und fähig, ihr großes Werk der Gottes- und der Menschenliebe zu vollenden in dem Hospital zu Marburg, das Konrad ihr als Gefäß und Denkmal ihrer Gottesliebe erbaute.

DAS HOSPITAL ZU MARBURG

Die Gründung von Hospitälern durch Fürsten, Äbte und Bischöfe war ebenso Ausdruck adeligen wie christlichen Lebensgefühls.

Wir wissen, daß Landgraf Ludwig IV. und seine Gemahlin Elisabeth im Jahre 1223 ein Hospital zu Gotha gründeten. Aus der aktuellen Notsituation des Hungerwinters 1226/27 schuf Elisabeth in Abwesenheit ihres Mannes, aber mit seiner späteren Sanktionierung, nicht nur ihre berühmten Armenspeisungen, sondern auch unterhalb der Wartburg ein Hospital. Es galt mit achtundzwanzig Betten schon als großes Haus.

Wenn moderne Historiker die Schöpfung des Marburger Hospitals als Tat Konrads von Marburg ansehen, so ist das nicht richtig. Er kann höchstens als Vollstrecker von Elisabeths Willen angesehen werden. Denn der Hospitalsgedanke war ja schon vorher in Elisabeth wirksam und lebendig. Gotha und Eisenach zeugen davon.

Das Hospital war mehr als ein Krankenhaus. Der Name »Hospital« (lat. hospitium = Gastfreundschaft) bezeichnet die Stätte einer allumfassenden menschlichen Fürsorge. Hier werden die sechs Werke der Barmherzigkeit gepflegt, die da sind:
- Hungrige speisen,
- Dürstenden zu trinken geben,
- Fremde beherbergen,
- Bedürftige kleiden,
- Kranke pflegen,
- Gefangene besuchen.

148

Ab dem 12. Jahrhundert kommt die Forderung, Tote zu begraben, als siebtes Werk der Barmherzigkeit hinzu.

Die sechs Werke der Barmherzigkeit finden wir in den Christusworten vom Weltgericht:

»Denn ich bin hungrig gewesen, und ihr habt mich gespeist. Ich bin ein Fremdling gewesen, und ihr habt mich beherbergt. Ich bin nackt gewesen, und ihr habt mich bekleidet. Ich bin krank gewesen, und ihr habt mich besucht. Ich bin gefangen gewesen, und ihr seid zu mir gekommen.«

Und das Herrenwort endet: »Wahrlich, ich sage euch: Was ihr getan habt einem unter diesen meinen geringsten Brüdern, das habt ihr mir getan.«[111]

In diesen Gedanken lebte Elisabeth, und nun können wir auch verstehen, wenn die Dienerin Irmingard im »Libellus« aussagt, daß sie den krätzigen Knaben und seine beschmutzten Leinentücher wusch, ihn badete und in feines Linnen legte und mit den Worten tiefster Befriedigung sagte: »Wie wohl ist uns, daß wir unseren Herrn baden und zudecken konnten.«[112]

So wuchs aus ihrer Gottesliebe ihre Nächstenliebe, und das Hospital in Marburg war die Stätte, wo die Liebe voll erblühte.

Das Verdienst Konrad von Marburgs war die Erzwingung der Auszahlung des Wittums, das aus Geld, Fahrnishabe und Gütern bestand. Damit schuf er die Voraussetzung zum Bau des Marburger Hospitals. Vielleicht hat er auch die Bauarbeiten geleitet und überwacht, die Quellen sagen allerdings nichts davon. In ihm aber den Gründer des Marburger Hospitals zu sehen, wie Frau Busse-Wilson es tut, ist nur dadurch zu erklären, daß sie ihn im Guten wie im Bösen überpotenzierte. Konrad wurde für sie zur männlichen Antifigur. Dadurch verlor sie den notwendigen Abstand zu diesem schlimmen Manne und die Möglichkeit einer objektiven Sicht.[113]

Die Stätte, an der das Hospital in der unmittelbaren Nähe von Marburg erstehen sollte, war klug gewählt und entsprach der allgemeinen Hospitalerfahrung. Es wurde ein Gelände bestimmt zwischen dem südwestlichen Arm der Lahn bzw. dem Mühlgraben und dem Ketzerbach. Das Grundstück war hochwasserfrei, aber dennoch an zwei Flüssen gelegen und mit einer eigenen Quelle versorgt.

Der Verbrauch von Nutz- und Trinkwasser war groß. Die Badekultur gehörte im Mittelalter nicht nur zur Pflege und Sauberkeit, sondern war mit heißen Dämpfen und kalten Güssen Teil der medizinischen Praxis. Vom Hôtel Dieu in Paris, einem der größten Spitalbauten Europas, wissen wir, daß dort täglich bis zu fünfzehn Wäscherinnen beschäftigt wurden, die pro Woche acht- bis neunhundert Bettücher wuschen. Wenn auch die Hygiene nicht unseren Maßstäben entsprach, so weisen Wirtschaftsabrechnungen aus, daß im großen Spital zu Paris jährlich 1300 Besen verbraucht wurden. Außerdem wurden die Wände jährlich einmal geweißt.[114]

Über Aussehen und Anlage des Marburger Hospitals wissen wir wenig. Die Kapelle (capella hospitalis) gehörte mit Sicherheit zum Verbund der Hospitalgebäude. Dann wissen wir vom Wohnhaus der Elisabeth, daß es vom Hospitalstrakt separiert war. Das Hospital selbst war wahrscheinlich ein langgestreckter Saalbau, an dessen Stirnseite sich die Kapelle befunden haben könnte. Die Kapelle und später das ganze Hospital wurden auf Elisabeths Willen hin dem heiligen Franziskus geweiht und waren das erste Franziskuspatrozinium nördlich der Alpen. Wiederum wird deutlich, daß Elisabeth diesen großen Heiligen und nicht Konrad als ihren Mentor ansah.

Gegenüber dem Spitalbau lagen die Wohngebäude des weiblichen und des männlichen Personals und die notwendigen Wirtschaftsgebäude. Diese Baulichkeiten müssen um einen Hofraum herum angeordnet gewesen sein, denn dieser wird in den Quellen ausdrücklich erwähnt. Vermutungen, ob es ein Wohnhaus für Konrad von Marburg gegeben hat, sind ungesichert und bei der extremen Bedürfnislosigkeit dieses Mannes nicht wahrscheinlich. Das Ganze hatte das Aussehen eines umfriedeten Weilers. Zur Führung der weltlichen Geschäfte des Hospitals hatte Konrad von Marburg einen Konversen, einen Laienbruder, der außerhalb des Konvents lebte, eingesetzt.

DIE MAGNA CHARTA DES ABENDLÄNDISCHEN HOSPITALWESENS

Bestimmendes Beispiel für das abendländische Hospital-
werk war die im Jahre 1182 verkündete Ordnung des
Generalkapitels der Johanniter für ihr Hospital in Jerusalem.

Da Landgraf Ludwig III. (1172–1190), genannt der Fromme, der Bruder von Elisabeths Schwiegervater, und
Landgraf Hermann I. (1190–1217) beide als Kreuzfahrer
im Heiligen Land gewesen waren, so ist es wahrscheinlich, daß man in Thüringen diese erste Hospitalordnung
gekannt hat. Sie lautet:

»Im Namen des Vaters und des Sohnes und des Heiligen
Geistes, Amen. Im Jahre der Fleischwerdung unseres
Herrn 1181, im Monat März, an dem Sonntag, wo man
Laetare Jerusalem singt, verkündete Roger [de Molins],
Diener der Armen Christi, Vorsitzender im Generalkapitel der ihn umgebenden Geistlichen, Laien und Konversen, zur Ehre Gottes und zur Zierde des Glaubens,
für Zuwachs und Nutzen der armen Kranken das Folgende: Ich befehle, daß die Vorschriften der vorgenannten Gemeinde und die Vorteile der nachgenannten Armen alle Tage ohne irgendeinen Verstoß eingehalten
und gewahrt werden. Was die Kirchen betrifft, so befehle ich, daß ihre Einrichtung und Ordnung dem Prior der
Hospitalgeistlichen am Ort untersteht, also die Sorge
für Bücher, Geistliche, Gewänder, Priester, Kelche,
Weihrauchfässer, Ewiges Licht und anderen Schmuck.

Zweitens setze ich mit Zustimmung der Brüder fest, daß für die Kranken des Hospitals Jerusalem vier kundige Ärzte eingestellt werden ...

Drittens ordne ich an, daß die Krankenbetten in Länge und Breite so bequem wie möglich zum Ruhen gemacht werden; jedes Bett soll mit einer Zudecke bedeckt sein und seine passenden Bettücher haben.

Danach setze ich als vierten Befehl fest, daß jeder Kranke einen Pelz zum Anziehen und Schuhe haben soll, wenn er austreten muß, auch Wollmützen. Es wurde festgesetzt, daß kleine Wiegen angefertigt werden für Kinder weiblicher Pilger, die im Hause geboren werden, so daß sie gesondert allein liegen und Säuglinge nicht durch die Krankheit ihrer Mutter in Mitleidenschaft gezogen werden.

Dann wurde als sechstes Kapitel aufgeschrieben, daß die Bahren der Toten künstlerisch vergittert werden, so wie die Bahren der Brüder; es soll ein rotes Tuch mit weißem Kreuz darüber gelegt werden.

Im siebenten Kapitel befahl er, daß überall, wo Krankenhäuser errichtet werden, die Hausvorstände die Kranken guten Mutes bedienen, ihnen darreichen, was sie brauchen, und ihnen ohne Zank und Klage Dienst tun: Durch diese Wohltat können sie sich die Teilhabe an der Himmelsglorie verdienen. ... Abgesehen von der Hut und dem Wachen bei Tag und bei Nacht, die die Brüder des Hospitals für die armen Kranken wie für vornehme Herren eifrig und liebevoll leisten müssen, wurde danach im Generalkapitel beigefügt, daß für jeden Flur und Raum neue Helfer bereitstehen sollen, die ihre Füße schön waschen, ihre Tücher reinigen, ihre Betten richten, den Schwachen die nötigen und bekömmlichen Speisen reichen, ihnen liebevoll zu trinken geben und in allen Dingen dem Wohl des Kranken gehorchen.

Alle Brüder des Hospitals, die es jetzt sind und künftig

sein werden, sollen wissen, daß als gute Bräuche im Hause Jerusalem die folgenden im Schwange waren: Erstlich pflegte das heilige Haus kranke Männer und Frauen aufzunehmen und Ärzte zu halten, die für die Kranken sorgten, Medikamente anfertigten und das bei Kranken Notwendige vorsahen.

An drei Wochentagen pflegten die Kranken frisches Schweine- oder Hammelfleisch zu bekommen, und wer davon nicht essen konnte, erhielt Hühnerfleisch. Und je zwei Kranke pflegten einen Schafspelz zu haben, den sie anzogen, wenn sie zu den Klosetts gingen; weiter je zwei Kranke ein Paar Schuhe. Jedes Jahr pflegte das Haus den Armen tausend Felle von dicken Schafen zu schenken. Auch alle von Vätern und Müttern ausgesetzten Kinder pflegte das Hospital aufzunehmen und aufziehen zu lassen. Wenn sich Mann und Frau verheiraten wollten und für ihre Heirat nichts hatten, schenkte ihnen das Haus zwei Schüsseln und die Portionen von zwei Brüdern. Das Haus pflegte ferner einen Schusterbruder und drei Helfer zu halten, die alte Schuhe instand setzten, um sie für Gotteslohn zu verschenken. Auch der Almosenpfleger hielt gewöhnlich zwei Helfer; sie richteten alte Kleider her, die er den Armen gab. Und der Almosenpfleger schenkte gewöhnlich jedem Gefangenen zwölf Pfennig, wenn er zum ersten Mal aus der Gefangenschaft kam.

Jede Nacht pflegten fünf Geistliche für die Wohltäter des Hauses den Psalter zu lesen. Und jeden Tag pflegten dreißig Arme bei einer Tagesmahlzeit um Gotteslohn mitzuessen, und die fünf vorgenannten Geistlichen gehörten zu diesen dreißig Armen. Die fünfundzwanzig anderen aßen vor dem Konvent. Und jeder von den fünf Geistlichen bekam zwei Pfennig und aß mit dem Konvent.

Und an drei Wochentagen gab man als Almosen allen, die zum Betteln herkamen, Brot, Wein und Gekochtes. In der Fastenzeit pflegte man jeden Samstag dreizehn

Arme zu bewirten; man wusch ihnen die Füße und gab jedem ein neues Hemd, neue Hosen und Schuhe, und drei Kaplänen oder drei Geistlichen unter diesen dreizehn gab man je drei Pfennig, und jedem von den andern zwei Pfennig. Dies ist das besondere Almosen, das im Hospital besteht, abgesehen von den Waffenbrüdern, die das Haus in Ehren freihielt.

Dazu kamen mehrere andere Almosen, die sich überhaupt nicht jedes einzeln anführen lassen. Und daß das wahr ist, bezeugen vertrauenswürdige und rechtschaffene Männer, nämlich Bruder Roger, der Hospitalmeister, der Prior Bernat und das ganze Generalkapitel.«[115]

Dies also ist das Grundlagenpapier der abendländischen Hospitalordnung. Es ist nicht umsonst in Jerusalem entstanden, denn das christliche Spitalwesen fand sein großes Vorbild in arabischer Heilkunst und im arabischen Krankenhauswesen, wie Sigrid Hunke in ihrem Buch »Allahs Sonne über dem Abendland« anschaulich zu berichten weiß.[116]

Natürlich hat das Marburger Hospital nicht den Dimensionen entsprochen, in denen sich das Johanniterhaus in Jerusalem darstellt. Nach Berichten von Kreuzfahrern und Pilgern wurden im Jahre 1170 dort 2000 Kranke aufgenommen und gepflegt und ebenso viele Arme mit Almosen versehen. Aber im inhaltlichen Kern sind Jerusalem und Marburg kaum getrennt. Beide Hospitäler waren mehr als Krankenhäuser, sie waren Stätten, an denen die sieben Werke der Barmherzigkeit geübt wurden.

Die Hungrigen wurden gespeist, den Dürstenden wurde zu trinken gegeben, Fremde wurden aufgenommen und beherbergt, Bedürftige gekleidet, Kranke gepflegt und ärztlich versorgt, Gefangene aufgenommen und Tote begraben.

Erinnern wir uns der weiten Skala menschlicher Zu-

wendung und Hilfsbereitschaft, die das Jerusalemer Jo-
hanniterpapier uns überliefert:
Wir hören staunend, daß die Kranken Pelzwerk, Schuhe
und Wollmützen bekamen. Daß Schwangere aufgenommen wurden und für ihre zu erwartenden Kinder Wiegen
bereitgestellt wurden, daß man die Neugeborenen von
den kranken Müttern trennte, um nicht deren Krank-
heiten zu übertragen. Ausgesetzte Kinder fanden Heim-
statt, und mittellosen Paaren wurde die Eheschließung
ermöglicht. Und alle Hilfeleistungen, so befiehlt der
Hospitalmeister, sind liebevoll dem Kranken zu leisten,
und alles ist auf das Wohl des Kranken auszurichten.
Man kann geradezu von einer seelischen, geistigen,
geistlichen und körperlichen »Rundumhilfe« sprechen,
die vom mittelalterlichen Hospital erbracht wurde.
Untersuchen wir den »Libellus« oder die Epistola des
Konrad von Marburg, so sehen wir, daß auch von Elisabeth die Wohltat der umfassenden menschlichen Hilfe-
leistung, die ihren Urgrund in der christlichen Barmherzigkeit hat, den Menschen geschenkt wurde.
Der Hungersnot des Winters 1226/27 wirft sie sich entgegen, indem sie die landgräflichen Scheuern öffnet; daß
sie den Hungernden über das Brot hinaus Geräte zur Bo-
denbearbeitung schenkte, wurde bereits gesagt.
»Auch für Täuflinge nähte sie eigenhändig, sorgte für
die Taufe und hob sie aus dem heiligen Brunnen, um Pa-
tin über sie zu werden und ihnen in dieser Eigenschaft
um so freigebiger Wohltaten erweisen zu können.
Desgleichen nähte sie fleißig Totenhemden für die Be-
stattung der armen Verstorbenen, sie wusch und kleide-
te sie selbst und nahm an ihrer Beerdigung teil. Einen
großen, ganz weißen Schleier zerschnitt sie, damit er
nur noch bei Begräbnissen [als Leichendecke] diene. Als
sie einmal einen armen Kranken besuchte und ihn über
einige Schulden klagen hörte, die er nicht bezahlen

konnte, beglich sie diese für ihn ... Oft besuchte und tröstete sie arme Frauen bei ihrer Niederkunft. Wenn Boten
von solchen Wöchnerinnen und anderen Kranken mit
einer Bitte zu ihr kamen, erkundigte sie sich nach deren
Wohnung, um sich durch einen persönlichen Besuch bei
ihnen zu Barmherzigkeit und Mitleid anzuspornen. Wie
weit, wie schmutzig und beschwerlich die Wege dahin
auch sein mochten, sie ging sie zu Ende. Ohne Wider-
willen vor Unsauberkeit betrat sie ihre armseligen Käm-
merchen, brachte ihnen alles Notwendige, spendete
Trost und erwarb sich den dreifachen Lohn für Arbeit,
Mitleid und Freigebigkeit.«[117]
Der Kreis der sieben Werke der Barmherzigkeit wurde
von Elisabeth in seiner ganzen Fülle ausgeschritten. Nur
Gefangene zu besuchen und zu trösten gelang ihr nicht,
wohl darum, weil sie keinen Zugang zu ihnen hatte.
Die Marburger Zeit, vom Ende des Jahres 1228 bis zu
ihrem Tode am 17. November 1231, ist die Erfüllung ihres Heiligenlebens. In den einfachen Fachwerkhäusern
des Hospitals, im langgestreckten Krankensaal lebte sie
in der Nachfolge des Evangeliums ganz der Barmherzigkeit.
Sie folgt den geistlichen Zielen ihres großen Vorbildes,
des heiligen Franziskus. Immer mehr wird sichtbar, wie
gering der Einfluß Konrad von Marburgs ist. Er ist für sie
ein Mittel auf dem Wege zur Heiligkeit, und auch die
Aufgabe des eigenen Willens ist für sie franziskanisches
Gebot. Wir erinnern uns:
»Nehmt einen toten Körper und setzt ihn, wohin ihr
wollt: er wird nicht widerstreben; wenn er am gleichen
Platze bleibt, wird er nicht murren; wenn ihr ihn fort-
nehmt, wird er keinen Einspruch erheben; wenn ihr ihn
auf einen Stuhl setzt, wird er niederblicken und nicht
emporsehen, bekleidet ihn mit Purpur, er wird um so
bleicher erscheinen.«

So preist Franziskus den vollkommenen Gehorsam, die vollkommene Aufgabe des eigenen Willens. Für Elisabeth war der Magister Konrad nur Exerziermeister zu diesem Ziel.

Über einen eigenen Ärztestab wie das Hospital in Jerusalem verfügte das Marburger Haus der Elisabeth nicht. Wohl ist uns bekannt, daß sie selbst einen Arzt konsultierte, um zu erfahren, wie weit sie in ihrer Hungeraskese gehen konnte, ohne ihre Arbeitskraft für die Kranken und Armen zu verlieren. Sie versuchte eine Ökonomie der Askese zu erforschen.

Die ständige Anwesenheit eines Arztes im Marburger Hospital wird nicht angenommen.

Elisabeth selbst verstand sich auf die Heilkunst, wie ja überhaupt im Mittelalter bis ins 19. Jahrhundert hinein Heilung und Pflege Aufgabe der Frauen war.

Konrad von Marburg bestätigt uns selbst ihre Fertigkeit: »Als ich dann die Aussätzige wegbrachte und zur Predigt in die Ferne gezogen war, nahm sie einen armen, ganz und gar an Krätze kranken Knaben, der kein Haar auf dem Kopfe hatte, auf, um ihn von der Krätze zu heilen, und besorgte seine Pflege mit Waschungen und Arzneimitteln – von wem sie es erlernte, weiß ich nicht.«[118]

»Wir sollen die Menschen froh machen«

Die alten und älteren Elisabeth-Biographien sehen in ihr ein engelgleiches, schon auf Erden verklärtes Wesen. Den Gipfel hymnischer Betrachtung bildet der französische Graf Charles-Forbes-René de Montalambert mit seiner im Jahre 1836 in Paris erschienenen »Geschichte der heiligen Elisabeth von Ungarn«.

Im Gegensatz dazu sehen moderne Betrachter in Elisabeth ein zerquältes, innerlich zerbrochenes, autoritätshöriges Geschöpf.

Die Quellen jedoch geben ein anderes Bild. Sie zeigen zunächst eine liebende Gattin. Der Kaplan Berthold ruft mehrfach aus: »Oh, welch ein gar seliges Paar im ehelichen Leben sind diese beiden gewesen.«[119]

Und der »Libellus« bestätigt: »All diese und viele andere erwähnenswerte Dinge, deren man sich im Augenblick nicht erinnert, tat sie zu Lebzeiten ihres Gemahls, mit dem sie löblich in ehelicher Weise verbunden lebte. Sie waren in wunderbarer Weise einander zugetan, ermahnten und stärkten sich gegenseitig in aller Liebe zum Lob und Dienst Gottes.«[120]

Konrad von Marburg nennt Elisabeth »eine zweifellos sehr kluge Frau«, und auch in ihrer Ehe praktizierte sie nach dem »Libellus« weibliche Klugheit: »Wußte sie von der bevorstehenden Rückkehr ihres Gemahls, so schmückte sie sich festlich und erklärte: ›Nicht zu fleischlicher Hoffart, sondern nur Gott zuliebe will ich mich schmücken, aber schicklich, um meinem Gemahl keinen Anlaß zur Sünde zu geben, falls ihm etwas an mir mißfallen sollte. Er soll nur mich in ehelicher, züchtiger Zuneigung im Herrn so lieben, daß wir den Lohn des ewigen Lebens in gleicher Weise von dem hoffen dürfen, der das Gesetz der Ehe geheiligt hat.‹«

Neben ihrer Klugheit aber war sie vor allem ein zur Freude angelegter Mensch.

Die Speiseverbote des Konrad von Marburg verpflichteten sie zur Daueraskese. Speisen, die von unrechten Steuern und Fronabgaben herrührten, vor allem wenn sie von Kirchengütern stammten, welche das Landgrafenhaus in seinen Besitz gebracht hatte, waren verboten. Konrad hatte ihr befohlen, selbst dann die Speise zu verweigern, wenn sie nur Zweifel an deren gerechter Herkunft hatte.

»Oft erkundigte sie sich daher nach den Dienstleistungen der Verwalter, und wenn sie nur erlaubte Speise vorfand, sagte sie zu den Dienerinnen [die mit ihr die Hungeraskese teilten]: ›Heute dürft ihr nur essen!‹ Fand sie aber nur erlaubtes Getränk vor, dann: ›Heute dürft ihr nur trinken!‹ Stammte aber beides aus rechter Herkunft, dann klatschte sie vor Freude in die Hände und rief: ›Wohl uns! Heute dürfen wir essen und trinken!‹«

Es sei nochmals erinnert an die Aussage der Dienerin Irmingard, die in den letzten Marburger Jahren mit ihr verbunden war: »Wenn die selige Elisabeth besonders fröhlich war, dann weinte sie am meisten. Das scheint tatsächlich seltsam: froh und gleichzeitig weinen. Aber niemals verzog oder entstellte sie ihr Gesicht beim Weinen; die Tränen flossen wie aus einem reinen Quell; wobei ihr Antlitz ganz froh und heiter blieb.«[121]

Nirgends aber blüht ihr Wille zum Fröhlichsein, zum Freudebereiten schöner auf, als in der Schilderung der Urquelle über die große Almosenverteilung.

Nachdem Konrad von Marburgs mächtiger Wille das

160

Landgrafenhaus gezwungen hatte, das Wittum der Elisabeth herauszugeben, traf eine erste Rate von fünfhundert Mark, bei einer ausgehandelten Gesamtzahlung von zweitausend Mark Silber, ein.

Fünfhundert Mark Silber, das sagt sich leicht dahin. In Wirklichkeit waren das unter Zugrundelegung der kölnischen Silbermark 233,85 g Silber pro Mark. Es waren insgesamt 116,92 kg Silber, in Münzen ausgeprägt etwa sechzig- bis achtzigtausend Silberpfennige. Die Kaufkraft dieses Vermögens in Wertvorstellungen unserer Tage umzusetzen ist nicht möglich.

Um diesen Betrag angemessen zu verteilen, ließ Elisabeth in einem Umkreis von zwölf Meilen um Marburg den Armen und Siechen Zeitpunkt und Ort der Almosenaktion verkünden. Konrad von Marburg muß zu dieser Zeit auf einer seiner Predigtreisen gewesen sein, denn er hätte wohl niemals der Verteilung einer solch gewaltigen Summe zugestimmt.

»An dem Tag, an dem das reichliche Almosen von fünfhundert Mark verteilt wurde, blieben nach dem Weggang der kräftigeren Leute in der folgenden Nacht bei Mondschein sehr viele schwächere und kranke Personen am Zaun des Krankenhauses und in den Winkeln des Hofes liegen. Bei ihrer Ankunft erblickte die selige Elisabeth sie und sagte zu ihrer Begleitung: ›Seht, die Schwächeren sind zurückgeblieben; wir wollen ihnen noch etwas geben.‹ Sie ließ jedem sechs Kölner Groschen austeilen und wollte nicht, daß den Kindern weniger gegeben werde. Dann ließ sie Brote bringen und verteilen und sagte: ›Wir wollen ihnen Freude machen. Zündet Feuer für sie an.‹ Und sie ließ in der ganzen Länge des Hofes Feuer machen, vielen die Füße waschen und salben. Die Armen fingen an zu singen und sich wohl zu fühlen. Als die selige Elisabeth das hörte, sagte sie: ›Seht, ich habe es doch gesagt, wir sollen die Men-

schen froh machen!‹ Und sie freute sich mit den Fröhlichen.« (Vgl. Röm. 12, 15; »Libellus«)
In diesem Wort liegt das ganze Herz Elisabeths. Christus ist ja selbst die Freude. Er hat auf der Hochzeit zu Kanaan Wasser zu Wein gemacht, er hat die Fünftausend gespeist und die Aussätzigen geheilt. Er hat der Welt das Gesetz der Liebe gegeben und schließlich durch seinen Opfertod die Menschheit von Sünde und Verdammnis erlöst. Das volle Maß christlicher Liebe erlebt Elisabeth bei ihrem Almosenfest im Spital zu Marburg.
Aber da ist ja noch die Geschichte mit den goldenen Haaren! Sie dient jenen, die das Leben der Elisabeth nicht begreifen, als Zeichen von Verbitterung, Mißgunst und unheiliger Gehässigkeit.
Für den Tag der Almosenverteilung waren Verhaltensmaßregeln ergangen. Denn die Ankündigung der großen Almosengabe in einem Umkreis von zwölf Meilen, das waren rund achtzig Kilometer, um Marburg muß ja ein Heer von Bettlern, Siechen, Gerechten und Ungerechten angezogen haben. So war denn angeordnet worden:
»Wer seinen Platz verlasse, durch wiederholten Almosenempfang anderen Armen Abbruch tue und dadurch die Ordnung störe, müsse sich zu seiner Beschämung einen Teil der Haare schneiden lassen. Nun kam zufällig eine junge Maid namens Hildegund mit sehr schönen Haaren plötzlich hinzu. Sie wußte nicht von der Bekanntmachung, war auch nicht gekommen, um Almosen zu empfangen, sondern um ihre kranke Schwester zu besuchen.
Sie wurde der seligen Elisabeth vorgeführt, wie wenn sie die eben erwähnte Verordnung nicht befolgt hätte. Die selige Elisabeth fragte, was das Mädchen verschuldet habe, und als sie seine schönen Haare sah, ließ sie diese sogleich abschneiden. Über deren Verlust betrübt, begann das Mädchen laut zu weinen. Da kamen einige

Leute hinzu, die um die Schuldlosigkeit des Mädchens wußten, und sagten zur seligen Elisabeth, das Mädchen sei wohl zu Unrecht bestraft. Darauf erwiderte sie ihnen: ›Wenigstens wird sie mit ihrem jetzigen Haar nicht oft zum Tanzen gehen!‹ Und sofort ließ sie das Mädchen zu sich rufen und fragte es, ob es nie die Absicht gehabt habe, ein vollkommeneres Leben zu führen. Die Maid antwortete, sie hätte schon längst dem Herrn im Ordensgewand gedient, wenn die schönen Haare sie nicht daran gehindert hätten. Da sprach die selige Elisabeth zu ihr: ›Da ist es mir lieber, du hast deine Haare verloren, als wenn mein Sohn Kaiser geworden wäre!‹

Und sofort nahm die Selige sie auf, damit sie, eingekleidet in das Ordensgewand, ihr Leben im Hospital diene. Sie wirkt noch heute [zur Zeit der Niederschrift des »Libellus«] in diesem Hospital in Marburg, und wir haben ihre wirklich prachtvollen Haare gesehen. Das sagte eben diese Hildegund unter Eid aus; auch ein Leutpriester aus der Stadt und mehrere Personen bezeugten dasselbe wie sie.«[122]

Betrachtet man den Fall genau, so verliert das Mädchen seine schönen Haare durch einen Irrtum Elisabeths. Als das Mädchen dann bekennt, daß die schönen Haare sie gehindert hätten, das Ordensgewand zu nehmen, macht Elisabeth deutlich, in welcher Rangordnung sie das Ereignis sieht.

»Da ist es mir lieber, du hast deine Haare verloren, als wenn mein Sohn Kaiser geworden wäre!«

Denkt man daran, daß Elisabeths Schwager Landgraf Heinrich Raspe im Jahre 1246 deutscher Gegenkönig wurde, so ist dieser Ausruf nicht völlig abstrakt. Stammte doch Elisabeth aus Hochadelskreisen, in denen solche Gedanken gedacht werden konnten. Sie selbst stammte von Königen ab, und das Landgrafenhaus war ebenfalls mit deutschen Kaisern und Königen versippt.

Hier zeigt sich deutlich die Werteskala unserer Heiligen, mit der sie sich wiederum gegen die Vorstellungen der staufischen Zeit stellt. Das Schwesterngewand einer franziskanischen Tertiarin bedeutete ihr mehr als eine Kaiserkrone.

DIE LETZTEN OPFER

In den Tagen von Wehrda, aber auch in der ersten Marburger Spitalszeit hatte Elisabeth noch einen weltlichen Liebesgrund, ihre kleine Tochter Gertrud. Auf Konrads Befehl gab sie auch das letzte Kind von sich, um nichts außer Gott und dem Nächsten zu lieben. Im »Libellus« liest sich das so:
»Die selige Elisabeth ließ auch ihr anderthalbjähriges Kind von sich wegschaffen, um nicht durch zu große Liebe zu ihm am Dienste Gottes gehindert zu werden.«[123]
Aber der Zuchtmeister ihrer Seele, zu dessen Psyche der moderne Betrachter keinen Zugang findet, grub weiter, um in ihr die letzten Bezüge zur Welt und den Menschen abzubrechen.
Konrad berichtet selbst: »Ich aber nahm ihr in der Erkenntnis, daß sie vollkommen werden wolle, alle überflüssige Dienerschaft und hieß sie, mit drei Personen zufrieden zu sein, einem Laienbruder, der ihre Geschäfte besorgte, einer frommen, sehr unansehnlichen Jungfrau [Irmingard] und einer adeligen Witwe [Hedwig von Seebach], die taub und sehr unfreundlich war, damit durch die Magd ihre Demut vermehrt und durch die unfreundliche Witwe ihre Geduld geübt werde.«[124]
Konrad versteht es meisterhaft, seine Infamie zu verbergen. Denn in Wirklichkeit reißt er Elisabeth die beiden Lebensfreundinnen, Guda und Ysentrud, von der Seite. Ysentrud von Hörselgau berichtet als Zeugin im »Libel-

lus« ausführlicher. Sie zeigt den Trennungsschmerz der Frauen, die seit Jahren Leben, Leid und Askese der heiligen Elisabeth teilten: »Ferner stellte Magister Konrad ihre Standhaftigkeit oftmals auf die Probe, indem er ihr in allem den Willen brach und ihr zu tun befahl, was ihr zuwider war. Um sie noch mehr heimzusuchen, entfernte er die wenigen geliebten Menschen ihrer Hausgemeinschaft einen nach dem anderen von ihr; sie sollte jede Trennung einzeln schmerzlich empfinden. So vertrieb er endlich auch mich, die ihr sehr liebe Ysentrud. Die selige Elisabeth entließ mich in tiefem Kummer und unter vielen Tränen.

Schließlich verfügte er noch die Entfernung meiner Gefährtin Guda, die von Kindheit an mit ihr zusammen war und die sie ganz besonders liebte. Auch von ihr nahm sie unter Weinen und Seufzern Abschied. Die Anordnungen traf Magister Konrad aber aus wohlgemeintem Eifer und mit Absicht. [Die Schonung Konrads als Seelenführer Elisabeths lag wohl im Sinne des gesamten Kanonisationsprozesses.] Er fürchtete nämlich, wir würden mit ihr über ihren früheren Glanz sprechen, und sie könnte dadurch in Versuchungen geraten und ihm nachtrauern. Um sie zur Anhänglichkeit an Gott allein zu führen, entzog er ihr jeden menschlichen Trost, den sie aus unserer Nähe hätte schöpfen können. Magister Konrad gab ihr daher gestrenge Frauen zur Seite, von denen sie vielerlei Bedrängnisse zu erleiden hatte. Sie stellten ihr Fallen und zeigten sie oft bei Magister Konrad an, als habe sie keinen Gehorsam geübt, wenn sie den Armen etwas gab oder durch andere geben ließ. Magister Konrad hatte ihr nämlich verboten, etwas zu verschenken, weil sie alles restlos an die Notleidenden austeilte.«[125]

Natürlich war es vernünftig, daß Konrad von Marburg den Schenk- und Almosenrausch seiner Schutzbefohlenen reduzierte, da sie ansonsten bald mittellos da-

gestanden hätte und auch das Hospital nicht mehr auf-
rechtzuerhalten gewesen wäre.

Vermutlich gehörte es sogar zu den Bedingungen, die
Magister Konrad eingeräumt hatte, eine Verschleude-
rung des Wittums zu verhindern und es dem Landgrafenhaus zu erhalten. Aber bei Konrad, dem Meister der
Seelenpein, schleicht sich auch der Verdacht ein, daß es
ihm nicht nur um die Vernunft ging, sondern daß seine
Almosenverbote den Zweck hatten, seiner Schutzbefohlenen neue, subtile Seelenschmerzen zu bereiten. Wenigstens läßt der folgende Text des »Libellus« diese
Deutung zu:

»Aber immer, wenn sie gehindert wurde, Almosen zu
spenden und Aussätzige oder andere schmutzige Kranke
zu baden, geriet sie aus innerem Drang zum Mitleiden
und übergroßem Erbarmen außer Fassung und wurde
krank.

Meister Konrad untersagte ihr dies aus Eifer und guter
Meinung, obwohl es sich doch um Übungen der Barmherzigkeit und guter Werke überhaupt handelte. Er be-
fürchtete nämlich, ihre edle Zartheit könne vom Aussatz der Kranken angesteckt oder zugrunde gerichtet
werden.«[126]

Allerdings, so muß man vermerken, hinderte ihn seine
Rücksicht auf ihre »edle Zartheit« nicht daran, sie blutig zu prügeln und zu ohrfeigen, wie der »Libellus« bezeugt:

»Deshalb verwehrte er ihr, solche Kranken bei sich aufzunehmen, sie anzufassen sowie ihre Geschwüre zu
berühren und zu küssen. Verschwendung und allzu freigebige Almosen ließ er nicht zu, weil sie gar nichts mehr
für den eigenen Bedarf behielt, als Professin kein Eigentum zum Verschenken haben sollte und auf alles in seine Hände verzichtet hatte. Auch verbot er ihr, sich Gaben für andere so sehr vom Munde abzusparen, daß sie

dadurch geschwächt würde und ihre Kräfte verzehrte.
Auf solche Anklagen hin erhielt sie oft von Magister
Konrad Schläge und Ohrfeigen, die sie einst zur Erinnerung an die Backenstreiche des Herrn sehnlichst ge-
wünscht hatte. Sie war so gehorsam, daß sie ohne Erlaubnis uns keine Speise anzubieten oder mit uns zu reden wagte, wenn wir, Ysentrude und Guda, sie einmal
besuchten. Von Kindheit an bis zu ihrem letzten Le-
benstag war sie häufig üblen Nachreden, Gehässigkeiten, Bedrängnissen, Eifersüchteleien und Verleumdungen von seiten vieler Menschen ausgesetzt.«[127]
Elisabeth hatte ihr ganzes Leben zum Opfer gebracht.
Viele Jahre in Hungeraskese lebend, die Prügeleien des
Konrad von Marburg im Sinne der »Nachfolge des
Herrn« ertragend, vom Tode ihres Mannes geschlagen
und von ihren Kindern getrennt, ganz der Armen- und
Krankenpflege hingegeben, immer in Konfrontation mit
ekelerregenden Kranken, herabgestiegen vom Fürstenthron und gemein mit den Ärmsten der Gesellschaft,
brachte sie als letztes ihre Frauenehre zum Opfer dar.
Die »Vita S. Elisabeth« des Dietrich von Apolda, ent-
standen in den Jahren zwischen 1289 und 1291, wurde
von einem Mönch des Reinhardsbrunner Klosters um
folgende Episode erweitert:
»Als nun etlich arge und weltliche Leute sahen, wie
Sankt Elisabeth sogar gehorsam war Meister Konrad und
mit ihm Gemeinschaft hielt, begannen sie schändliche
Dinge von den zwei Heiligen zu reden und ihnen bösen
Leumund zu machen. Da das vernahm Herr Rudolf, der
Schenke von Vargula, machte er sich auf, kam zu Sankt
Elisabeth und sprach: ›Meine gnädige Frau wolle Sorge
tragen und Acht haben ihres guten Namens, denn um
der vielen Gemeinschaft willen, so Ihr mit Meister Kon-
rad habet, macht sich das törichte Volk von unedlen Sitten böse Gedanken und redet unziemlich von Euch.‹

Da hob die heilige Frau die Augen zum Himmel, faltete ihre Hände und sprach: ›Gebenedeit sei mein Herr und Gott, der auch dieses noch mir auferlegt. Ich habe den Adel meines Geschlechts verleugnet um seiner Liebe willen und mich zu einer Magd gemacht, ich habe Reichtum und Ehre der Welt verschmäht und mich arm gemacht, ich habe die Schöne meiner Jugend vernichtet und mich ungestalt gemacht, aber ich dachte zu behalten die Zierde fraulicher Ehre. Nun danke ich aber Gott, daß ich auch diese ihm opfern darf.

Aber daß auch Ihr, Herr Schenke, kein Arges von mir denkt, seht her.‹ Damit zog die heilige Frau ihr Kleid von den Schultern und weisete dem frommen ehrbaren Herrn, daß sie von Rutenschlägen verwundet und mit Blut beronnen waren.

Und sprach: ›Sehet, dies ist die Liebe, die der heilige Priester zu mir träget, mich dazu zu Gott zu ziehen, und die Liebe, die ich zu Gott trage.‹«[128]

Wenn der Reinhardsbrunner Mönch diese Geschichte erfunden hat, dann hat er sie gut erfunden. Elisabeth bekennt ja selbst, »daß das Leben der Schwestern in der Welt sehr verachtet ist«. Als franziskanische Tertiarin lebte sie in der Welt ohne Würde und Schutz eines Klosters.

Sie war Witwe, hatte ihre Kinder weggegeben und lebte unter der Fuchtel eines tyrannischen Priesters. Außer der Willkür dieses eifernden Mannes, der bei seinen Predigtreisen oft wochenlang unterwegs war, hatte sie keine menschlichen Beziehungen mehr. Sie war alleine und schutzlos. Es hätte ihr wohl angestanden, in einen Orden einzutreten oder auf einer Burg einen Witwensitz zu eröffnen, mit Hofdamen, Pagen, Hofmeister und dem Schutz des Zeremoniells und ihres fürstlichen Standes. Natürlich mußte das Leben Elisabeths, namentlich bei der Adelsgesellschaft, Mißdeutung finden. Cäsarius von

Heisterbach schildert die Einstellung des hessischen Adels um Marburg, der sich wohl mit der der Bevölkerung deckte:

»Wegen all dieser Wohltaten litt sie viel Verleumdung und Mißachtung von den hessischen Adeligen, und keiner von ihnen wechselte je ein Wort mit ihr oder kümmerte sich um sie. Sie hielten sie für töricht und geistesgestört. Oft beleidigten sie sie und schalten mit ihr.«[129]

Das ist der Boden, auf dem die Gerüchte gedeihen, die die Frauenehre Elisabeths zerstören wollen.

In einem Bänkelsang des 15. Jahrhunderts wird dies deutlich:

>»Nu wolten die growen, bösen Leute
all ding auf das böse deuten.
Sy sprachen, das ist meister Konrat;
Dy frowen Elisabet entfurt hat.
Das dieweil ihr herre ist gestorben,
so hat er das gut ir erworben.
Das wolen sy mit einander verzeren,
Wer mag in das erweren?«[130]

Zu all ihren Leiden nahm Elisabeth nun auch die Schande der Entehrung auf sich. Sie tat es in dem Willen, die Passion Christi an sich zu erfüllen. Konrad von Marburg gibt uns in einem Satz seiner Epistola Einblick in die Psyche seines Beichtkindes und Schutzbefohlenen.

»Die Elendesten und Verachtetsten setzte sie an ihren eigenen Tisch, und als ich sie deshalb tadelte, erwiderte sie mir, sie empfange von ihnen sonderliche Gnade und Demut, und als eine zweifellos sehr kluge Frau führte sie ihr früheres Leben vor mir herauf und sagte, sie müsse, was hinter ihr liege, durch das Entgegengesetzte auszugleichen und zu heilen versuchen.«[131]

Es ist bemerkenswert, daß Elisabeth ihrem Seelenführer, Beichtvater und Zuchtmeister widerspricht und ihm ihre eigene geistliche Einsicht entgegensetzt. Haben das all ihre Biographen, die die Ansicht vertreten, Elisabeth sei eine schwache, gebrochene und dem Magister Konrad hörige Person, nicht gelesen?

Elisabeth will die Tage des Glanzes, des Reichtums, der Macht und der Herrschaft durch das Entgegengesetzte, Elend, Demut und Entwürdigung, ausgleichen.

So steht sie in der Denktradition ihrer Zeitgenossin, Mechthild von Magdeburg, die sagt: »Soviel wir hier Armut, Verschmähung, Vereinsamung und Pein leiden, soviel gleichen wir dem wahren Gottessohn.«[132]

Die Vollendung

Vom Spätherbst des Jahres 1228 bis zu ihrem Todestag am 17. November 1231 hat Elisabeth in ihrem Hospital in Marburg gelebt. Ihr Liebesdienst am leidenden Menschen beschränkte sich nicht nur auf die Hospitalsarbeit.

Der »Libellus« sagt ausdrücklich: »Die selige Elisabeth ging auch mit ihren Dienerinnen in die Häuser der Armen, ließ dabei Brot und Fleisch, Mehl und andere Nahrungsmittel mitbringen, verteilte sie aber selbst. Sie sah sorgfältig nach den Kleidern und Betten der Kranken.«[133]

Der Katalog von Elisabeths Liebes- und Leidenstaten wäre leicht fortzusetzen. Exemplarisches aber geschieht nicht mehr, bis auf eine Begebenheit, mit der sich Elisabeth in einem vielhundertjährigen Vorgriff die Herzen der protestantischen Welt erobern sollte.

»Als sie in ein Kloster von Ordensfrauen kam, die keinen Besitz hatten, sondern nur von täglichen Almosen lebten, und die Schwestern ihr die reichvergoldeten Heiligenfiguren in der Kirche zeigten, sagte sie zu den vierundzwanzig sie begleitenden Ordensfrauen: ›Seht, ihr hättet diese Ausgabe besser für eure Kleidung und Nahrung verwendet als für die Wände, da ihr doch die Bildwerke in eurem Herzen tragen solltet!‹

Und als ihr jemand von einem schönen Bild erzählte, das er ihr gern bringen möchte, antwortete sie: ›Ich brauch ein solches Bild nicht; ich trage es ja in meinem Herzen.‹«[134]

Martin Luther lobte drei Jahrhunderte später diese

Haltung Elisabeths, obwohl er ein Feind der Heiligenverehrung war. Ihre Ablehnung von sinnenhaftem
Prunk und einer bildlichen Darstellung des Heiligen
griff den Jahrhunderten weit voraus. Vor allem fand sie
deswegen Anerkennung über die katholische Welt hinaus, weil sie ihr Heiligsein nicht hinter Klostermauern
verschloß, sondern ihre Wirkung in der Welt suchte. So
wurde sie eine der großen Gestalten der »Caritas«, der
göttlichen Liebe und ihrer stellvertretenden Ausübung
in der Welt.

Ihr Sterben war ein Erlöschen. Alle Lebenskräfte waren
verzehrt, aufgebraucht von Askese und Liebesdienst an
den leidenden Menschen.

Irmingard, die vorerwähnte Dienerin der Frau Landgräfin, sagte aus: »Als meine Herrin, die selige Elisabeth
auf ihrem Sterbebett lag, habe ich eine überaus liebliche
Stimme vernommen, die wie aus ihrer Kehle kam. Sie
lag zur Wand gekehrt; nach einer Stunde wandte sie sich
nach mir um und fragte: ›Wo bist du, Liebe?‹

Ich antwortete: ›Hier bin ich‹, und fügte dann hinzu: ›O
meine Herrin, wie lieblich hast du gesungen!‹ Da fragte
sie, ob ich es gehört hätte. Als ich das bejahte, fuhr sie
fort: ›Ich sage dir, zwischen mir und der Wand hat ein
Vögelein mir überaus fröhlich zugesungen. Sein liebli-
cher Gesang zwang mich auch zu singen.‹ Das war einige Tage vor ihrem Tode ...

... Als wir um das Sterbelager der seligen Elisabeth
saßen, sagte sie zu uns: ›Was würden wir tun, wenn der
Teufel sich uns jetzt zeigte?‹ Etwas später rief sie laut,
wie um den Teufel zu vertreiben: ›Hinweg! Hinweg!
Hinweg mit dir!‹ Und fortfahrend: ›Nun wollen wir von
Gott und dem Jesuskind sprechen, es geht ja auf Mitter-
nacht, die Stunde, in der Jesus geboren wurde, in der
Krippe lag und in seiner Allmacht den neuen Stern erschuf, den niemand vorher gesehen hat!‹

Bei solchen Reden war sie so heiter, als ob sie nicht krank wäre. Sie sagte: ›Wenn ich auch schwach bin, so fühle ich mich doch nicht krank.‹

Die Dienerin Irmingard sagte auch, sie habe die selige Elisabeth vor ihrem Heimgang sprechen hören: ›Schon naht die Zeit, da der allmächtige Herr seine Freunde rufen wird!‹«

Und weiter: »...die Selige habe den ganzen Tag vor ihrem Tod in großer Frömmigkeit und Andacht zugebracht. In ihrer Sterbestunde lag sie wie schlummernd und verschied. Wenn auch der Leib der seligen Elisabeth bis zum vierten Tage unbeerdigt geblieben war, so verbreitete er doch keinen üblen Geruch, wie es bei anderen gewöhnlich der Fall ist, sondern einen würzigen, herzerfrischenden Duft!«

Und nun, da Elisabeth tot ist, wird die vorher so mißtrauisch und ablehnend behandelte Frau zum Opfer mittelalterlichen Reliquienwahns.

»Mit dem grauen Gewand bekleidet, das Gesicht mit Tüchern umwunden, lag sie da. Aus Frömmigkeit und um Reliquien von ihr zu haben, lösten und rissen sehr viele Leute Teilchen von den Tüchern, schnitten ihr Haupthaar und Nägel ab, einige stutzten ihre Ohren, andere schnitten ihr sogar die Brustwarzen weg.«[135]

Diese barbarische Reliquiennahme ist kein Einzelfall. Johan Huizinga berichtet in seinem Buch »Herbst des Mittelalters« folgende Begebenheit: »Das Volk in den Bergen von Umbrien um das Jahr 1000 wollte den Einsiedler Sankt Romuald von Camadoli (* um 925, † 1027) totschlagen, um seine Gebeine nicht zu verlieren.

Die Mönche von Fossanuova, wo Thomas von Aquino im Jahre 1247 gestorben war, haben aus Angst, die kostbare Reliquie könnte ihnen entgehen, die Leiche des edlen Meisters buchstäblich eingemacht; vom Kopf befreit, gekocht, präpariert.«[136]

Konrad von Marburg übergeht in seiner Epistola an den Papst den barbarischen Reliquienraub an Elisabeth, aber über ihre letzten Stunden macht er wichtige Aussagen: »Als endlich die Zeit ihres Todes nahte und ich von einer ziemlich schweren Krankheit geplagt wurde, fragte ich sie, wie sie nach meinem Tode ihr Leben einrichten wollte? Gelegentlich dieser Frage sagte sie mir mit aller Bestimmtheit ihren Tod voraus ... Dann, am Sonntag vor der Oktav des Martinsfestes [16. Nov. 1231], hörte ich nach der Mette ihre Beichte, aber durchaus nichts hatte sie sich vorzuwerfen, das sie mir nicht oft schon gebeichtet hätte. Und als ich sie fragte, was sie über ihr Hab und Gut und Geräte anordne, antwortete sie, daß alles, was noch als ihr Besitz angesehen würde, den Armen gehöre, und bat mich, ich solle alles unter sie verteilen, außer dem schlechten Rocke, mit dem sie bekleidet war: In ihm wollte sie begraben werden ...«[137]

Hier hat der fuchsschlaue Konrad seinen Text wieder geglättet und seinen Zwecken angepaßt. Denn nach einer Handschrift des 13. Jahrhunderts[138] hatte das letzte Gespräch zwischen Konrad und Elisabeth einen anderen Verlauf:

»Auf die Frage nach der Abfassung ihres Testaments antwortete sie ihm: ›Ihr fragt aber seltsam! Ihr wißt doch: Seit dem Tage, an dem ich Euch Gehorsam gelobte, habe ich zuerst meinem eigenen Willen entsagt, dann meinen Kindern und endlich allen leiblichen Freuden auf der Welt. Ferner habe ich versprochen, von den mir zustehenden irdischen Besitzungen zur Erfüllung meiner Verpflichtungen sowie zur Almosenverteilung nach Eurem Willen nur so viel zu behalten, daß ich – immer mit Eurer Erlaubnis – alles freudig aufgegeben und, als Reklusin lebend, täglich von anderen angenommen hätte.‹ Nach diesen Worten übergab sie ihm all ihre Habe zu seiner Verfügung: er solle alles, was sie noch besitze, zum Wohle der Armen verwenden ...«

Auch Cäsarius von Heisterbach, der ja Konrad von Marburg wohlgesonnen war, bringt einen ähnlichen Text:

»Als er sie fragte, ob sie ihre letzte Verfügung getroffen habe, sagte sie zu ihm:

›Ich staune, daß Ihr mich das fragt; denn Ihr wißt doch, daß ich auf einen eigenen Willen verzichtet habe und daß ich Euch Gehorsam zugeschworen habe. An jenem Tage habe ich auch auf meine Kinder verzichtet und auf alle weltlichen und körperlichen Freuden. Überdies versprach ich, nur das mein Eigen zu nennen, was Ihr mir erlauben würdet, nachdem alle Schulden bezahlt und Almosen verteilt wären.

Gern hätte ich auf alles verzichtet und wäre Einsiedlerin geworden. Da hätte ich von Almosen gelebt, die andere Arme mir gespendet hätten, wenn Ihr mir die Erlaubnis dazu gegeben hättet.‹«[139]

In der Todesstunde, so scheint es, bricht in der Heiligen der Groll gegen den Magister Konrad auf, der ihr das Leben in absoluter franziskanischer Armut, also nur von Almosen lebend, verweigert hatte.

Aber was soll die Frage des Magisters nach dem Erbe der Elisabeth? Es drängt sich der Verdacht auf, daß Konrad von seinem sterbenden Beichtkind erhoffte, es würde ihn zum Erben des Marburger Hospitals mit seinem nicht unerheblichen Grundbesitz bestellen.

Doch Elisabeths Reich war längst nicht mehr von dieser Welt.

Ansonsten stimmen die Urquellen über die letzten Tage der Heiligen überein.

Folgen wir der Schilderung Konrads als dem unmittelbaren Zeugen ihres Sterbens.

»Hiernach, um die erste Stunde, empfing sie den Leib des Herrn, und dann sprach sie bis zur Vesperstunde viel von dem Besten, was sie in der Predigt gehört hatte und ganz besonders von der Auferweckung des Lazarus, und wie der Herr über diese seine Auferweckung weinte. Und als durch diese Worte einige Ordensmänner und -frauen zu Tränen gerührt wurden, sagte sie: ›Ihr Töchter Jerusalems, weinet nicht über mich, sondern über Euch.‹ Dann verstummte sie, und süßeste Töne wurden ohne alle Regung ihrer Lippen vernommen. Und als die Umstehenden sie fragten, was das sei, fragte sie, ob sie nicht auch die singenden Stimmen gehört hätten? Hierauf lag sie von der Dämmerung ab wie von himmlischer Freude erfüllt und mit Zeichen höchster Ergriffenheit bis zum ersten Hahnenschrei, und dann sagte sie: ›Siehe, die Stunde steht bevor, da die Jungfrau geboren hat.‹ Weiterhin empfahl sie alle bei ihr Sitzenden voll Andacht Gott und ging dann wie im süßesten Schlaf aus dem Leben.

Mönche aber des Zisterzienserordens und viele andere Ordensgeistliche kamen, als sie von ihrem Tode vernahmen, aus der ganzen Umgebung zum Hospital, in dem sie begraben werden sollte. Indessen blieb sie, weil es die andächtige Stimmung des Volkes so forderte [die barbarische Reliquiennahme verschweigt Magister Konrad], bis zum folgenden Mittwoch unbegraben, unzweifelhaft ohne ein anderes Zeichen des Todes, als daß sie sehr bleich geworden war; ihr Leib war so weich, als ob sie noch lebe und gute Gerüche entströmten ihm. Am Tage nach ihrem Tode begann Gott alsbald durch seine Magd zu wirken. Denn ein Zisterziensermönch wurde an ihrem Grabe von einer Geisteskrankheit, die er mehr als vierzig Jahre gehabt hatte, geheilt und beschwor dies in meinem Beisein und in Gegenwart des Pfarrers von Marburg. Sie starb am 16. November [tatsächlich am 17. November] im fünfundzwanzigsten Jahre ihres Lebens.«[140]

Soweit der Bericht Konrads von Marburg an den Papst. Da dieser Lebensabriß Grundlage für die Heiligsprechung Elisabeths sein sollte, war die Erwähnung des ersten Wunders an ihrem Grabe besonders wichtig. Denn Wunder zu bewirken gehörte zu den unabdingbaren Voraussetzungen derer, die heiliggesprochen werden sollten.

DIE HEILIGSPRECHUNG DER LANDGRÄFIN

Es ist nicht verwunderlich, daß Konrad von Marburg sich mit all seiner Kraft für die Heiligsprechung seines Beichtkindes einsetzte.

Denn nur wenn Elisabeth in den Stand der Heiligkeit erhoben wurde, fand seine gnadenlose Härte ihr gegenüber ihre innere Rechtfertigung, und einen Menschen zur Heiligkeit zu geleiten war ein hohes Verdienst im Mittelalter.

Konrads Brief an den Heiligen Vater mit der Bitte um Einleitung des Kanonisierungsverfahrens war ein Meisterwerk kirchenpolitischer Diplomatie.

Er schreibt:

»Ehrwürdiger Vater, Euer Heiligkeit dürfte bekannt sein, daß der Bruder Roderich mir oft geschrieben hat, ich möge Euch über die Wunder unterrichten, die durch sein Beichtkind, die Herrin Elisabeth, einst Landgräfin Elisabeth, bewirkt wurden.«[141]

Konrad verbirgt sein Anliegen hinter dem Franziskanerbruder Roderich (erscheint auch unter dem Namen Rodeger), der bis 1225 Elisabeths Beichtvater gewesen und dann als Guardian zum Kloster Halberstadt gegangen war.

Hinter der Figur des Roderichs, dessen Beichtvatertätigkeit für Elisabeth sechs Jahre zurückliegt, versteckt sich Konrad und tut so, als berichte er in dessen Auftrag dem Papst von den Wundern, die sich am Grabe Elisabeths ereigneten.

Wie beiläufig vermerkt er, daß am Tage des heiligen Laurentius (das ist der 17. August) der Erzbischof Siegfried III. von Mainz in Marburg anwesend war, um, einer Offenbarung folgend, zwei Altäre in der neuen Basilika zu weihen. Dem großen Pilgerstrom zum Grabe Elisabeths war die kleine Fachwerkkirche des Hospitals nicht gewachsen. So ließ Konrad eine große, steinerne Kirche über dem Grabe der wundermächtigen Elisabeth erbauen. Und da so viele Leute anwesend waren, bat er alle, die durch Elisabeths Anrufung am Grabe eine Wunderheilung erfahren hatten, sich am folgenden Tage bei dem Herrn Erzbischof und den anderen Prälaten einzufinden, um sich zur Aussage zu melden.

Folgen wir weiter dem Briefe Konrads an den Papst:

»Als eine nicht geringe Anzahl von Leuten zusammengekommen waren, die alle behaupteten, irgendeine Heilung durch sie erfahren zu haben, ließ der Herr Erzbischof von Mainz, weil er selbst zu anderen wichtigen Geschäften eilen mußte, die Wunder, die eindeutig waren, aufschreiben und sowohl durch seine wie auch die der anderen Prälaten Siegel bekräftigen. Mehrere Prälaten und Herren, die anwesend waren, gaben ihre Unterschrift, da sie ihre Siegel nicht bei sich hatten.

Damit Ihr aber nicht nur über ihre Wunder, sondern auch über ihren Lebenswandel ausführlicher unterrichtet werdet, füge ich Euch eine kurze Zusammenfassung ihres Lebens bei.«[142]

Der Brief Konrads ist ein Wunder an Beiläufigkeit. Er handelt nicht einmal aus eigenem Antrieb, sondern nur in Auftrag des ehemaligen Beichtvaters Roderich. Und weil in Marburg gerade der Erzbischof von Mainz aufgrund einer Offenbarung anwesend ist – beileibe nicht auf Einladung Konrads –, um zwei Altäre in der neuen Elisabethkirche einzuweihen, und weil im übrigen so viele Leute da sind, werden alle die, denen ein Wunder widerfahren ist, auf den andern Tag beim Erzbischof zu Bericht bestellt. Es hat sich halt alles so ergeben.

Der Erzbischof ist in Eile, er siegelt den Wunderkatalog, der da so auf die Schnelle zusammengetragen wurde, wie es auch einige Prälaten tun. Aber mehrere Prälaten und Herren hatten ihre Siegel nicht bei sich und leisteten ersatzweise ihre Unterschrift. Immerhin waren sechzig Wunder niedergelegt worden.

Doch solch eine hastige, unvollkommene Art der Beglaubigung konnte der Papst nicht gelten lassen. Bereits am 14. Oktober 1232 antwortete er auf Konrads Kanonisierungsunterlagen: »Es ist nicht alles Gold, was glänzt, und nicht alles Elfenbein, was weiß aussieht.« Er verfügte von sich aus eine neue, förmliche Kommission, wiederum bestehend aus dem Erzbischof von Mainz, dem Abt Raimund von Eberbach und Konrad von Marburg. An die Zeugenaussagen wurden vom Papst bestimmte Forderungen gestellt, die wahrscheinlich an eine Formel gebunden waren, die folgende Punkte enthielt:[143]

– Gegenstand der Befragung (Wunderbericht)
– Zeit, Monat, Tag
– Anwesende Personen
– Ort der Anrufung
– Wortlaut des Gelübdes oder der Anrufung
– Namen der Personen, an denen sich das Wunder ereignete
– Dauer der Krankheit
– Herkunftsort des Kranken

Diese Befragung wurde zu Beginn des Jahres 1233 durchgeführt. Siebenhundert Zeugen wurden vernommen und hundertsechs Wunder festgelegt. Da eine Aufforderung des Papstes fehlte, die Wunderberichte nach Rom zu senden, schickte Konrad von Marburg von sich aus eine Kopie dorthin.

Ob der Wunsch nach Konkretisierung der Wunderberichte eine versteckte Ablehnung des Kanonisierungsbegehrens sein sollte, wie manche Historiker vermuten, scheint als Überbewertung eines normalen Vorgangs.

Bei Heiligsprechungen ließ sich die Kirche immer Zeit. Der Fall des heiligen Franziskus, der zwei Jahre nach seinem Tode heiliggesprochen wurde, war eine Ausnahme. Hier handelte es sich schließlich um einen Ordensgründer, dessen religiöses Charisma zu einer Glaubenserneuerung, zumindestens zu einer Glaubensvertiefung im christlichen Abendland geführt hatte.

Der Papst war Elisabeth wohlgesonnen. Er hatte ihr in einer persönlichen Botschaft Mut zugesprochen und sie bestärkt, ihren Weg vertrauensvoll zu Ende zu gehen. Er hatte sie und ihre Güter unter den Schutz des heiligen Stuhls gestellt und Konrad von Marburg zu ihrem Defensor bestellt.

Auch Konrad von Marburg war man in Rom gewogen. Er hatte seine zweifelsfreien Verdienste. War er doch der erfolgreiche Prediger des unpopulären Kreuzzuges von 1227 und machte gerade als exemplarischer Ketzerrichter in Deutschland von sich reden.

In der Person Konrads kann man schwerlich einen Grund zur Ablehnung der Heiligsprechung Elisabeths sehen.

Der Papst wollte einfach ein zweifelfreies Verfahren. Denn der Heiligsprechung Elisabeths standen einige Besonderheiten entgegen.

Die genuinen Heiligen waren die Märtyrer, die Blutzeugen Christi und seiner Kirche.

Diesem Status entsprach Elisabeth nicht. Wohl konnte man in ihr eine Leidensmärtyrerin sehen. Aber ihr Blut hatte sie nicht für Christus vergossen.

Zum Signum weiblicher Heiligkeit gehörte die Jungfräulichkeit, und Jungfrau war Elisabeth nicht. Sie hatte vielmehr eine glückliche Ehe gelebt, wovon drei Kinder Zeugnis gaben. Vielleicht waren auch die bösen Gerüchte aus der Marburger Zeit – ihre enge Verbindung zu Konrad – nach Rom gedrungen. Und schließlich war sie eine Frau. Der Weg zur Heiligkeit war für eine Frau wesentlich schwerer als für einen Mann.

In seiner »Legenda aurea« stellt Jacobus de Voragine aus dem ersten Jahrtausend der Kirchengeschichte 147 Heilige vor. Davon 122 Männer und 25 Frauen. Die Frauen sind meistens Märtyrerinnen oder Jungfrauen.

Aus der Zeit nach 1000 benennt Jacobus de Voragine vier Männer und eine Frau. Dies sind Bernhard von Clairvaux, die Ordensgründer Franz von Assisi und Dominikus, dann der Märtyrerbischof Thomas von Canterbury.

Die einzige Frau ist die heilige Elisabeth von Thüringen. Hinter Elisabeth stand nicht die Macht des Zisterzienserordens wie bei Bernhard von Clairvaux, nicht die drängende Kraft des Dominikanerordens wie beim heiligen Dominikus, noch das demutsvolle Glaubensfeuer des Franziskanerordens wie bei Franziskus, noch die unerschütterliche Treue des heiligen Thomas von Canterbury, der sich, vor die Wahl zwischen König und Papst gestellt, für den Papst entschied, und der dann unter den Schwerthieben königlicher Schergen fiel. Ein Märtyrertod, der den Heiligen Stuhl in einen Rehabilitationszwang stellte, dessen Ergebnis die Heiligsprechung war. Die Orden hingegen hatten ein vitales Interesse daran, ihren Ordensgründer geheiligt zu sehen. Gewann doch dadurch der Orden an Anziehungskraft und Bedeutung. Solche – wir würden heute sagen »pressure-groups« – standen nicht hinter dem Heiligsprechungsantrag, den Magister Konrad für Elisabeth gestellt hatte.

Das änderte sich schlagartig, als das thüringische Landgrafenhaus erkannte, wie sehr seine Stellung im Bunde der Reichsfürsten durch eine familieneigene Heilige angehoben werden würde.

Dazu kam, daß der junge Landgraf Konrad in den Deutschen Orden eintrat. Es gibt Spekulationen, der Ordenseintritt sei durch Einwirkung des Magisters Konrad geschehen, der ja eine kurze Zeit als Erzieher des Landgrafen gewirkt hatte. Dann sieht die fromme Sage gern den Eintritt in den Orden als Reueerlebnis gegenüber Elisabeth. Denn es ist ja unvergessen, wie schändlich sich das Landgrafenhaus gegenüber der ehemaligen Landgräfin Elisabeth verhalten hatte.

Aber die frommen Überlegungen tragen nicht. Die thüringischen Landgrafen hatten ihr Verhältnis zur Kirche immer so zu mäßigen gewußt, daß sie ihren weltlichen Machtansprüchen nicht hinderlich waren. Selbst Elisabeths Mann, Ludwig der Fromme, der auf dem Wege ins Heilige Land bei Otranto gestorben war, hatte mit dem Erzbischof von Mainz blutige Fehde geführt.

Das Eintreten des Landgrafen Konrad in den Deutschen Orden war politisch hochmotiviert, auch wenn Cäsarius von Heisterbach das religiös verklärt so sieht:

»Nun geschah es, daß nach dem Tode der seligen Elisabeth, als sie schon durch die vielen und großen Wunder berühmt geworden war, der Bruder des verstorbenen Landgrafen Ludwig, Konrad, wahrscheinlich auf Fürbitte der seligen Elisabeth hin, sich bekehrte und in den Orden der Deutschherren eintrat. Er verzichtete auf alle weltlichen Ehren, Ruhmestaten und Reichtümer. Magister Konrad hatte ihn als Knaben geleitet und unterrichtet und hatte den Jüngling gelehrt, weltlichen Ehrgeiz zu verachten. Aber um ein gut Ding noch besser zu machen, erleuchtete die Gnade Gottes ihn, so daß er beschloß, seinen Lebenswandel zu vervollkommnen. Er gab den weltlichen Heeresdienst auf, der ihm als Fürst offenstand, und tauschte ihn gegen den

Dienst in Christi Sold ein. Dieser Schritt wurde viel bewundert.«[144]

Die Wirklichkeit sah so aus.

Schauen wir in die Stammtafeln der thüringischen Landgrafen, so sehen wir, daß Konrads älterer Bruder, Heinrich Raspe, in den Jahren von 1227–1242 nur Regent für Elisabeths Sohn, des Erbprinzen Hermann, war. Ebenso verwaltete Landgraf Konrad den hessischen Landesteil nur als Regent. Ob die beiden Brüder die wirklichen Herren des Landes werden würden, hing davon ab, ob sie den kleinen Erbprinzen, ihren Neffen Hermann II., überlebten. Sie mußten relativ lange warten, denn Jung-Hermann starb erst als Achtzehnjähriger. Die bösen Gerüchte über seinen Tod wollen wir übergehen.

Wir haben schon gesehen, daß der verstorbene Landgraf Ludwig der Fromme seinen Blick und Tatendrang nach Osten ausgerichtet hatte. Wir erinnern uns, daß ihm kaiserliche Gnade die Eventualbelehnung der Marken Meißen und Lausitz erteilte für den Fall, daß Ludwigs Neffe, Heinrich der Erlauchte, vor ihm sterben sollte. Aber die Belehnung ging noch weiter und erstreckte sich auf das Land Preußen, »soweit er es erobern könne«.

Außerdem hatte das thüringische Landgrafenhaus schon immer gute Beziehungen zum Deutschen Orden gehabt. Landgraf Hermann I., Schwiegervater der Elisabeth, wohnte im Jahre 1198 der Gründung des Ordens in Akkon bei.

Und der Zufall wollte es, daß der thüringische Ministerialensohn Hermann von Salza (r. 1209, † 1239) Hochmeister des Deutschen Ordens war.

Der Orden und sein Hochmeister waren auf der Suche nach einem Ordensstaat. König Andreas von Ungarn, Elisabeths Vater, hatte dem Orden im Burzenland Besitzungen übertragen, um von dort die Grenze gegen die heidnischen Kumanen zu verteidigen. Als König An-

dreas erkannte, daß es die Absicht des Ordens war, das
Burzenland aus dem ungarischen Königreich herauszulösen und darin von Papst Honorius unterstützt wurde, der das Ordensgebiet unter Recht und Besitz des heiligen Petrus stellte, war König Andreas stark genug, den
Deutschen Orden zu vertreiben.

Dann rief der polnische Herzog Konrad von Masovien
im Winter 1225/26 den Deutschen Orden gegen die
heidnischen Pruzzen zu Hilfe, die seine Nordgrenze be-
drängten.

Hermann von Salza sicherte sich diesmal besser ab. In
der »Goldenen Bulle von Rimini« ließ er sich durch ein
Privileg Kaiser Friedrichs II. die Ordensrechte in
Preußen bestätigen. Das gleiche gelang ihm im Vertrag
von Kuschwitz im Jahre 1230 mit Herzog Konrad von
Masovien, der dem Orden das Kulmer Land schenkte.
Die »Bulle von Rieti« (1234) von Papst Gregor IX. über-
wölbte die von Hermann von Salza geschaffene Ver-
tragskonstruktion, indem der Papst das Kulmer Land
und das eroberte oder noch zu erobernde Land in
Preußen unter den Schutz des Heiligen Stuhles stellte.

Damit war der Orden zu einer Territorialmacht im
Abendland geworden. Wie verführerisch mußte es für
den Landgrafen Konrad sein, in diesen Orden einzutreten, um dort die ludowingische Ostpolitik seiner Familie fortzusetzen, und zum anderen seine Zustimmung
zu der päpstlichen Verfügung zu geben, das Wittum seiner Schwägerin Elisabeth, das Marburger Hospital mit
seinen großen Liegenschaften, das den Franziskanern
zugefallen war, aus deren Besitz herauszulösen und als
Morgengabe dem Deutschen Orden zu überreichen.

Welches Ansehen mußte diese ludowingische Familien-
stiftung dem neuen Ordensritter innerhalb des Ordens
geben! Dabei fiel es gar nicht auf, daß die Stiftung, die
die Ludowinger erbrachten, ihnen gar nicht mehr gehör-

te, da das Erbe der Elisabeth dem Franziskanerorden zugesprochen worden war, wie es sicherlich dem frommen Sinn Elisabeths entsprach. Aber das war ein Problem, mit dem das landgräfliche Bruderpaar, vor allem aber der Deutsche Orden, mit Bravour fertig werden würde.

Jeder moderne Konzernherr muß die Fähigkeit und die intellektuelle Beweglichkeit der Landgrafen bewundern, die etwas verschenkten, was ihnen nicht mehr gehörte, und dennoch für sich und ihr Haus den höchsten Nutzen daraus erzielten.

Gelang es jetzt, das Landgrafenhaus durch eine Heiligsprechung Elisabeths zu erhöhen, so hatte man aus dem Leben der ungeliebten Schwägerin einen großen Erfolg für das Fürstenhaus gemacht.

Man war von den Aussichten des Geschehens so beeindruckt, daß man das Marburger Hospital zusätzlich mit reichen Schenkungen aus ludowingischem Besitz ausstattete: noblesse oblige.

Noch vor seinem Ordenseintritt reiste Landgraf Konrad an den päpstlichen Hof nach Rieti, um im Sinne einer Heiligsprechung Elisabeths vorstellig zu werden. Noch blieb er erfolglos. Doch ist zu vermerken, daß im gleichen Jahr der Papst in der »Bulle von Rieti« den Besitz des Deutschen Ordens im Kulmer Land und in Preußen unter seine Obhut nahm. Ist dies das erste diplomatische Meisterstück des Landgrafen Konrad im Dienste des Deutschen Ordens?

Nach Deutschland zurückgekehrt, trat Landgraf Konrad am Todestag seiner Schwägerin Elisabeth demonstrativ in den Deutschen Orden ein, mit ihm neun ritterliche Freunde. Deren adeliger Rang zeigte sich daran, daß einer von ihnen, Hartmann von Heldungen, Hochmeister wurde und Dietrich von Grüningen Heermeister des Deutschen Ordens in Livland.

Die ganze Inszenierung, der Ordenseintritt am Todestag

Elisabeths gemeinsam mit einer Ritterschar, beweist, daß auch Konrad, wie alle Ludowinger vor ihm, die Fähigkeit besaß, Politik effektvoll darzubieten.

Sogleich nach seinem Ordenseintritt sehen wir Konrad, begleitet von einigen Deutschherren, wieder beim Papst. Konrad erreicht jetzt die Übertragung des Marburger Spitals an den Deutschen Orden. Damit, so war die Ambition, kam das Wittum Elisabeths zwar nicht mehr in den unmittelbaren Familienbesitz der Landgrafen, aber es fundamentierte die Stellung des neuen Ordensritters Konrad in der Gemeinschaft des Deutschen Ordens und stand in einem sublimen Sinne in der moralischen Nutzung der landgräflichen Politik.

Und nun nahm alles den gewünschten Lauf. Der Kanonisierungswunsch für Elisabeth war nicht mehr das Verlangen eines deutschen Priesters und Kreuzzugpredigers, sondern wurde getragen von einer reichsfürstlichen Familie und durch den deutschen Hochadel in der Gestalt des Deutschen Ordens.

Schon im Januar 1235 setzte der Papst eine neue Kommission unter Leitung des Bischofs Konrad von Hildesheim ein, die eine neue protokollarische Aufnahme der Wunder, die so vielfältig am Grabe Elisabeths geschehen waren, durchführte. Unter Aufsicht der päpstlichen Kommissare, des Bischofs Konrad von Hildesheim, der Äbte Hermann von Georgenthal und Ludwig von Hersfeld, vernahmen Rechtsprofessoren die vier Dienerinnen der verstorbenen Landgräfin. Diese Aussagen, bekannt unter dem Namen »Libellus de dictis quatuor ancillarum S. Elisabeth confectus«, wurden zur Grundlage der Kanonisierungsakten.

In ihnen wurden die Aussagen der beiden Freundinnen Elisabeths, Guda und Ysentrud, beide adelige Damen, und der beiden Dienerinnen aus der Marburger Zeit, Elisabeth und Irmingard, festgelegt.

Auf die Aussagen der landgräflichen Familie wurde diplomatischerweise verzichtet, weil ihr Verhalten gegenüber der Heiligen wohl kein Ruhmesblatt für das Haus der Ludowinger gewesen wäre.

Seines Erfolges nunmehr sicher, zog der neue Ordensritter Konrad in Begleitung des Abtes Bernhard von Buch zum Papst und überbrachte die Kanonisierungsdokumente. Schon am 27 Mai 1235, am Pfingsttage, feierte die Kirche die Heiligsprechung Elisabeths. Die Kanonisierungsakten berichten:

»Nachdem im Konsistorium, in Gegenwart des Heiligsten Vaters Gregorius, der ehrwürdigen Patriarchen von Antiochia und Jerusalem sowie des verehrungswürdigen Senats der heiligen katholischen Kirche, nämlich der Brüder Kardinäle, durch die die Heilige Kirche regiert wird, und die Untertanen der Apostel und Diener Gottes, vieler Erzbischöfe und Bischöfe und verschiedener Prälaten die Zeugnisse veröffentlicht worden waren, wurde unter allgemeiner Zustimmung dekretiert, daß Elisabeth für würdig erachtet werden könne, auf den Leuchter der apostolischen Kanonisation gestellt zu werden mit dem Anrecht auf Echtheitserklärung versehen und geschmückt und in das Buch der Heiligen auf Erden eingetragen werden müsse.

Am heiligen Pfingsttag zog der selige Vater Gregorius mit allen oben angeführten Prälaten und vielen tausend Gläubigen in feierlicher Prozession mit Posaunen und Hörnern zum Haus der Dominikaner. Hier überreichte der obengenannte Konrad, einst Landgraf, dem das ganze Volk zugetan war, dem Herrn Papst, allen Prälaten und Ordensleuten große feierliche Kerzen; der großen Menge aber ließ er kleine Kerzen austeilen, die er später dem Hause der Dominikaner zukommen ließ. Es wurden dem Volk sowohl das Leben als auch die Wunder der Elisabeth vorgelesen, vom Kardinal-Diakon, wie es Vorschrift ist. Dieser diente dem höchsten Pontifex bei der Heiligen Wandlung. Unter rauschendem Beifall und Strömen von Tränen, die die himmlische Stadt [Perugia] erfreuten, unter dem feierlichen Gesang des Te Deums, dessen süße Weisen den Himmel bewegten, wurde in feierlicher Weise jene gesegnete unter den Frauen, die allen Lobes würdige Elisabeth, heilig gesprochen ... Der besagte Bruder Konrad lud ungefähr 300 Mönche zum Essen ein. Er ließ außerdem vielen entfernteren Klöstern, Eremiten sowie Schwestern vom Orden des heiligen Franziskus Brot, Wein, Fische und Milchspeisen in reichem Maße zukommen. Außerdem ließ er vielen Tausenden Armen Brot, Fleisch, Wein und Geld im Namen des Deutsch-Ordens zu Ehren Gottes in großzügiger Weise austeilen, was dem Herrn Papst sehr gefiel. Er lud ihn auch, wie bei seiner Ankunft, gnädig und wohlwollend zu Tische, was auch sehr selten ist, und ließ ihn an seiner Seite sitzen. Er sorgte auch in vornehmer Weise für sein Gefolge. Nachdem Konrad sämtliche Bittschriften der an der Kurie arbeitenden Armen entgegengenommen hatte, entließ ihn der Papst unter vielen Tränen, ihn segnend und umarmend und mit herzlichen Abschiedsworten.

Aber der Papst ließ viele Briefe nicht nur in das Heilige Reich, sondern in alle Reiche der Welt und Metropolen gehen und verkündete und veröffentlichte so die von der Kirche approbierten Taten Elisabeths.

Geschehen im Jahre der Gnade 1235.«[145]

Mit Posaunen und Hörnern, im Schein von vielen hundert Kerzen, wurde die Heilige der Armut zur Verehrung der Altäre erhoben. Ein großes Festmahl wurde gegeben, und die Heilige, die die »demutsvolle allerheiligste Armut« zum Weg der Heiligung gesucht hatte, wurde fest in die Welt von geistlicher und weltlicher Herrschaft und Pracht integriert.

DAS KETZERGERICHT DES KONRAD VON MARBURG

Das große Ziel Konrads von Marburg war erreicht. Sein Beichtkind, seine geistliche Tochter Elisabeth, war aufgestiegen zur höchsten Würde, die das christliche Abendland vergeben konnte: »Zur Heiligkeit«.

Die vielfachen Wunder an Elisabeths Grab sprachen ihre eigene, eindringliche Sprache. Im Verbund mit diesen Wundern, dem Ansehen des Deutschen Ordens und dem Einfluß des Landgrafenhauses, war die Heiligsprechung so rasch nach ihrem Tode erfolgt.

An Elisabeths Gloriole hatte Konrad von Marburg mitgewirkt durch Unerbittlichkeit, durch härteste körperliche Züchtigung und durch seelische Qualen, die er seiner geistlichen Tochter genauso gezielt wie seine Geißelhiebe versetzt hatte.

Aber sein Ruhm war voller Bitterkeit. Er hat ihn nie erlebt. Am 30. Juli 1233 wurde er ermordet.

Bereits im Jahre 1227 hatte der Papst in einem Schreiben vom 12. Juni Konrad befohlen, in Deutschland Ketzer zu suchen, um sie von den zuständigen Gerichten verurteilen zu lassen. In einem Schreiben vom 11. Oktober 1231 erweiterte der Papst Konrads Vollmachten mit dem Recht zur selbständigen Gerichtsausübung und zur Delegation bestimmter Verfahrensteile; weiterhin zur Anrufung des »weltlichen Arms« und zur Verhängung von Exkommunikation und Interdikt auch gegen die Protektoren von Ketzern.

Am 22. November 1231 übertrug der Papst die gleichen Kompetenzen an den Regensburger Dominikanerprior Burkhard und dessen Mitbruder Theoderich.[146]
Die Dominikaner müssen aber mit ihren Inquisitionsvollmachten sorgsamer umgegangen sein. Sie sind mit ihrem Wirken der geschichtlichen Erinnerung entglitten, nicht aber Konrad, der seine Vollmachten zu einem blutigen Höhepunkt in Deutschland dramatisierte.

Nun lag die Schuld dieser gnadenlosen Gerichtsbarkeit Konrads nicht nur in seiner Person und der ihr innewohnenden Härte, sondern auch in der Systematik der Inquisitionsgerichtsbarkeit, die die Päpste den Inquisitoren als juristisches Handwerkszeug geliefert hatten. Trotz der Komplexität der Probleme sei eine summarische Darstellung gewagt.

Die Grundlage des gesamten Gerichtsverfahrens, die Beweisaufnahme, fand in Abwesenheit des Angeklagten statt. Sie ging in einem Vorverfahren dem Hauptverfahren voran. Es wurden sogar Tatbeteiligte als Zeugen zugelassen. Schon im Jahre 1216 hatte der berühmte Bologneser Kirchenrechtler Tancred (* um 1185, † um 1236) befunden, daß bei Häresie- und Majestätsverbrechen das Zeugnis von »criminosi et infames«, also von Kriminellen und Ehrlosen, zulässig sei.

Papst Gregor IX. hatte in seinen Dekretalen niedergeschrieben, daß, wenn gegen Häretiker kein Schuldbeweis geführt werden konnte, schwerer Verdacht, »suspicio violenta«, zum Schuld- und Urteilsspruch ausreichte.

Leugnete der Angeklagte im Hauptverfahren, nachdem der Schuldbeweis im Vorverfahren ohne sein Wissen und seine Anwesenheit gegen ihn aufgebaut worden war, so galt die Leugnung als Schuldbeweis. Im übrigen genügte ja nach Papst Gregor bereits »suspicio violenta«, also schwerer Verdacht, um einen Schuldspruch zu fällen.

Man muß kein Jurist sein, um vor dieser für den Angeklagten aussichtslosen Rechtsprechung zu erschauern.
Der Erfinder dieser Justiz war Konrad von Marburg
nicht, wohl aber ihr gnadenloser Anwender.
So nennt ihn die Wormser Bischofschronik unter Her-
anziehung der im Jacobusbrief (2, 13) vom Richter geforderten Barmherzigkeit einen »iudex sine misericordia«
– einen Richter ohne Barmherzigkeit.
Sicher ist sich Konrad darüber klar gewesen, daß bei sol-
cher Handhabung des Rechts durch ihn Unschuldige unter seinen Opfern sein mußten. Dies wird erhärtet durch
folgende Überlieferung:
»Den ihre Unschuld standhaft Beteuernden [und die somit als hartnäckige Ketzer zum Scheiterhaufen verdammt waren] soll Konrad das Martyrium versprochen
haben, das heißt bei unrechtem Schuldspruch und Irrtum des Richters von Gott selbst rehabilitiert und in die
Reihe christlicher Blutzeugen aufgenommen zu werden.«[147]
Dies ist nun keineswegs die einzigartige Entgleisung des
erbarmungslosen Ketzerrichters Konrad, sondern ist tief
im Denken der Zeit verwurzelt. Als Zeugnis dafür steht
der berühmte Ausspruch, der dem Abt Arnaud-Amaury
von Citeaux, dem späteren Erzbischof von Narbonne,
nachgesagt wird. Bei der Eroberung von Béziers im Jahre
1209 wurde ihm die Frage gestellt, wie man Katharer
von Katholiken unterscheiden könne. Darauf seine Antwort: »Schlagt alle tot, Gott kennt die Seinen.«[148]
Doch auch dieser schreckliche Ausspruch ist nicht die
Worttat eines einzelnen.
Der spanische Dogmatiker und Kanonist Francisco Peña
(* um 1540, † 1612), Ratgeber Papst Clemens VII.
(1523–1524), Neuherausgeber des »Directorium inquisi-
torum« – des juristischen Grundlagenwerks der Inquisi-
tion, das auch gültig für die Hexenprozesse war, befaßte

sich in einer kommentierenden Bemerkung mit dem Problem, was zu geschehen habe, wenn ein Angeklagter durch falsche Zeugen der Häresie überführt werde und der Betreffende nach den Regeln des Ketzerinquisitionsverfahrens nur die Wahl habe zwischen falschem Geständnis und dem Scheiterhaufen. Der Rat Peñas ist: »... den ewigen Tod [Verlust der ewigen Seligkeit] dem zeitlichen – auf dem Scheiterhaufen – vorzuziehen; das bedauernswerte Opfer möge sich erinnern, daß ihm bei geduldiger Hinnahme von Unrecht und Todespein die Märtyrerkrone winke.«

Wir sehen also, die richterliche Haltung des Konrad von Marburg entsprach genau den Richtlinien des kirchlichen Inquisitionsverfahrens.

Bevor wir uns aber ob dieser uns barbarisch erscheinenden Geisteshaltung dem Genuß der moralischen Entrüstung hingeben, ist Nachdenken notwendig.

Wenn das Ziel menschlichen Lebens und Strebens die Überwindung der Welt, die Rettung der Seele in die ewige Seligkeit ist, dann sind der Ratschlag Francisco Peñas und die Haltung des Konrad von Marburg logisch und von innerer Notwendigkeit.

Zugegeben, man muß aus heutiger Sicht bei diesen Gedanken und Taten tief Luft holen. Dennoch, wenn wir nicht die absolute Priorität der Seele als Erbteil Gottes gegenüber dem erdgebundenen, vergänglichen Leib als Grundhaltung mittelalterlichen Lebens akzeptieren, werden wir nie Eingang in die Geisteswelt dieser Zeit finden.

Sind wir aber fähig, uns dieses Wertmaßstabes zu bedienen, so öffnen sich uns viele Türen zum Verständnis des Mittelalters und seiner Menschen.

Denn der Historiker will verstehen und nicht verurteilend moralisieren aus den scheinbar so unerschütterlichen Bastionen des eigenen Zeitgeistes heraus.

So wird uns auch unsere Heilige verständlich, die sich von den eigenen Kindern trennte, weil nichts zwischen ihrer Seele und Gott stehen sollte. Es wird verständlich, daß sie sich zu Tode arbeitete, sich verzehrte im Dienst an Armen und Kranken, die für sie der mystische Leib Christi waren. Und selbst der düstere Konrad von Marburg und der Geist, aus dem er seine blutigen Taten vollzog, werden wenn nicht verständlich, so doch erklärbar.

Magister Konrad hätte noch lange sein blutiges Wüten fortführen können, unterstützt von seinen schlimmen Helfern, den Laienbrüdern des Dominikanerordens, Konrad Dors und Johannes.

Die machten sich nicht einmal mehr die Mühe eines prozessualen Verfahrens, sondern behaupteten die Gabe zu haben, vom bloßen Sehen zu erkennen, wer ein Ketzer sei. So verbrannten sie wahllos, wen immer sie wollten.

Die Wormser Annalen äußern sich über Konrad und seine fanatischen Helfer:

»Das Volk sah dies, und von Furcht und Mitleid zugleich bewegt, fragte es: ›Warum geht ihr also vor?‹ Jene gaben die entsetzliche Antwort: ›Hundert Unschuldige wollen wir verbrennen, wenn nur ein Schuldiger darunter ist.‹ Da erzitterte das Land vor ihnen, und auch Mächtige waren machtlos.«[149]

Aber doch nicht ganz!

Der Fehler Konrads und seiner Mordgenossen war: Sie griffen hoch, zu hoch, nämlich in den hohen Reichsadel hinein.

Hatte man bis dahin seinen Ketzerwahn und Blutrausch an kleinen Leuten ausgelassen, so wagte man sich jetzt an den hohen Adel. Zunächst schien man Erfolg zu haben. Vor Konrads Gericht wurden zitiert: die Grafen Solms, Arnsberg und Sayn. Dem blutigen Charisma Konrads gelang es, daß Graf Solms, obwohl unschuldig, sich der Ketzerei schuldig bekannte, nur um das nackte Leben zu retten.

Aber einer trat dem Tyrannen entgegen. Graf Heinrich von Sayn, ein Mann aus härterem Stoff, ein guter Katholik und eine Stütze des erzbischöflichen Stuhles von Mainz.

Konrad hatte den Grafen Heinrich von Sayn vor sein Inquisitionsgericht gerufen. Doch dem gelang es, sich diesem Tribunal zu entziehen.

Auf dem Hoftag zu Mainz am 25.7.1233 unter Vorsitz König Heinrichs VII. (1222–1235) stellte er sich seinen fürstlichen Standesgenossen in einem Prozeß in Form eines formalen Klageverfahrens nach deutschem Recht mit Konrad von Marburg als Ankläger.

Konrad erlitt eine entscheidende Niederlage. Da er nunmehr nicht mehr Ankläger und Richter in einem war, widerriefen seine Zeugen ihre früheren, erpreßten Aussagen, oder sie wurden als Todfeinde des Grafen erkannt und dadurch zeugnisunfähig.

Die Anklage Konrads brach zusammen. Der Widerstand des Hochadels dokumentierte sich in der Verlautbarung des Erzbischofs Dietrich II. von Trier (1212–1242), selber ein Graf von Wied, der dem Hof- und Gerichtstag, vor allem dessen plebejischem Ankläger, erklärte: »Mein Herr, der König, wünscht, daß die Sache vertagt werde. Graf Sayn geht von hier zurück als ein gutkatholischer Mann und als nicht überführt.« Konrad, im Vollgefühl seiner Macht – tatsächlich stand Papst Gregor IX. noch immer hinter ihm –, predigte jetzt den Kreuzzug gegen die Ketzer. Dies geschah gegen den ausdrücklichen Wunsch der drei Erzbischöfe von Köln, Mainz und Trier, die ihn beschworen: »ut moderatius et discretius in tanto negotio se gereret.«

Es gehörte schon ein besonderes Maß bornierter Hybris dazu, diesen Aufruf der drei rheinischen Kirchenfürsten zu maßvollerer Prozeßführung zu überhören.

Wegen Konrads gnadenloser Prozeßführung, sicher auch aus Zorn darüber, daß der plebejische Priester es gewagt hatte, den deutschen Hochadel anzugreifen, entsandten König Heinrich, der Sohn Kaiser Friedrichs II., und die deutschen Reichfürsten den Speyrer Domscholaster Konrad an die römische Kurie, um ein päpstliches Votum gegen Konrad von Marburgs Form der Inquisationsgerichtsbarkeit zu erwirken.

Tatsache ist, daß es von Papst Gregor IX. oder der Kurie keine mißbilligende Äußerung über Konrads Inquisitorentätigkeit gab, vielmehr hatten Papst und Kurie seine Ketzergerichtsbarkeit mitgetragen. Ja Papst Gregor pries ihn als Brautführer der Kirche (paranymphus ecclesiae), Diener des Lichts (minister luminis) und Spürhund des Herrn (dominicus canis). Um die Verworrenheit der Rechtsauffassungen im Reich vollkommen zu machen sei daran erinnert, daß auch Kaiser Friedrich II. im März 1232 die Ketzerverbrennung zum Reichsgesetz erhob.[150]

DER TOD DES UNERBITTLICHEN

Nach dem Hof- und Gerichtstag zu Mainz waren Konrad und seine beiden Trabanten die meistgehaßten Männer im Land. Das Angebot des Königs und des Erzbischofs von Mainz, ihm eine militärische Eskorte zu geben, lehnte der verblendete Mann in seiner Realitätsferne ab. So kam, was kommen mußte. Die Adelsfronde hatten sich organisiert. Auf dem Rückweg nach Marburg wurde Konrad wenige Kilometer vor seinem Ziel überfallen und erschlagen. Als Attentäter galten die Grafen von Döhrenbach, die Grafen von Sayn und ihr jeweiliger Anhang. Den Tod Magister Konrads schildert uns Cäsarius von Heisterbach:

»Am Ende wurde er von einigen, die er der Häresie bezichtigt und vor Gericht gerufen hatte, auf sehr grausame Weise ermordet. Mit ihm wurde ein Mönch aus dem Orden der Minoriten [Franziskaner] namens Gerardus erschlagen. Dieser Mönch hatte dem Magister Konrad seit etlichen Jahren bei seiner Tätigkeit als Prediger getreulich beigestanden. Als der Überfall geschah, klammerte sich Gerardus voll Liebe an den Magister Konrad. So fest hielt er sich an seinen Herrn, daß die Mörder, die ihn schonen wollten, ihn nicht von seinem Gebieter trennen konnten; so kam er mit ihm um.

Und da sie sich im Leben geliebt und geschätzt hatten, wurden sie auch im Tode nicht voneinander geschieden: An demselben Orte wurden sie ermordet, und an dem gleichen Orte wurden sie begraben, und zwar in der Basilika der heiligen Elisabeth.«[151]

Das Erstaunliche an diesem Geschehen ist, daß dieser harte, gnadenlose Mann doch in der Lage war, Liebe zu erwecken. Denn Liebe muß es doch wohl gewesen sein, wenn der junge Gerardus Lützelkolb nicht von seinem Meister lassen wollte, ihn mit seinem Leibe deckte und mit ihm in den Tod ging.

Es ist der gleiche Gerardus, der im Kloster Altenberg Elisabeth und Irmingard prügeln mußte, während der Magister Konrad mit dem frommen Gesang des »Miserere« das schlimme Geschehen begleitete.

Die mörderischen Spießgesellen Konrads von Marburg ereilte das gleiche Schicksal. Der einäugige und einhändige Johannes wurde im Elsaß von einem Opfer erstochen, Konrad Dors in Hessen erhängt.

Es fällt schwer, einen Mord gutzuheißen. Jedoch ist es eine nicht zu leugnende Tatsache, daß nach der Ermordung des Magisters Konrad der Verfolgungswahnsinn von Ketzergericht und Ketzerverbrennung erlosch wie ein ausgetretenes Feuer. Ein zeitgenössischer Bericht sagt:

»Seitdem hörte jene furchtbare Verfolgung auf, und die schrecklichen Zeiten, denen seit den Tagen des häretischen Kaisers Constantius und des abtrünnigen Julian keine anderen gleichkamen, fingen an, sich freundlicher zu gestalten.«[152]

Mit der Ermordung Konrads erlosch die Ketzerjagd in Deutschland, bis in der Mitte des 15. Jahrhunderts die großangelegten Hexenprozesse als neuer tödlicher Wahn das Land überfluteten.

Einzig Papst Gregor IX. hat den Tod seines Inquisitors beklagt. Er exkommunizierte die Mörder Konrads und forderte in vielen Briefen an den deutschen Episkopat die Fortsetzung der Ketzerverfolgungen.

Aber die deutschen Kirchenfürsten, mit Ausnahme des Bischofs Konrad von Hildesheim (1221–1246), versagten sich den päpstlichen Forderungen.

Die spätere Kirche hat sich von Konrad von Marburg distanziert und ihn dem Vergessen überlassen. Heiligkeit hat er nie erlangt, anders als etwa der zeitgenössische päpstliche Inquisitor von Mailand und Como, Petrus Martyr (* um 1205, † 1252), der, von Katharern und Ghibellinen ermordet, schon ein Jahr später zur Verehrung der Altäre erhoben wurde.

Einziger Vorzug Konrads war, daß er mit seinem Gehilfen Gerardus an der Seite seiner geistlichen Tochter – oder seines Opfers, ganz wie man es sehen will – begraben wurde.[153]

Die Häresien des 12. und 13. Jahrhunderts

Wenn die Kirche die Häresien mit wütender Energie bekämpfte, so darum, weil sie nach ihrer eigenen Definition darin das Werk des Teufels sah und sehen mußte. Denn der Teufel spielt in den dualistischen Häresien der Zeit eine entscheidende Rolle, als Herr der Welt, als Gott neben Gott.

Das Wuchern häretischer Sekten im 12. und 13. Jahrhundert hat mancherlei Gründe.

Im Kampf zwischen Kaiser und Papst hatten beide Institutionen, die tragenden Säulen der mittelalterlichen Welt, Schaden genommen. Hinzu kam der bereits dargestellte Verfall kirchlicher und monastischer Ordnungen. Hildegard von Bingen (* 1098, † 1179), Heilige und prophetische Mystikerin, ruft: »Gottes Gericht wird sich vollstrecken; Kaisertum und Papsttum verfallen, werden zugrunde gehen.«

Die Mystikerin Elisabeth von Schönau (* um 1129, † 1164) klagt: »Der Rebstock des Herrn ist verdorrt – das Haupt der Kirche ist krank und ihre Glieder abgestorben.«[154]

So künden die Heiligen. Wie mag erst der einfache Zeitgenosse Welt und Epoche empfunden haben?

Doch nicht nur der Kampf zwischen Kaiser, Papst und Kirche vermehrte die Ängste des christlichen Volkes. Auch die katastrophalen Fehlschläge der Kreuzzüge förderten die Zweifel am Sendungsauftrag der Kirche.

Das Sektenwesen durchdrang das ganze Abendland.

Berthold von Regensburg (* um 1210, † 1272), größter Volksprediger des deutschen Mittelalters und tatkräftiger Gehilfe des Albertus Magnus (* um 1200, † 1280) in der Kreuzzugspredigt gegen die Ketzer, bezifferte die Zahl ketzerischer Sekten im 13. Jahrhundert auf hundertfünfzig.[155]

Alleine in Mailand zählte man siebzehn neue Religionsgemeinschaften. Einige Sekten leugneten die Wunder, das Sakrament der Taufe, die Wirksamkeit von Gebeten an Heilige und am schlimmsten: »die Gegenwart Christi in der Eucharistie«.

Manche verachteten die Ehe, waren von rigoroser Leibfeindlichkeit, fast allen gemeinsam aber war die Forderung nach evangelischer Armut.

Sie begnügten sich nicht damit, für sich selber die Armut zu erwählen, wie es Elisabeth getan hatte, sondern sie forderten die Armut für die gesamte Kirche. Wer aber den Besitzstand der Gesamtkirche in Frage stellte, manövrierte sich selbst ins Abseits und provozierte den Häresievorwurf der Kirche.

Einer der bedeutendsten Verfechter einer armen Kirche, die ganz in evangelischer Armut leben sollte, war Arnold von Brescia (* um 1100, † 1155), Schüler des großen Abaelard (* 1179, † 1242); er verwarf die reiche kirchliche Hierarchie mit ungestümem Angriff.

Er predigt nicht im dogmatischen Sinne Häresien, er war der kompromißlose Prediger gegen Simonie, Reichtum und Verweltlichung des Klerus und verneinte sogar die Konstantinische Schenkung. Auch andere Prediger der Kirche stellten diese Forderungen, ohne dem Häresievorwurf zu verfallen. Es war wohl Arnolds Unbedingtheit und die Tatsache, daß er die Forderung nach Stadtfreiheit für Rom gegen die päpstliche Stadtherrschaft unterstützte und so in die politischen Verstrickungen der Zeit geriet.

Er fiel 1155 in die Hände Kaiser Friedrich Barbarossas, der ihn dem päpstlichen Stadtpräfekten auslieferte. Dieser ließ ihn hängen, seine Leiche verbrennen und die Asche in den Tiber schütten.

Doch dieses Urteil galt mehr dem Verfechter römischer Stadtfreiheit als dem Ketzer. So ist es folgerichtig, wenn Ferdinand Gregorovius ihn nicht in die Reihe der großen Häretiker, sondern in die der großen Freiheitskämpfer stellt, wenn er sagt: »Arnold überragt durch die Größe seiner Zeit wie durch die Macht seiner Gedanken alle Kämpfer für die Freiheit Roms, die nach ihm aufgetreten sind.«[156]

Doch solch tragische Gestalten bevölkern das ganze Mittelalter. Schauen wir nun in die großen Häresien hinein, die die Zeit und die Kirche bis in ihre Grundfesten erschütterten.

Die Katharer

Die katharische Lehre greift tief in die Vergangenheit des Manichäertums, einer Religion, gestiftet von Mani (* 216, † 274/77).

Sie suchte das Heil im Wissen und in der Erkenntnis und beruht auf einem radikalen Dualismus. Welt und Menschen sind schlecht. Sie sind eine unnormale Vermischung zweier konträrer Prinzipien: Geist (d. i. Gott) und Materie – Gut und Böse – Licht und Finsternis. Ziel menschlichen Strebens ist es, die Materie zu überwinden und zum reinen Geiste zu gelangen.

Der manichäische Dualismus wurde aufgenommen von den Bogomilen, den Anhängern einer Bauernreligion, gepredigt vom bulgarischen Dorfprediger Bogomil.

Das Bogomilentum sprang von Bulgarien auf den ganzen europäischen Kontinent über und verband sich mit den frühen häretischen Armutsbewegungen eines Petrus de Bruys († 1126) und eines Heinrich von Lausanne, wortgewaltiger Armuts- und Ketzerprediger des frühen 12. Jahrhunderts.

Auch für die Bogomilen war die Welt böse. Satan, der Sohn Gottes und daher Bruder Christi, war von Gott abgefallen und hatte die Erde erschaffen. Darum mußte die Erde, Satans Werk, böse sein. Die Bogomilen lebten ein Büßerdasein in Bettelei, unstetem Wandern und verströmten sich in Gebet und Verinnerlichung.

Ihre gelebte evangelische Armut und die Einheit von Wort und Tat faszinierten die Menschen.

Der Glanz der Kirche, ihr Reichtum, ihre Sakramente und Bilderpracht wurden verdammt.

Auch vom Staat und dem Reichtum der Besitzenden wandten sich die Bogomilen ab. Für sie, die bescheidenen, demütigen und wahrhaften Christen, bot die Welt nur Verfolgung, Jammer und Tränen.

Noch bestand kein festes Lehrgebäude. Die Frage wurde diskutiert, ob Satan nur Gottes gefallener Sohn oder eigener, allmächtiger Gott sei. Die Anhänger eines satanischen Gottes fanden sich in der dragowitischen Kirche, einer Radikalisierung der bogomilischen Häresie, zusammen.

Die Bogomilen hielten Christus für einen Engel und sich selbst für in der Welt gefangene, durch Seelenwanderung zu erlösende Engelsseelen. Im 12. Jahrhundert wurden die Bogomilen aus dem Balkan vertrieben und richteten sich verstärkt nach dem Abendland aus.

Der Abt Everin von Steinfeld berichtet in einem Brief an Bernhard von Clairvaux von Häretikern, die im Jahre 1143 in Köln aufgetreten und verhört worden sind. Er war von ihren Glaubensinhalten beeindruckt. Der Kölner Kirche gelang es, die meisten Ketzer zur Buße und zur Umkehr zu bewegen.

Der »Ketzerbischof« und seine engeren Begleiter verlangten aber eine öffentliche Disputation und Leitung durch Erzbischof Arnold von Randerath (1137–1151).

Der Kölner Klerus versagte sich diesem Verlangen und setzte seine Bekehrungsbemühungen fort. Da schlug der Pöbel zu und schleppte, wie oft in den Ketzerprozessen des 12. Jahrhunderts, die Ketzer zum Scheiterhaufen.

Gegenüber ihren Richtern hatten die Ketzer ihre Behauptungen durch Zitate aus den Evangelien und Worte der Apostel zu erhärten versucht.

Weil sie überzeugt waren, evangelienmäßig, das heißt nach dem Vorbild der Apostel, zu leben, beanspruchten sie für sich, die wahre Kirche, die echte Gefolgschaft Christi darzustellen. Denn sie fragten nicht nach den Gütern der Welt und besaßen, wie Christi Jünger, weder Haus noch Acker, noch Vieh. Der katholische Klerus dagegen bringt Haus auf Haus und Acker auf Acker in seinen Besitz und häuft seinen Reichtum; mögen die Ordensleute, Mönche und Kanoniker diesen Besitz nicht als Eigentum haben, so besitzen sie ihn doch als Gemeinschaft.

Sie aber, die Ketzer, sind die »Armen Christi«, die unter Verfolgungen wie die Märtyrer ruhelos und entsagungsvoll von Ort zu Ort ziehen, Tag und Nacht in Gebet und Arbeit, zufrieden, wenn sie nur ihren Lebensunterhalt erwerben. Voll unerschütterlicher Zuversicht und Glaubensbereitschaft sind diese Ketzeraussagen, die der Abt Everin aufgezeichnet hat.[157]

Vor dem Hintergrund der Kirche in ihrer Pracht und Weltgeltung und dem Zerrbild eines teilweise lasterhaften Klerus war die Wirkung der frommen Ketzer auf das christliche Volk gewiß. Hier wurde das, was ansonsten gepredigt wurde, beispielhaft als die Nachfolge Christi gelebt.

Die Gefahr für die Kirche war offensichtlich. Die Ketzer erkannten nur die Weisungen der Evangelien und der Apostel für sich als verbindlich an. Der gesamte Überbau der Kirche aus Sakramenten in ihrer katholischen Form, Heiligenverehrung, Fürbitte, der Fegefeuer-Lehre, die sich ja erst im 11. Jahrhundert konkretisiert hatte, wurde beiseite geschoben. Das ganze Ordnungssystem der Kirche, die Frage nach der Ordination von Bischöfen und Priestern, praktisch die gesamte Hierarchie der »ecclesia« wurde abgelehnt. Sie, die »Armen Christi«, die Ketzer, waren das Gottesvolk und die wahre Kirche. Im Laufe des 12. Jahrhunderts war über die Bogomilen der Dualismus, namentlich bei den Katharern, von denen das Wort Ketzer abstammt, in den Ketzerglauben eingeflossen. Eine Religion, die Satan zum Gott machte, zumindest aber als Christi Bruder ansah, mußte schärfste Ablehnung der Kirche finden. Von da an war es abgemachte Sache, daß für Rom und den Klerus die neue Ketzerei Teufelswerk war.

Dennoch fraß sich die katharische Lehre und das Vorbild der gelebten evangelischen Armut wie ein Schwelbrand durch Europa.

Die »novi haeretici« erreichten 1147 das Périgord. Sie etablierten Gemeinden in Nordfrankreich. Von dort missionierten sie bis in die Lombardei und schließlich in die Toskana. Sie bildeten, was sie bislang bei der katholischen Kirche verschmäht hatten, katharische Bistümer in Nord- und Südfrankreich und auch in Italien. In Anlehnung an das Bogomilentum formte sich die katharische Lehre aus.

Ihr Glaubenskern war ein radikaler Dualismus. Gott war das positive Prinzip, das Prinzip des Geistes, und Satan das negative Prinzip der Materie. Aus der Gegensätzlichkeit beider Prinzipien erklärt sich ihr unausweichlicher Kampf.

In einer Reihe mythischer Erzählungen versuchte man diesen Kampf zu deuten. Sie kreisen darum, daß der Geist des Bösen sich in die Reihe der Engel des guten Gottes einschlich und deren Zuneigung gewann.

Er stieg zum Anführer der Engel auf, und indem er diesen irdische Freuden versprach – Reichtum, Macht und Genuß –, konnte er sie zum Aufstand gegen Gott bewegen. In dem schicksalhaft notwendigen Kampf gelang es den treugebliebenen Engeln des guten Gottes, die Aufrührer zu besiegen. Sie wurden auf die Erde verstoßen und waren verdammt, in der Gebundenheit der Materie zu leben.

Gott in seiner Güte wollte die gefallenen Engel erretten.

Der gute Engel »Jesus« war bereit, diese Aufgabe zu übernehmen. Er stieg zur Erde, das heißt zur Hölle, hinab, wo der Geschehensablauf einsetzte, von dem die Evangelien berichten.

Ein Teil der Lehre sah den rettenden Engel »Jesus« mit einem irdischen Leib ausgestattet, andere erblickten in ihm den reinen Geist, dessen materieller Körper nur Scheingebilde war. So wurden die Leiden Jesu zu einfachen Erscheinungen und nicht zur erlittenen Erlösungstat.

In der Befolgung der Lehre Jesu und durch den Empfang eines Sakramentes (»consolamentum«), einer Geistübertragung durch Handauflegung, fand beim Tode die Erlösung und die Rückkehr zu den Scharen der himmlischen Engel statt.

Diejenigen, denen die reine Befolgung von Jesu Lehre nicht gelungen war, wurden nicht erlöst, sondern nach ihrem Tode als Menschen wiedergeboren, allerdings mit der Hoffnung, durch einen erneuten, vollkommenen Lebenswandel nunmehr Erlösung zu erlangen.

Wer aber im Leben hartnäckig die Gebote Jesu übertreten hatte, inkarnierte sich, je nach Schwere seiner Vergehen, in edle oder unreine Tiere. Doch die Lehre barg in sich den sicheren Glauben, daß alle vom Himmel gestürzten Geister aus der Materie des Menschlichen Erlösung finden konnten.

Die Moralgesetze der Katharer forderten Enthaltsamkeit im Geschlechtsverkehr und von Speisen, die aus Fleisch bestanden oder im weitesten Sinne Ergebnisse einer geschlechtlichen Vereinigung waren wie Eier, Milch oder Käse. Ebenso waren verboten Krieg und Kampf, Mord und Arbeit.

Die Gruppe, aus der sich die Bischöfe und Priester herausbildeten, waren die »perfecti«, die Vollkommenen, die in absoluter Askese lebten und bei ihrer Weihe gelobten, Eltern, Weib und Kinder zu verlassen, nie ein Tier zu töten und den ganzen Katalog von Moral- und Speisegeboten genau zu beachten.

Die Gläubigen (»credentes«) waren Anhänger, die bereit waren, die Gelübde später abzulegen. Ihnen war die Ehe erlaubt, aber, und hier wurde die Sekte aggressiv, sie mußten die katholische Kirche verlassen als Auftakt auf dem Wege zum vollkommenen Leben.

Die »perfecti« erteilten das Sakrament des »consolamentum«, das die Seele von der Sünde befreite und der Schlüssel zur Erlösung war.

Es bürgerte sich ein, die Spendung des Sakraments so lange hinauszuschieben, bis man den Tod nahen fühlte. Es galt als Unglück, nach Erhalt des »consolamentums« von einer schweren Krankheit zu genesen und so der Gefahr ausgesetzt zu sein, wieder in Sünde zu verfallen.

Es gibt Überlieferungen, die behaupten, die Priester hätten genesenden Kranken empfohlen, sich zu Tode zu hungern, um der sicheren Erlösung nicht verlustig zu gehen. Manchmal sollen sie mit Zustimmung der Patienten Genesende erstickt haben, damit die Erlösung nicht durch ein Weiterleben und dem damit verbundenen Rückfall in die Sünde gefährdet werde.

Anscheinend wurde der Rückfall in die Sünde als unvermeidbar angesehen, was nicht nur auf die Sündhaftigkeit des Menschen hinweist, sondern auch die Rigorosität des Sündenkatalogs erklärt.

Als sich die Sekte ausbreitete und sich Organisationsformen schaffen mußte, ließ man sich von der Bogomilenkirche auf dem Balkan einen »perfectus« kommen, der auf dem Konzil von St.-Felix-de-Caraman (um 1170) den radikalen Dualismus durchsetzte und Katharerbischöfe weihte.

Dieser »perfectus« Niketas wirkte auch in der Lombardei. Dort bekehrte er die Katharer und ihren Diakon

Markus zum radikalen Dualismus, der den Satan als Gott neben Gott stellte. Markus wurde von den Katharern zum Bischof gewählt und von Niketas geweiht. Dann kehrte er wieder nach Osten zurück, wo er bald verstarb. Auch der von ihm geweihte Bischof Markus verschied, aber vorher hatte er einen Mann namens Johannes Judaeus zum Bischof geweiht. Bald darauf erschien der Bogomile Petrakios in der Lombardei beim Katharerbischof Johannes Judaeus und brachte die schlimme Kunde, daß der Bogomilenbischof Simon, der einstmals den Niketas geweiht hatte, mit einer Frau »in flagranti« erwischt worden war.

Ein »Domino-Effekt« trat ein. Hatte Niketas die Weihen von dem sündigen Simon erhalten, so war nicht nur seine, des Niketas Weihe, nichtig, sondern alle Weihen, die er durchgeführt hatte. Der Bischof Johannes Judaeus trat daraufhin zurück. Man einigte sich auf einen neuen Bischofskandidaten namens Garettus. Dieser wollte sofort nach Bulgarien reisen, um sich von einem Bogomilenbischof weihen zu lassen. Doch zuvor wurde er von zwei Zeugen beim Schäferstündchen mit einer Frau entdeckt. Die italienischen Katharer spalteten sich. Die Katharerkirche in Italien hat sich von diesem Schlag nicht mehr erholt. Man sieht, auch die »Vollkommenen« hatten das uralte Problem mit der ewigen Eva.

Anders die Katharerkirche in Südfrankreich. Hier hatte die Politik in das Katharertum hineingewirkt. Die südfranzösischen Barone, nur durch lose Lehensbande mit der französischen Krone verknüpft, witterten reiche Beute. Förderte man die Kirche der Katharer, die sich ja dem evangelischen Armutsgebot unterwarf, so konnte man den riesigen Landbesitz der katholischen Kirche einziehen – vielleicht sollte man sagen: rauben. Im Jahre 1171 plünderte der Vicomte Roger II. von Béziers eine Abtei und warf den katholischen Bischof von

Albi in den Kerker. Raymond Roger, Graf von Foix, eiferte ihm nach und vertrieb die Mönche aus der Abtei Pamiers. Graf Raymond VI. von Toulouse zerstörte mehrere Kirchen, verjagte die Mönche der ehrwürdigen Abtei St. Pierre zu Moissac, einer Merowingergründung, und brachte sie in seine Gewalt.

Der Kirchenbann störte die südfranzösischen Barone nicht, fanden sie doch ihre geistliche Unterstützung bei der neuen Kirche der Katharer, für die die katholische Kirche »eine Rotte von Hurern und Fressern, Hunden und Schweinen war, die ihre riesigen Einkünfte mit Ehebruch und Völlerei verpraßten und die Christi Evangelium vom Pferd herab verkündigten.[158]

Im Frühjahr 1181 holte die katholische Kirche zum Gegenschlag aus. Der Kardinallegat Heinrich, Abt von Clairvaux, führte ihn. Ein Kreuzzug gegen den Vicomte Roger II. von Béziers und Carcassonne, einen der schlimmsten Feinde der katholischen Kirche, wurde ausgerufen. Der Erfolg blieb gering.

Nun entsandte der Papst eine Schar Zisterzienseräbte als Prediger gegen die katharische Ketzerei in Südfrankreich. Aber auch diese großen Glaubensmänner und Verkünder des Wortes blieben erfolglos.

Als am 16. Februar 1208 der päpstliche Legat in Südfrankreich, Petrus von Castelnau, von Gefolgsleuten des Grafen Raymond von Toulouse, dem Förderer der Katharer, erschlagen wurde, war dies das Fanal, daß die Zeit der Predigt und des Wortes beendet war.

Papst Innozenz III. (1198–1216) rief geistliche und weltliche Herren gegen die Katharer zum Kreuzzug auf, der am 24. Juni 1209 begann.

Besonders der kleine und mittlere Adel aus Frankreichs Norden folgte dem Kreuzzugsruf. Doch es war nicht nur Glaubenseifer, der die französische Ritterschaft aus dem Norden nach Süden ins Katharerland trieb.

Dort standen die Güter der katharischen Barone als Lohn für den Sieger bereit. Simon von Montfort (* um 1165, † 1218) war als Anführer des Kreuzzuges auch das Urbild jener Ritterschaft, die mit grausamer Härte den Eroberungs- und Vernichtungsfeldzug führte.

Simon, der kleine Adelige aus der Ile-de-France, stieg auf zum Grafen von Toulouse. Bei der Belagerung seiner eigenen Hauptstadt, aus der ihn ein Aufstand vertrieben hatte, fand der unerbittliche Condottiere des Papstes im Juni 1218 den Tod.

Zuvor aber führte er sein Heer zum Sieg. Am 22. Juli 1209 wurde Béziers erstürmt und ertrank in Katharerblut. Dann erfolgte die Eroberung von Carcassonne. Vom 10. bis zum 12. September 1213 gelang den Kreuzfahrern der große Sieg bei Muret. König Peter II. von Aragon (1196–1213), der seinem Schwager Raymond von Toulouse zu Hilfe geeilt war, fiel in der Schlacht. Der Glaubens- und Einigungskrieg Frankreichs, denn das war dieser Kreuzzug in Wirklichkeit, schleppte sich dahin, bis König Ludwig VIII. von Frankreich (1223–1226) im Januar 1226 das Kreuz nahm.

Nunmehr stand hinter dem Glaubenskrieg die Autorität des französischen Königtums. Trotz des Todes des Königs im Dezember 1226 setzte seine Frau Blanca von Kastilien, eine Enkelin der glanzvollen Eleonore von Aquitanien, die Ansprüche der Krone durch. Im April 1229 unterwarf sich Graf Raymond VII. von Toulouse und durfte seine territorial reduzierte Grafschaft wieder zu Lehen nehmen. So stellt sich der Glaubenskrieg im wesentlichen als erfolgreicher Einigungskrieg des französischen Königreiches dar. Den Preis bezahlten die Südfranzosen mit Strömen von Blut und der Vernichtung ihrer eigenständigen okzitanischen Kultur.

Die katharische Häresie war damit aber noch nicht ausgerottet. Der geniale Papst Innozenz III. hatte schon lange erkannt, daß das geistige Phänomen der Ketzerei nur mit geistigen Waffen überwunden werden konnte.

Jacob Burckhardt sagt in seinen »Weltgeschichtlichen Betrachtungen«: »Die Häresie ist ein Zeichen, daß die herrschende Religion dem metaphysischen Bedürfnis, das sie einst geschaffen hat, nicht mehr entspricht.«[159] Das metaphysische Bedürfnis des christlichen Volkes zu erfüllen, das war die Aufgabe, die Papst Innozenz III. und die ihm nachfolgenden Päpste als Zeichen erkannt hatten.

Im Dominikanerorden fanden sie die machtvollen Prediger, die den Glauben wieder erfaßbar machten. Vor der gelebten Armut der Franziskaner, vor ihrer liebevollen Hingabe an Gott, Mensch und jegliche Kreatur verflackerten schließlich die Feuer der Häresie.

Man kann sagen, daß diese beiden großen, glaubenserneuernden Orden in Wahrheit die Überwinder der katharischen Häresie waren und nicht die Waffen des Kreuzzugheeres.

Auch die heilige Elisabeth hatte den evangelischen Armuts- und Liebesglauben der beiden großen Orden gelebt, und sicher wurde ihre Heiligsprechung trotz aller weltlicher Einflüsse von der Erkenntnis getragen, daß ihr Armutswille, ihre sich selbst aufopfernde Liebesfähigkeit, Teil der moralischen Kraft war, die dem christlichen Volk die katholische Religion und ihre Kirche wieder glaubhaft gemacht hatte.

Die Waldenser

Petrus Waldes († vor 1218) war ein Kaufmann aus Lyon, der durch Wucher reich geworden war. Um 1173 oder 1176 änderte er sein Leben, als er von einem fahrenden Sänger die Legende vom heiligen Alexius hörte. Alexius, Sohn eines reichen Vaters, verließ seine ihm frischvermählte Frau, um ein Leben in heiliger Armut zu führen. Nach Jahren kehrte er unerkannt ins Elternhaus zurück, wo er unter einer Treppe lebte und dort in Armut starb. Zusätzlich zu diesem Erlebnis entfachten die Worte des Matthäus-Evangeliums in Waldes die religiöse Leidenschaft. Er folgte dem Wort des Herrn: »Willst du vollkommen sein, so verkaufe alles, was du hast, und gib's den Armen.«[160]

Petrus Waldes versorgte seine Frau und seine beiden Töchter, dann gab er hin, was er hatte, und wurde Prediger der evangelischen Armut.

Er gab Bibelübersetzungen in Auftrag: einmal, um sie zu verschenken, zum anderen, um nach der Bibel predigen zu können.

Damit aber war er in die Vorrechte des Klerus eingedrungen, denn das Recht der Predigt war dem Papst, den Bischöfen und den von ihnen geweihten Priestern vorbehalten.

Waldes und seine Anhänger suchten beim Papst die Entscheidung. Papst Alexander III. (1159–1181) empfing und umarmte Petrus Waldes sogar und billigte seine Gelübde zu freiwilliger Armut, versagte aber ihm und seinen Anhängern die Erlaubnis zur Predigt, es sei denn, sie würden von ihrem Ortsgeistlichen dazu ermuntert.[161] Da die örtlichen Geistlichen in den Waldenser-Predigern aber eine unqualifizierte Konkurrenz sahen, war deren Ermunterung äußerst unwahrscheinlich, so daß die päpstliche Entscheidung einer Verweigerung gleichkam.

Zunächst blieben die Waldenser in der Kirche. Vor dem päpstlichen Legaten Henry de Marcy legte Waldes auf einem Diözesankonzil zu Lyon das Glaubensbekenntnis ab. Es ist festzuhalten, daß die Waldenser zunächst keine Häretiker waren. Indem sie jedoch das Predigtverbot durchbrachen und gegen den sündhaften Kirchenklerus predigten, stellten sie sich gegen Papst und Kirche und wurden auf der Synode zu Verona im Jahre 1184 von Papst Lucius III. mit anderen Ketzern exkommuniziert.

Jetzt verwarfen die Waldenser die kirchliche Lehrautorität und ließen von den Sakramenten nur die Buße, die Erwachsenentaufe und das Abendmahl gelten.

Dem päpstlichen Legaten Henry de Marcy ist es nicht geglückt, die Waldenser in ihrer Gesamtheit dem Ordnungssystem der Kirche zu erhalten, so wie es dem Kardinal Hugolin von Ostia, dem späteren Papst Gregor IX., mit Franziskus und dem Franziskanerorden gelungen war.

Es gehörte zu den tiefsten Grundüberzeugungen der mittelalterlichen Kirche, und diese Überzeugung dauert an bis auf den heutigen Tag, daß alles religiöse Leben eingebunden sein muß in den Ordo der christlich-katholischen Welt.

Kardinal Hugolin von Ostia hat diesen Grundsatz zweifelsfrei formuliert: »Jede wahre ›religio‹, jede kirchlich anerkannte Lebensweise muß auf bestimmten Regeln und Normen, Vorschriften und Strafbestimmungen be-

ruhen; denn ohne strenge und genaue Regelung des Gemeinschaftslebens und der Gemeinschaftszucht ist jede ›vita religiosa‹ in Gefahr, den rechten Weg und die sichere Grundlage zu verlieren.«[162]
Dem Kardinal Hugolin war es in der Verwirklichung dieser Auffassung gelungen, die Franziskaner in der Ordnung der Kirche zu halten, wo sie ihre große Aufgabe erfüllen konnten. Dem päpstlichen Legaten Henry de Marcy sind die Waldenser in die Häresie entglitten.
Betrachtet man insgesamt den Kampf der Kirche gegen die Häresien des 12. und 13. Jahrhunderts, so muß man feststellen, daß sie das Glaubensgut vor Schwärmerei und lebensferner, asketischer Utopie bewahrt hat und daß sie den Glauben nicht verkommen ließ zu einem von normalen Menschen nicht lebbaren Askesewahn und einer Welt- und Menschenverachtung, die sich im Grunde gegen die ganze Schöpfung stellte.
Sie tat dies mit den Mitteln ihrer Zeit. Dennoch war dies eine Leistung, die unabhängig vom eigenen Standort der Würdigung wert ist.

DIE WEIBLICHEN ARMUTSBEWEGUNGEN DES 13. JAHRHUNDERTS

Die Armutsbewegungen des 13. Jahrhunderts sind eine Revolution von oben. Nicht die Armen stürmen die Burgen, Paläste und Schlösser der Reichen. Die Reichen sind es, die ihren Reichtum, ihre Ehren, ihren Stand aufgeben, Hab und Gut verschenken und hinabschreiten in die Verlassenheit der Armut, um dort Christus zu finden.

Auch Elisabeth wandte sich ab vom Wohlleben der staufischen Adelsgesellschaft, einer kleinen, elitären Gruppe, die sich durch die Not und Armut der Vielen ein Leben in Reichtum und Pracht erlauben konnte.

Im Laufe des 12. Jahrhunderts hatte eine wirtschaftliche Blüte eingesetzt, die dem Adel, dem Klerus und auch dem sich in den Städten etablierenden Bürgertum ein reicheres, oftmals glanzvolles Leben ermöglichte.

Vor allem die Hinwendung der Klöster und bischöflicher Hofhaltungen zu weltlicher Pracht und irdischer Sinnenfreude brachte als Gegenentwicklung die Verinnerlichung des Glaubens und den Wunsch, durch freiwillige Armut den Weg der Imitatio Christi und seiner Apostel zu beschreiten.

Geradezu eine Kontrastfigur zu der von religiösen Menschen erstrebten evangelischen Armut war der Erzbischof Christian von Mainz (1165–1183), der als Reichslegat und Feldherr Friedrich Barbarossas Kriege in Italien führte. Dieser Kirchenfürst und Krieger in Purpur

und Hermelin, ein vorweggenommener Renaissance-
mensch, führte neben goldenen und silbernen Tisch-
geräten Wagenladungen schöner Frauen mit sich und
war ein Sinnbild der Verweltlichung und Verrohung
christlicher Tugenden.

Papst Innozenz III., einer der großen Päpste des Mittelalters, hatte mit sicherem Gespür für kommende Ent-
wicklungen versucht, die Armutsbewegungen in das
Ordnungssystem der mittelalterlichen Kirche einzubinden, um sie für den Kampf gegen Häresie und Ketzertum
einzusetzen.

Dies gelang ihm bei den Humilaten (Aschgraue), so genannt nach ihrem Kleid aus ungefärbter Wolle. Sie waren Laien, die in ihren Familien ein religiöses Leben in
Armut führten; verheiratete Mitglieder durften die Ehe
fortsetzen. Sie pflegten die Laienpredigt. Aber genau wie
die Waldenser mißachteten sie das Predigtverbot und
wurden gemeinsam mit ihnen von Papst Lucius III. im
Jahre 1184 exkommuniziert.

Papst Innozenz III. hingegen gelang es, einen großen Teil
von ihnen in einem dreigegliederten Orden zu vereinen.
Den ersten Orden bildeten Priester, die auch gegen die
Ketzer predigten. Der zweite Orden war eine Kongrega-
tion von regulierten Laienbrüdern und -schwestern. Im
dritten Orden waren die weltlichen, in ihren Familien
lebenden Mitglieder vereint. Papst Innozenz III. unterstützte auch die Anfänge des heiligen Franziskus und
seiner Bruderschaft der Armut. Eine Aufgabe, die von
seinem Neffen, dem Kardinal Hugolin von Ostia und
späteren Papst Gregor IX., übernommen wurde.

Papst Innozenz III. starb am 16. Juli 1216 in Perugia. Nur
einen Tag später stellte sich dort Jacob von Vitry ein, der
vom Papst die Weihe zum Bischof von Akkon erhalten
sollte. Auch der Nachfolger auf dem Stuhl Petri, Papst
Honorius III. (1216–1227), stellte sich in die Pläne seines

Vorgängers und weihte am 31. Juli, wenige Tage nach seiner Erhebung, Jacob zum Bischof von Akkon.

Der neue Bischof muß ein Mann von großem Einfluß und seine Reise zum päpstlichen Hof gut vorbereitet gewesen sein, denn er erwirkte für »die frommen Frauen im Bistum Lüttich und in ganz Frankreich und Deutschland« die päpstliche Bewilligung, in Gemeinschaftshäusern zu wohnen und einander durch gegenseitige »Ermahnungen« im rechten Tun zu bestärken, das heißt, klösterliche Frauengemeinschaften ohne Anschluß an einen Orden und ohne Annahme einer approbierten Klosterregel zu bilden, Erbauungspredigten und Exhorten in ihrer Gemeinschaft zu halten.[163]

Ein fast revolutionäres Geschehen. Was sich da vollzog, war im eigentlichen die religiöse Lebensform, nach der Elisabeth von Thüringen ihr kurzes Leben lang gesucht hatte.

Jacob von Vitry, der diese außergewöhnliche Genehmigung des Papstes erwirkt hatte, war der geistliche Vater und seelische Betreuer der Maria von Oignies (* 1177, † 1213), einer der wichtigsten Gestalten aus dem Anfang des Beginentums. Sie war der Mittelpunkt der religiösen Frauenkreise in Belgien. Sie entstammte einer wohlhabenden Familie und wurde schon als Vierzehnjährige verheiratet. Die Kindfrau überzeugte ihren Mann zu ehelicher Enthaltsamkeit. Zusammen widmeten sie sich der Leprosenpflege zu Willenbroek. Mit Erlaubnis ihres Mannes zog sie sich nach Oignies zurück, wo sie mit gleichgesinnten Frauen in strengster Askese lebte. Auch sie starb jung, Opfer ihrer radikalen Askese, mit 36 Jahren.

Jacob von Vitry war der verständnisvolle Begleiter dieses heiligen Lebens. Anders als Konrad von Marburg hatte er den allgemein gültigen Wert dieses Lebens erkannt und so weiblicher Frömmigkeit durch päpstliche Erlaubnis eine neue Lebensform verschafft. Auf Anregung

des katholischen Bischofs Fulko von Toulouse schrieb
Jacob von Vitry die Vita der seligen Maria von Oignies,
um dort, im südfranzösischen Ketzerland, das Lebens-
bild der »modernen Heiligen« wirksam werden zu lassen.«[164]
Das paßte um so mehr in die historische Szene, als Maria selber einmal geplant hatte, ins Albingenserland zu
gehen, »um dort Gott zu ehren, wo er von so vielen verlassen sei«.
Die Männerorden hatten weiblichen Orden zögerlich
gegenübergestanden. Aber die religiösen Bewegungen
der Zeit hatten nicht nur Männer, sondern auch Frauen
erfaßt. Es galt, die weiblichen religiösen Bedürfnisse ins
Ordnungssystem der Kirche zu integrieren. Robert von
Arbrissel (* 1055/60, † 1117) hatte dem in seinem Dop-
pelkloster Fontrevrault Rechnung getragen. Da der
Frauenanteil dominierend und hochadelig war, legte er
die Leitung des Doppelklosters in die Hände einer Äbtissin. In der Herrschaft der Frauen über die Männer sah
Robert eine besondere, subtile Bußleistung der Männer,
die ihren besonderen Lohn im Jenseits finden mußte.
Darüber hinaus muß man ihm ein ehrliches Wohlwol-
len gegenüber Frauen zusprechen. Der Orden von Fon-
trevrault hatte im 12. Jahrhundert über fünftausend
Mitglieder. Die Äbtissinnen waren oftmals Prinzessin-
nen des französischen Königshauses.
Auch Norbert von Xanten (* um 1082, † 1134) nahm
sich in besonderer Weise der Frauen an. Hermann von
Laon, der Biograph Norberts von Xanten, rühmt, daß
Norbert ebenso die Frauen wie die Männer der strengen
Ordnung seines Prämonstratenser-Ordens unterwarf.
Im Gegensatz dazu stehen die Zisterzienser, die im Jah-
re 1228 die Aufnahme von Frauen verboten.
Norbert von Xanten gab den Frauen noch strengere Re-
geln als den Mönchen, doch das hemmte den weiblichen

Andrang zu seinen Klöstern nicht. Hermann von Laon nennt für die Mitte des Jahrhunderts eine Belegung von tausend Frauen in den Prämonstratenser-Klöstern des Bistums Laon. Für den Gesamtorden nennt er uns die Zahl von zehntausend Prämonstratenserinnen. Mitte des 12. Jahrhunderts entfernte sich der Orden von seiner frauenfreundlichen Haltung. Der Bau von Doppelklöstern wurde verboten und schließlich überhaupt die Inkorporation neuer Frauenklöster in den Ordensverband.

Die Franziskaner hatten durch die Schaffung des zweiten Ordens der Klarissen das Element weiblicher Frömmigkeit zu binden verstanden. Sicher aber ist, daß das allgemeine religiöse Bedürfnis der Frauen von seiten der Ordensgemeinschaften nicht befriedigt wurde.

So schien das Beginentum einen Ausweg zu bieten.

Eine weitere Problematik der ordensgebundenen Frauenklöster lag in dem großen Zuspruch, den sie fanden. Als Beispiel sei das Dominikanerkloster Oetenbach bei Zürich genannt. Im Jahre 1285 lebten dort hundertzwanzig Schwestern; 1310 erklärte der Provinzialprior Egnolf von Stoffen, aus den Einkünften des Klosters könnten sich nur sechzig Schwestern ausreichend erhalten. Er stellte ein Quotenprogramm auf, wonach erst beim Tode von zwei Schwestern eine neue aufgenommen werden dürfe, bis die Schwesternzahl auf sechzig gesunken sei.[165] Im Jahre 1237 stellte Papst Gregor IX. fest, daß in den fünf neu errichteten Frauenklöstern von Straßburg dreihundert Schwestern lebten, die Existenzgrundlage aber nur für hundert reichte. Das gleiche wird von vielen anderen Klöstern auch berichtet: von Adelshausen bei Freiburg, von Kirchberg bei Sulz, vom Kloster Medingen, das wegen Überfüllung ein Filialkloster in Obermedingen einrichten mußte.[166] So kam die von Papst Honorius III. mündlich gegebene

221

Erlaubnis des Jahres 1216, daß fromme Frauen in Gemeinschaftshäusern leben durften, einem unabweisbaren religiösen Bedürfnis der Frauenwelt entgegen.

Den frommen Frauen schlossen sich meist Jungfrauen und Witwen an. Sie lebten ohne dauerndes Gelübde und approbierte Regel in klösterlichen Gemeinschaften, in sogenannten Beginenhöfen, in den Niederlanden durch Wall und Graben geschützt.

Sie standen kirchenrechtlich zwischen dem Status der Ordensleute und der Laien und suchten Selbstheiligung in Gebet, Kontemplation und Askese. Sie übten auch außerhalb ihrer Häuser christliche Caritas, lebten von ihrer Hände Arbeit und erstrebten ein evangelisches Leben innerhalb der Welt.

Der Gedanke des Beginentums ergoß sich wie eine Flutwelle von Belgien und den Niederlanden aus entlang den Städten am Rhein über Mitteldeutschland, Schlesien, Polen, Böhmen, sogar bis nach Livland, aber auch in den deutschen Süden und Südosten.

In der zweiten Hälfte des 15. Jahrhunderts gab es allein in Köln 108, in Straßburg 85, in Mainz 38 und in Basel 22 Beginenhäuser.

Geistlichen Beistand suchten die Beginen sowohl beim Weltklerus wie bei den Bettelorden, doch man kann sich des Eindrucks der Halbherzigkeit beider Institutionen nicht erwehren. Seltsamerweise gab es sogar eine Rivalität zwischen Welt- und Ordensklerus in der seelsorgerischen Betreuung der ungeliebten Beginen.

Mit Mißtrauen, zumindestens mit Zurückhaltung, wurden die Beginen von der Männergesellschaft des Weltklerus und der Ordensgeistlichkeit betrachtet. Über Libertinismus und Unzucht wurde gemunkelt. Wilhelm von S. Amour († 1272), Hauptgegner der Bettelorden, namentlich aber der Beginen, forderte ihre Exkommunikation. Seine Argumente waren: Da die Beginen kein kirchlich anerkannter Orden seien, dürften sie nicht wie Angehörige des Mönchstandes leben, dürften keine besondere Tracht tragen, dürften sich nicht die Haare scheren. Wenn Weltleute dies täten, so sei das ein Verstoß gegen die Ordnungen der Kirche und darum Sünde. Vor allem aber schlug er mit der Keule der sexuellen Verdächtigung zu und behauptete, die Beginen seien zu jung, um ohne schärfste Ordenszucht in Keuschheit leben zu können.

Wenn wir uns daran erinnern, daß Papst Gregor IX. im Jahre 1227 Konrad von Marburg die Visitation der deutschen Klöster und des Klerus übertragen hatte, »... weil der deutsche Klerus, welcher den Wohlgeruch der Tugend verbreiten sollte, den des Todes verbreitete«; wenn wir dann die Aussagen des Cäsarius von Heisterbach über die sexuellen Ausschweifungen in den Klöstern dazunehmen, dann kann der Vorwurf des Wilhelm von S. Amour nur noch als grotesk empfunden werden.

Es ist die bis ins Pathologische verzerrte sexuelle Phantasie des Mannes, die ihn daran hindert, im Weibe den Menschen zu sehen, der er ja selber auch ist.

Der Mann, der die Frau nicht begreifen kann, ist immer auf der Flucht vor ihr. Auf der Flucht in Orden geistlicher oder weltlicher Art, in Vereine, in Clubs oder Stammtische. Sein Argwohn ist groß, wenn er sieht, daß auch die Frau sich organisieren kann. Und wenn er dies dann duldet, dann nur nach den strengen Ordnungen und rigiden Vorstellungen der Männerwelt. Wenn sich aber Frauen in Beginenhäusern vereinen, nicht unterworfen irgendeiner Ordenszucht, dann blühen die Ängste der Männer auf, wie wir es bei Wilhelm von S. Amour erfahren.

Natürlich steckte im Beginentum ein Schuß Emanzipation, wenn man es wagen darf, diese Wortstanze der Moderne zu benutzen.

Die in Beginenhäusern lebenden Frauen entzogen sich

der Vormundschaft des Vaters, des Ehemannes, des Mannes überhaupt. Bis ins 14. Jahrhundert hinein kamen die Beginen aus dem Patriziat, den städtischen Mittelschichten und dem Landadel. Es handelte sich oftmals um gebildete Frauen, die ein Leben in religiöser Selbstverwirklichung suchten. Unter den berühmten Beginen tauchen Namen von großer Spiritualität auf. Darunter die mehrfach genannte deutsche Mystikerin und Zeitgenossin Elisabeths von Thüringen, Mechthild von Magdeburg. Ferner die im Jahre 1312 in Paris als Ketzerin verbrannte Marguerita Porete. Zu nennen ist die Begine Hadewich, die in der ersten Hälfte des 13. Jahrhunderts, wahrscheinlich unter den Beginen von Nivelles, gelebt hat. Neben ihren bedeutenden Visionen schuf sie eine Liste der »Vollkommenen«. Darin nennt sie Beginen aus Flandern und Brabant, aus Holland, Seeland und Friesland. Sie hatte Verbindung zu den frommen Frauen von Köln, aber auch jenseits des Rheins bis nach Thüringen und Böhmen. Die Begine Margarete vom goldenen Ring (* 1320, † 1404) ist die Erstbesitzerin der beiden berühmten mystischen Handschriften aus dem 14. Jahrhundert: des »Codex Einsiedeln 277«, der unter anderem »Das fließende Licht der Gottheit« von Mechthild von Magdeburg überlieferte, und des »Codex 278«, der uns »Die siben strassen zu Got« des Rudolf von Biberach in alemannischer Übertragung erhalten hat.

Zum Schluß sei nochmals die Anfangs- und Zentralgestalt des Beginentums erwähnt, Maria von Oignies, und ihr Verfechter und Seelenführer Jacob von Vitry, der die Bedeutung eigenständiger weiblicher Frömmigkeit in der Welt erkannte und durch die Einholung der päpstlichen Genehmigung verwirklichte.

Die Massenbewegung des Beginentums, die Bettelorden der Franziskaner und Dominikaner, ja sogar die großen

Häresien zeugen von der tiefen Gottessehnsucht des 13. Jahrhunderts; zeugen von dem inbrünstigen Wunsch der Überwindung der Welt, von dem Traum und der Hoffnung eines evangelischen Lebens auf Erden.

Aus dem Frömmigkeitsstreben dieses Jahrhunderts wird auch das Leben der heiligen Elisabeth von Thüringen für den Menschen unserer Zeit begreifbar, als Versuch und Ziel eines Heiligenlebens in der Welt.

WUNDER UND LEGENDEN

Neben dem Einfluß des Landgrafenhauses und der Macht des Deutschen Ordens war sicherlich die reiche Wundertätigkeit am Grabe der heiligen Elisabeth ein entscheidender Punkt für ihre rasche Heiligsprechung. Gemeinsam mit seiner Epistola, auch »Summa vitae« (kurze Lebensbeschreibung) genannt, und der Antragstellung, über die Heiligkeit Elisabeths zu befinden, hatte Konrad von Marburg sechzig Wunderberichte aufgenommen und an den Papst gesandt. Bestätigt waren diese Wunderberichte durch den Erzbischof Sigfried III. von Mainz, durch die Äbte der Zisterzienserklöster Arnsberg und Bildhausen, der Prämonstratenserklöster Rommersdorf, Arnstein und Cappel, durch die Pröpste von Bingen und Wirberg sowie durch den Dekan von Momberg.
Der Papst, dem die Dokumentation nicht ausreichend erschien, bestellte mit Schreiben vom 13. und 14. Oktober 1232 eine Kommission, bestehend aus dem Erzbischof Sigfried III. von Mainz sowie dem Abt Raimund von Eberbach und Konrad von Marburg. Er gab genaue Instruktionen und legte auch ein Befragungsschema fest. Zu Beginn des Jahres 1233 vernahm die Kommission 700 Zeugen und erstellte einen Bericht über 106 bezeugte Wunder. Diesen Wunderbericht, gemeinsam mit seiner »Summa vitae«, sandte Konrad von Marburg nach Rom. Durch seinen Tod am 30.7.1233 verlor das Kanonisationsbegehren seinen Initiator und versandete zunächst.

Am 11. Oktober 1234, offenbar auf Intervention des Deutschen Ordens, gab der Papst Bischof Konrad von Hildesheim und den Äbten Hermann von Georgenthal und Ludwig von Hersfeld den Auftrag, die Anfang des Jahres 1233 bezeugten Wunderberichte zu übersenden oder, wenn diese nicht mehr existierten, neue Zeugenverhöre durchzuführen.

Das läßt darauf schließen, daß die von Konrad von Marburg eingesandten Berichte den Papst entweder nicht erreicht hatten oder bei der Kurie verlorengegangen waren. Obwohl die Unterlagen des Jahres 1233 über die 106 bezeugten Wunder vorhanden waren, wurden am 1. Januar 1235 neue Verhöre durchgeführt. Zu den bereits aufgenommenen 106 Wundern wurden weitere 24 dokumentiert. Diese insgesamt 130 bezeugten Wunder einschließlich des »Libellus«, »Die Aussage der vier Dienerinnen« und die »Summa vitae« des Konrad von Marburg, auch »Epistola« genannt, waren die Grundlagen der Heiligsprechung.

Der heilige Augustinus (* 354, † 430) definiert das Wunder als allgemeinen Vorgang, der die Naturgesetze nicht durchbricht, sondern nur im Widerspruch zur allgemeinen Naturerfahrung steht.

Anders Thomas von Aquino (* um 1225, † 1274), der im Wunder eine Durchbrechung der Naturgesetze sieht, die nur durch Gott geschehen kann.

Der moderne Mensch glaubt nicht an Wunder, nicht an Heilige, selten an Gott. Er will nur glauben, was er begreifen kann.

Aber sein Glaubenspotential ist nicht geringer als das des mittelalterlichen Menschen.

Der Moderne glaubt an Astrologen und ihre Horoskope, er glaubt indischen Gurus, vor allem glaubt er den Hohenpriestern der Wissenschaft, den Gelehrten. Er glaubt physikalische, chemische, elektronische Vorgänge, die er intellektuell oder ausbildungsmäßig gar nicht begreifen kann. Und da er sie nicht begreifen kann, so glaubt er eben der Wissenschaft.

Nein, ohne Glauben ist der moderne Mensch nicht. Er glaubt nur nicht an das von Gott bewirkte Wunder, weil dies dem kritischen Hochmut seiner Ratio widerspricht.

Im Jahre 1939 klagte Franz Werfel im Epilog seines Buches »Der veruntreute Himmel«: »Ich habe schon sehr früh erkannt, daß der Aufstand gegen die Metaphysik die Ursache unseres ganzen Elends ist.«

Auch die Antike gab sich dem Geheimnis des Wunders hin. Wunderheilungen sind schon im 4. Jahrhundert vor Christi Geburt aus Epidaurus überliefert.

Und über eine Zeitbrücke von zweieinhalbtausend Jahren sagt uns Heraklit (* 550, † 480): »Wer nichts erwartet, wird auch das Unerwartete nicht finden, da es für ihn unauffindbar und unerreichbar ist.«

Der mittelalterliche Mensch lebte fest im Glauben an das Wunder als Gnadentat Gottes.

Selbst die kritische Elisabeth Busse-Wilson schreibt: »Es wäre falsch, von wunderbaren Heilungen wie denen am Grabe Elisabeths auf bewußten oder unbewußten Betrug der Patienten oder der Wallfahrtsfunktionäre, hier der Deutschordensbrüder, zu schließen. Die Heilungen sind wahrscheinlich alle echt.«[167]

Das Wunder ist kein rationales Ereignis. Es ist das Zusammentreffen des eigenen Glaubens mit der Gnade Gottes, die auch durch einen Heiligen übertragen werden kann.

Darum entzieht sich das Wunder dem System der Analyse. Es kann nicht bewiesen werden, es braucht nicht bewiesen zu werden, es will nicht bewiesen werden.

Die Elisabeth-Legende

Legenden und Sagen sind wesentliche Elemente zur Erhellung der geschichtlichen Vergangenheit. Zwar sagen sie uns nicht tatsachengenau, was gewesen war, aber sie zeichnen oftmals sehr treffsicher das, was gewesen sein könnte.

Doch in der Darstellung des Elisabeth-Bildes versagt die Legende bis auf wenige Ausnahmen.

Generell wird die Gestalt Elisabeths verwischt, überlagert von Gold- und Flittertand, so daß die heroische Gottliebende zu einem »Rosenresli« degradiert wird.

Die Legende erzählt: »Als Landgraf Ludwig zu einer Zeit war in der Stadt Eisenach gewesen und wollte wieder herauf zur Wartburg gehen, sah er unterwegs seine Frau Sankt Elisabeth mit einer ihrer liebsten Jungfrauen stehen, die waren beide unter ihren Mänteln schwer beladen mit Krügen und Körben, darin sie Fleisch, Eier und Fladen den Armen in der Stadt bringen wollten. Der Landgraf trat zu ihnen und sprach: ›Laßet sehen, was ihr da traget!‹ Da er aber die Mäntel wollte aufdecken, waren nicht Speisen in den Körben, sondern eitel Rosen. Und Sankt Elisabeth erschrak darob also, daß sie kein Wort sprechen konnte. Als nun der fromme Fürst Sankt Elisabeths Erschrecken sahe, war ihm das gar leid und wollte ihr gütlich zusprechen. Indes er aber zu ihr redete, erschien vor seinen Augen das Bild des gekreuzigten Christus ob ihrem Haupte. Da verwunderte er sich dieses Zeichens und merkte wohl, daß Gott sein Werk mit

ihr hatte; wollte auch Sankt Elisabeth nicht länger auf-
halten, sondern daß sie ohne Furcht ihres Weges gehen
und der Siechen und Armen wartete.«[168]
Die Umstände dieses Rosenwunders, das im übrigen
auch von der heiligen Elisabeth von Portugal erzählt
wird, sind gänzlich unglaublich, denn es bestand kein
innerlicher Anlaß dazu.
Bei dem die Frauen kontrollierenden Landgrafen handelte es sich doch um ihren Ehemann, den Landgrafen Ludwig, über dessen Güte und Verständnis uns die Quellen
so ausführlich berichteten und der ein ausgesprochener
Förderer von Elisabeths Armenpflege war. Warum also
sollte Gott durch ein Wunder die nützlichen Lebens-
mittel in schöne, aber wenig nützliche Rosen verwan-
deln?
Aber nicht nur in der erzählenden Darstellung, auch in
der bildenden Kunst wird die massive Verfälschung des
Elisabeth-Bildes betrieben.
Sie, die als Kindfrau es nicht wagte, vor Gott in der Kirche das Landgrafendiadem zu tragen, wird in Skulptur
und Bildnis mit Krone, ja mitunter mit der dreifachen
Krone dargestellt. Sie, die den Armutsrock franziskanischer Demut trug, wird uns in prachtvollen Kleidern, in
Samt und Seide präsentiert. Sie erscheint in den Kleidern staufischer Adelsfrauen ebenso wie in barocker
Fürstenpracht. Die Kunst oktroyierte ihr Lebensformen
auf, die sie selbst nicht nur abgelehnt, sondern bekämpft
hatte.
Die Leidensmärtyrerin aus eigenem Willen und aus eigener Wahl, die die Eitelkeiten der Welt überwunden
hatte, wurde, nächst der heiligen Jungfrau Maria, zur
Schutzpatronin des deutschen Ordens, zur ersten Dame
des hessischen Landgrafenhauses und zur Patronin Hessens, sie wurde die deutsche Heilige überhaupt, der
»Ruhm Deutschlands«.

Selten ist die Menschheit zynischer mit dem geistigen Erbe eines Menschen umgegangen als mit dem der heiligen Elisabeth.

Doch über die Kronen, den Glanz, die fürstlichen Roben, den goldenen, juwelenübersäten Schrein hinweg erreicht uns noch heute ihre stille Botschaft, die wir nicht in ihrer Gänze, aber doch in ihrem Kern verstehen: den Willen, das eigene Ich zu überwinden und es im Wirken und Streben zum Wohle der Menschheit aufgehen zu lassen, der Menschheit, die trotz ihrer tausendfachen Sünden ein Teil der Schöpfung Gottes ist.

EPILOG

Neun Generationen Ludowinger hatten auf der politischen Bühne des Reichs das Schauspiel ihres Lebens gespielt. Beginnend als Rodungsgrafen hatte der Dritte ihres Geschlechts bereits die Landgrafenwürde erlangt. Sie kämpften gegen die Salier, erfüllten aber auch ihre Pflichten als Kämpfer Christi im Heiligen Land. Sie versippten sich mit den Staufern, standen treu an ihrer Seite, mußten sie aber verraten, als der Staufer Heinrich VI. ihre Lehen einziehen wollte.

Unter dem Landgrafen Hermann I. wurde die Pfalz zu Eisenach ein Gipfelpunkt der staufischen Ritterwelt, eine Kultstätte für Dichter und Sänger adeliger Minne.

Sein Sohn, Landgraf Ludwig IV., zeigte der Zeit das seltene Beispiel einer tiefen, christlichen Gattenliebe zu seiner Frau Elisabeth.

Ihr Sohn, Landgraf Hermann II. (* 1222, † 1241), mußte als Achtzehnjähriger sterben, vielleicht von Mörderhand. Nun erst war der Weg frei für seinen Onkel, Landgraf Heinrich Raspe, dessen drei Ehen kinderlos blieben. Ein Fluch, so flüsterte das Volk, für den Mord an seinem Neffen, dem Elisabeth-Sohn Hermann II. Ein Vorwurf, der Gerücht blieb. Die Menschen fanden in ihren Gedanken auch die Mörderhand, die dem jungen Landgrafen das Gift reichte: Sie soll einer Frau Bertha von Seebeck gehört haben.

Der jüngere Bruder Heinrich Raspes, Landgraf Konrad, trat, entweder geläutert durch Leben und Tod seiner

Schwägerin Elisabeth, wie uns Cäsarius von Heisterbach erzählt, oder aus Gründen dynastischer Familien-
interessen, wenn wir dem politischen Kalkül folgen, in
den Deutschen Orden ein. Nach dem Tode Hermann
von Salzas (1239) stieg er zum Hochmeister des Deutschen Ordens auf, ein machtvoller Fürst im Mönchsge-
wand des Deutschen Ordens.
Landgraf Heinrich Raspe, dessen Bild düster und gebro-
chen im Lichte mittelalterlicher Reichsgeschichte erscheint, führte sein Geschlecht, dem er keine Nach-
kommen geben konnte, auf eine Höhe, die den Absturz
in sich barg.
Vom Vertrauen Kaiser Friedrichs II. zum Reichsgubernator erhoben, trat er im Jahre 1246 auf die Seite des
Papstes und wurde, allein durch die drei rheinischen
Erzbischöfe und seine eigene Stimme, am 22. Mai 1246
in Veitshöchheim zum Gegenkönig gewählt.
Doch mit seinem Tode im Februar 1247 erlosch der fah-
le Glanz dieser Krone, geboren aus Verrat und dem verzweifelten Willen eines kinderlosen Mannes, sein Geschlecht als Apotheose in die höchste Würde zu erheben, die das Heilige Reich zu vergeben hatte.
Die Zeit der Ludowinger war vorbei, ihr Geschlecht mit
Heinrich Raspe im Mannesstamm erloschen.
Die Landgrafenwürde von Thüringen fiel nach langen
und blutigen Kämpfen, die das Land zur Walstatt machten, an den Markgrafen Heinrich den Erlauchten von
Meißen aus dem Hause Wettin.
Hier erweist sich, wie die Geschichte sich souverän
über menschliches Planen und Trachten erhebt. Der Erbe von Thüringen war eben jener Heinrich, bei dessen
vorzeitigem Ableben Landgraf Ludwig IV., der Gatte
Elisabeths, in seiner Eigenschaft als Onkel Jahrzehnte
zuvor sich die Eventualbelehnung von Meißen und Lausitz durch Kaiser Friedrich II. erwirkte.

233

Der Tochter der heiligen Elisabeth, der Herzogin Sophie von Brabant, gelang es, aus dem ludowingischen Erbe die Landgrafschaft Hessen für ihren Sohn, Landgraf Heinrich I. (1265–1308), zu behaupten.

Und ein Urenkel der heiligen Elisabeth demonstrierte als Werkzeug der Geschichte die Vergänglichkeit von Ruhm und Macht und aller Bastionen menschlicher Herrlichkeit. Im Jahre 1539 ließ der Landgraf Philipp von Hessen im Namen der Reformation und als Zeichen gegen die heidnische Heiligenverehrung die Gebeine seiner heiligen Urahnin aus ihrem goldenen Schreine reißen. Zwar mußte er später die geschändeten Gebeine zurückerstatten, aber wer weiß denn, ob es noch die echten waren, denn das Skelett der Elisabeth war auf einem öffentlichen Friedhof verscharrt worden. Jedoch ein Elisabethianerinnen-Kloster in Wien rühmt sich, den Schädel der Heiligen als Reliquie zu besitzen, doch auch ein Fürstbischof Friedrich von Breslau, der 1668 zur katholischen Kirche zurückfand, soll von den Deutschherren von Marburg einen Schädel der Heiligen erhalten haben. Was heute von ihrem Gebein im goldenen Schrein zu Marburg ruht, wir wissen es nicht.

Aber schließlich gibt uns die Geschichte als Lehrmeisterin die letzte, gültige Antwort auf die Fragen ihres Lebens. Von ihr, der Schwester der Armen, der Mutter der Leidenden, im »befestigten Turm der allerheiligsten Armut« lebend, blieb keine irdische Substanz. Sie wurde zu dem, was Ziel, Sinn und Opfer ihres Lebens war, zur reinen Idee menschlicher Liebe zu Gott.

Schlußendlich: Der geneigte Leser wird festgestellt haben, daß dieses Buch eine einzige Bemühung ist, mittelalterliche Heiligkeit, die restlose Hingabe des Menschen an Gott, verständlich zu machen. Eine Heiligkeit, die uns Heutigen entglitten ist: Wenn eine Mutter ihre Kinder hingibt, um sie nicht *mehr* zu lieben als alle anderen

Kinder auch, so sind die Grenzen modernen Verstehens überschritten.

Und dennoch, Elisabeth räumt mit dieser Tat alle Sonderbeziehungen beiseite, bis auf diesen einzigen, fundamentalen Anspruch: »Liebe deinen Nächsten wie dich selbst.« Sie gibt sich der allumfassenden Menschenliebe hin, in der dann auch ihre Kinder sicher eingebettet sind auf dem Wege zum Heil.

Wie aber soll man das verstehen in einer Zeit, die Gottesliebe und Gottesverehrung zu sakralen Dekorationen für Taufe, Hochzeit und Beerdigung verkümmern ließ? Doch wir verzagen nicht. Der milde Schein der Liebe leuchtet auch im Dämmerlicht unserer Tage. Erinnern wir uns der Worte des französischen Edelmannes, des Dichters und Fliegers Antoine de Saint-Exupéry, die ich an den Anfang dieses Buches stellte:

»Nicht das Leben ist schwer, sondern die Liebe. Die Liebe, die sich in ihrem vollen Umfang betätigt, diese Religion der Errettung – ich meine die wahrhaft christliche Liebe, nicht jene leichtfertige Sympathie, die brave Herzenszärtlichkeit oder die angeborene Menschlichkeit, nein, das wirklich bis ins Blut hinein Sichselbervergessen – die reine Selbsthingabe im Geiste, mit der man im Feinde so lange nach dem Freunde sucht, bis er dazu wird. Diese schwere Liebe – das ist die tapfere, die wahre Liebe.«

Die Quellen zur Vita der heiligen Elisabeth

Der große Historiker Albert Hauck (1845–1918) führt in seiner Kirchengeschichte zu den Quellen der heiligen Elisabeth folgende Klage: »Was bei anderen Heiligen für die Betrachtung eine Schwierigkeit bildet, fällt hier kaum ins Gewicht: wir kennen die Wirklichkeit nicht, sondern wir sehen sie durch gefärbte Gläser. Über Elisabeth besitzen wir nicht eine Zeile, in der sie geschildert wird, wie sie war, sondern was wir hören, hören wir von solchen, die ein Interesse daran hatten, sie als Heilige erscheinen zu lassen.«[169]
Aber ist dies nicht ein immer wiederkehrendes Problem der gesamten mittelalterlichen Geschichtsschreibung, wenn nicht der Geschichtsschreibung überhaupt?
Die Geschichtsschreiber der Ottonen, der adelsstolze Mönch Widukind von Corvey, erfüllt von Liebe zum Sachsenstamm und den großen sächsischen Kaisern, oder der bischöfliche Pamphlet ist Luitprand von Cremona (um 920–972), der sein Buch »Liber Antapodosis«, Buch der Vergeltung, nannte, oder Bischof Thietmar von Merseburg, dieser absolute Vertreter der ottonischen Reichskirche, haben sie nicht alle ihre Zeit und ihre Helden durch die eingefärbten Gläser ihrer Gebundenheiten gesehen?
Es ist unsere Aufgabe, die Farbe aus den Gläsern herauszufiltrieren in dem Bewußtsein, daß wir in der Beurteilung unserer Zeit die Welt auch durch die bunten Gläser unserer eigenen Voreingenommenheiten betrachten.

Im Grund ist die Quellenlage zum Leben der heiligen Elisabeth ausnehmend günstig.

Wir haben den »Libellus de dictis quattuor ancillarum« in der Übersetzung von Huyskens, Marburg 1905, im folgenden »Libellus« genannt. Dies ist der Bericht der vier Dienerinnen Elisabeths für die Kanonisierungsakten. Die Dienerinnen sind: Guda, die seit ihrem fünften Lebensjahr der vierjährigen Elisabeth als Gefährtin zugesellt war. Ysentrud von Hörselgau hat fünf Jahre und nach dem Tode von Elisabeths Mann, dem Landgrafen Ludwig IV., ein weiteres Jahr mit ihr zusammen gelebt. Dann die namensgleiche Magd Elisabeth, die die letzten Lebensjahre der Heiligen begleitete, und Irmingard, die ebenfalls als Magd der Landgräfin diente.

Zu den Kanonisierungsakten gehörte die »Epistola examinatorum miraculorum«, zwei Verzeichnisse der am Grabe Elisabeths erfolgten Wunder. Ebenfalls publiziert von A. Huyskens, »Quellenstudium zur Geschichte der Heiligen Elisabeth«, 1908.

Die zweite Urquelle ist die »Epistola«, auch »Summa Vitae« (Kurze Lebensbeschreibung), des Konrad von Marburg, des Beichtvaters der heiligen Elisabeth. Ebenfalls publiziert bei A. Huyskens.

Als weiteres authentisches Dokument stellt sich die »Vita Ludovici« des Kaplan Berthold vor, eines Benediktinermönches des Klosters Reinhardsbrunn, der den Landgrafen Ludwig IV. jahrelang als Augenzeuge begleitete.

Wichtig ist auch das »Leben der heiligen Elisabeth von Thüringen« des Cäsarius von Heisterbach, der vom Prior des Deutschen Ordens zu Marburg den Auftrag erhielt, eine Heiligenvita Elisabeths zu schreiben. Er stützte sich hauptsächlich auf den »Libellus«. Wenn auch das Werk nicht mehr die Kriterien einer Urquelle erfüllt, so hat die Heiligenvita sehr dazu beigetragen, den Ruhm Elisabeths in Deutschland und der christlichen Welt zu verbreiten.

Wichtig ist Cäsarius immer dann, wenn er über Konrad von Marburg berichtet, den er persönlich gekannt hat. Dietrich von Apolda, ein Mönch des Dominikanerkonvents in Erfurt, schrieb zwischen 1289 und 1291 die »Vita S. Elisabeth«. Er schuf wohl das umfassendste und das am stärksten prägende Werk über unsere Heilige. Seine Quellen sind die »Epistola« und der »Libellus«. 60 Jahre nach dem Tode Elisabeths hat es Dietrich unternommen, die mündlichen Überlieferungen im Lebensumkreis der Heiligen zu erforschen. Dabei hat er nach eigener Aussage noch mit Menschen gesprochen, die Elisabeth gekannt haben. Dietrich brachte als erster eine Reihe von Wundergeschichten über Elisabeth und ihren Mann, den Landgrafen Ludwig. Ein Mönch des Reinhardsbrunner Klosters hat zwei Jahre nach Abschluß von Dietrichs Arbeit eine weitere Reihe von Wundergeschichten im Sinne der Rheinhardsbrunner Tradition als ludowingisches Hauskloster hinzugefügt.

Das Werk des Dietrich von Apolda diente allen spätmittelalterlichen Elisabeth-Viten als Maßstab.

So auch dem Kanonikus an der Kollegiatskirche St. Maria zu Eisenach, Johannes Rothe. Er schrieb Anfang des 15. Jahrhunderts in deutscher Sprache eine »Thüringische Chronik«. Der Autor schilderte in liebevoller Ausführlichkeit das Leben der heiligen Elisabeth und ihres Mannes. Johannes hat wesentlich zur Popularisierung der heiligen Elisabeth beigetragen.

Der »Autor rhythmicus«, der mit Johannes Rothe identisch sein soll, schuf als Reimchronik einen knappen Lebenslauf Elisabeths, eine Darstellungsform, die das Leben unserer Heiligen unter das Volk trug.

Auch in der Reformationszeit verstummte das Lob der heiligen Elisabeth nicht. Noch zu Lebzeiten Luthers erschien in Erfurt im Jahre 1520 von Dietrich von Thüringen in deutscher Sprache die »Cronica St. Elisabeth«, mit 20 Holzschnitten reich illustriert. Der Verlag Eugen Diederichs in Jena brachte 1927, nacherzählt von Lulu von Strauss und Torney, eine Neuauflage dieses Werkes. Natürlich fand Elisabeth auch in der Ende des 13. Jahrhunderts erschienenen »Legenda Aurea«, der größten Heiligendarstellung der Zeit von Jacobus de Voragine, den ihr gebührenden Platz.

Dies ist der literarische Weg einer dreihundertjährigen Entwicklung, die aus dem heroischen Leidenskampf eines von Gottessehnsucht getragenen Lebens mit zarten Pastelltönen das liebevolle Bild einer gütigen, fürstlichen Märchenfee zauberte.

Die Gestalt der Elisabeth hat sowohl die katholischen wie die evangelischen Christen bewegt. Die Marburger Dissertation von Wilfried Mühlensiepen enthält eine Aufstellung von 800 Elisabeth-Titeln.[170]

Auch die Romantik wird erfaßt vom Zauber eines verfälschten Elisabeth-Ideals.

In ihr schrieb Graf Montalambert, Pair von Frankreich und Publizist (1810–1870), »Das Leben der Heiligen Elisabeth von Ungarn – Landgräfin von Thüringen« (erschienen und ins Deutsche übersetzt von Städler, 3. Auflage, Regensburg 1862).

Als Bewunderer des katholischen Mittelalters schrieb er ein Werk in mystisch überhöhter Betrachtung seiner Heldin. Trotz seiner idealistischen Hingabe an seine Heilige hat Montalambert sämtliche Urquellen benutzt und ein Werk von wissenschaftlicher Bedeutung geschaffen.

Von den jüngeren Historikern, die sich mit Elisabeth befassen, sind vor allem Albert Huyskens (»Quellenstudium zur Geschichte der heiligen Elisabeth«, Marburg 1908) und Karl Wenk (»Die Heilige Elisabeth«, in: »Die Wartburg«, 1907) zu nennen.

Ferner lieferte Karl E. Demandt mit »Verfremdung und
Wiederkehr der Heiligen Elisabeth« (Hess. Jahrbuch f.
Landesgeschichte«, 22. Bd. S. 112–161; Marburg 1972)
einen kritischen und wichtigen Beitrag.
1984 erschien von Norbert Ohler im Musterschmidt-
Verlag eine Elisabeth-Biographie, präzise und dennoch
umfassend, wie es für Musterschmidt-Biographien
kennzeichnend ist.
Das wichtigste Buch der neueren Elisabeth-Literatur ist
das 1931 bei der C. H. Beck'schen Verlagsbuchhandlung
erschienene Werk von Elisabeth Busse-Wilson: »Das Leben der Heiligen Elisabeth von Thüringen – Das Abbild
einer mittelalterlichen Seele«. Dieses Werk wurde zum
Mittelpunkt einer großen Diskussion von Herman Hesse bis Thomas Mann.
Letzterer schrieb an Frau Busse-Wilson: »... Ich bewun-
dere das Buch. Das Mittelalter wird unheimlich-rührend
lebendig darin in seiner hochherzig verirrten Menschlichkeit, und das Schicksal der armen bleichen Dyna-
stenkinder ist wohl nie eindringlicher gesehen worden.
Lassen Sie mich hinzufügen, daß ich die Seiten über
Konrad von Marburg aufregend finde. Und lassen Sie
mich Ihnen meine Hochachtung ausdrücken für die geistige Energie und Tapferkeit, mit der Sie die snobisti-
sche Civilisationsauffassung ironisieren.«
Hermann Hesse rezensierte in: »Bücher warten auf
Dich«, Berlin. 7. Juli 1931: »... Leider ist dabei nicht eine wirklich schöne Biographie entstanden, denn das dar-
stellende Vermögen der Autorin ist schwächer als das
analytische. Aber ein interessantes, höchst merkwürdi-
ges Buch ist es dennoch geworden, eine sehr scharf und
dennoch liebevoll beobachtete Seelengeschichte, in welcher namentlich das Verhältnis der Heiligen zu ihrem
schrecklichen Dämon und Beichtvater Konrad analy-
siert wird.«

Der Aufschrei der katholischen Welt unter dem Titel:
»Die deutsche Heilige am Pranger«, in »Münchener
Neueste Nachrichten« vom 27. September 1931 und in
»Münsterischer Anzeiger« vom 5. November 1931, Re-
zensent: Josef Bernhardt, heißt es: »... Arme Heilige!
Decke mit dem Mantel deiner Größe auch dies, dein
schwärenreiches, nicht von einem Manne gepeitschtes
Ebenbild, das du nicht bist. Wie will man über Heilige
anders schreiben, wenn man will, daß es keine gebe!«
In der St.-Elisabeth-Festschrift zum 700. Todestag (Auf-
lage Paderborn 1932, nachgedruckt in: »Allgemeine
Rundschau«, München, Nr. 37, 1931 – »Augsburger
Postzeitung«, Literarische Beilage, Nr. 35, September
1931 – »Badischer Beobachter«, Karlsruhe, 25. September 1931 – »Germania«, Berlin, 10. September 1931,
Morgenausgabe) wird von Alex Emmerich unter dem Titel: »Heiligenleben und Psychoanalyse« mit schwerem
Säbel dreingeschlagen: »... Zu hoffen und zu wünschen
ist endlich, daß sich gegenüber diesem gewissenlosen
Machwerk über die größte deutsche Heilige innerhalb
der deutschen Öffentlichkeit eine geschlossene Ab-
wehrwand herausbildet, die sowohl vom wissenschaftli-
chen und historisch-quellenkritischen Standpunkt aus
als auch aus der religiösen und christlichen Überzeugung der Verfasserin wie ihrem Werk die wohlverdiente
Abfuhr zuteil werden läßt.«
In »Die Hochkirche«, München 13, 1931, S. 366–368,
versucht Friedrich Heiler einen Brückenschlag zwischen
den extremen Urteilen. Er formuliert unter dem Titel:
»Die heilige Elisabeth im psychoanalytischen Experi-
ment«: »... Aber so entschieden dieser religiös-psycho-
logische Versuch Busse-Wilsons abzulehnen ist, so krän-
kend ihre Entwürdigung der Heiligen auf jedes feinreli-
giöse Empfinden wirken muß, so möchten wir bei den
unvermeidlichen Zurückweisungen ihrer Fehlgriffe

doch nicht in die Schroffheit verfallen, mit welcher gerade einzelne Kritiker das Buch samt der Verfasserin in Grund und Boden verdammt haben.«

Ein Historiker vom Rang Herbert Grundmanns urteilt in »Historische Zeitschrift«, München–Berlin, 147, 1933, S. 396–398: »... Trotz dieser Einwände und trotz des Unbehagens, das die Lektüre gelegentlich verursacht, verdient aber die Biographie als eigenwilliger, selbständiger und sehr aufschlußreicher Versuch, in die seelische Struktur und das Schicksal der Heiligen einzudringen, große Beachtung.«

Der kompetente Elisabeth-Forscher Albert Huyskens kommt in der »Zeitschrift des Vereins für thüringische Geschichte und Altertumskunde«, Jena 38, NF. 30, 1933, S. 336–339, zu dem Urteil: »Zusammenfassend sei bemerkt, daß das Werk von Busse-Wilson die bedeutendste Erscheinung der Elisabeth-Literatur des Jubiläumsjahres ist, ein Werk reich an Anregungen und Problemen, an dem keine spätere wissenschaftliche Darstellung des Lebens der heiligen Landgräfin und ihrer Zeit, auch keine Darstellung der thüringischen Landesgeschichte vorübergehen kann.«[171]

Worin bestand die Wirkung des Elisabeth-Buches von Frau Busse-Wilson, das so widersprüchliche Urteile provozierte? Zum ersten Male hatte sich eine Wissenschaftlerin der Heiligen genähert und versucht, sie mit dem Maßstab der Psychologie und der Psychoanalyse zu messen.

Dabei ist sie wie jeder Wissenschaftler, der sich nicht im Kreis der exakt meßbaren Naturwissenschaften bewegt, auf Deutung und Ausdeutung angewiesen und ist natürlich auch Mißdeutungen erlegen.

Ihre Leistung aber ist, daß sie wie mit einem Sandstrahlgebläse den Zuckerguß der Romantik, aber auch die allzu sehr verherrlichende, refeudalisierende mittelalterliche Heiligenbetrachtung abgetragen hat.

Das mußte für viele in diesen Geschichtsbildern erzogene Menschen schmerzlich sein. Hier ist die Erklärung für die Heftigkeit der Angriffe zu finden. Ebenso aber auch die Bewunderung für den Mut der Autorin, jahrhundertealte Klischees zu zerbrechen und in der Heiligen den leidenden Menschen zu zeigen.

Elisabeth Busse-Wilson hat aber nicht nur genommen, sondern auch gegeben.

Indem sie Elisabeths Bild von Flitter und Tand befreit, schenkt sie uns eine Heilige, die Erniedrigung, Askese, Leiden und den Verlust menschlicher Liebe hinnimmt, ja bewußt erzwingt, um die Erfüllung in der Vereinigung mit Christus zu finden.

Wenn wir nun in das Leben der heiligen Elisabeth eintreten, so wollen wir uns fast ausschließlich von den Urquellen leiten lassen.

Jedoch werden wir auch das Werk von Elisabeth Busse-Wilson beachten, um von ihr zu lernen, aber auch um zu erkennen, wo sie in der psychologischen Deutung ihrer Elisabeth-Schau der Mißdeutung verfiel.

1130 Pontifikat Papst Innozenz' II. bis 1143.

1131 *Gf. Ludwig I. wird auf dem Reichstag zu Goslar von Ks. Lothar III. zum Landgrafen von Thüringen ernannt.*

1140 *Ludwig II. wird Lgf. von Thüringen bis 1172, heiratet 1150 die Stauferin Jutta von Schwaben.*

1142 Tod des Peter Abaelard, frz. Theologe und Scholastiker (Logik der Allgemeinbegriffe, Universalien). Entmannt wegen Liebesverhältnis zu Heloise, Nichte des Abtes Fulbert.

1145 Pontifikat Papst Eugens III. bis 1153.

1147 Zweiter Kreuzzug zur Rückeroberung Edessas unter Führung Kg. Konrads III. von Deutschland und Kg. Ludwigs VII. von Frankreich, erfolglos, Kreuzzugsprediger Bernhard von Clairvaux.

1151 Hildegard von Bingen: »Liber Scivias«, Schilderung von Visionen, Prophetien, Bußmahnungen. Kreuzfahrer bringen die schwarze Ratte nach Europa, deren Flöhe die Pest verbreiten.

1152 Friedrich I. Barbarossa wird Kg., röm. dt. Ks. von 1155 bis 1190.

1153 Tod Bernhards von Clairvaux.

1154 Pontifikat Hadrians VI. bis 1159. Der einzige Engländer auf dem päpstlichen Stuhl.

1156 Österreich wird Herzogtum.
In Anlehnung an die provenzialischen Trouba-

doure entwickelt sich in Frankreich eine höfische Lyrik.

1157 Konfrontation zwischen Ks. Friedrich I. Barbarossa und Papst Hadrian VI. auf dem Reichstag von Besançon, ausgelöst durch Reinald von Dassel.
»Der von Kürenberg«, erster namentlich bekannter dt. Minnesänger.

1158 Unterwerfung Mailands durch Ks. Friedrich I. Barbarossa; der Hoftag auf den Ronkalischen Feldern stellt die Rechte des Ks. in Italien wieder her.

1159 Pontifikat Papst Alexanders III. bis 1181, des großen Gegenspielers Kaiser Friedrichs I. Barbarossa.

1165 Heinrich VI. geb., Kg. ab 1190, röm. dt. Ks. von 1191 bis 1197.
Philipp II. Augustus geb., Kg. v. Frankreich von 1180–1223.

1167 Unterwerfung Roms durch Ks. Friedrich I. Barbarossa, Tod des Kölner Ebfs. und Kanzlers Rainald von Dassel.

1170 Wolfram von Eschenbach geb., gest. um 1220, mhd. Epiker, »Parzival«, »Willeham«, »Titurel« und »Minnelieder«.
Walther von der Vogelweide geb., gest. um 1230, berühmtester mhd. Dichter.

1172 *Lgf. Ludwig II. von Thüringen gest. Ludwig III. der Fromme wird Lgf. Teilnehmer am Kreuzzug Ks. Friedrich I. Barbarossas, nimmt 1190 an der Gründung des Deutschen Ordens vor Akkon teil, stirbt 1190.*
Silberbergbau in Freyberg in Sachsen.

1173 Petrus Waldes verbreitet Bibelübersetzungen. Beginn der geistl. Ketzergerichte als päpstliche Einrichtung ab 1232.

1177	Frieden von Venedig zwischen Ks. Friedrich I. Barbarossa und Papst Alexander III. Versöhnungskuß und Stratordienst des Ks.
1179	Heinrich der Löwe geächtet.
1180	Philipp von Schwaben geb., dt. Kg. von 1198 bis 1208, dann ermordet.
1180	Jacob von Vitry, Bf. v. Akkon, geb. Seelsorger der Frauen um Marie von Oignies (Begine).
1184	Mainzer Hoffest. Schwertleite und Ritterschlag der Kaisersöhne. Glanzvolle Selbstdarstellung staufischer Kaiserherrlichkeit. Beginn des sechsten und letzten Italienzuges von Ks. Friedrich I. Barbarossa.
1186	Kaisersohn Heinrich VI. und Constanze von Sizilien heiraten.
1187	Drei-Päpste-Jahr: Am 20. Okt. stirbt Papst Urban III., am 17. Dez. Papst Gregor VIII., und am 19. Dez. wird Papst Clemens III. erwählt.
1189	Tod Kg. Wilhelms II. von Sizilien, dadurch rücken Heinrichs VI. Erbansprüche in greifbare Nähe. Aufbruch des dt. Kreuzfahrerheeres auf dem Landweg unter Ks. Friedrich I. Barbarossa. Richard Löwenherz wird Kg. von England und nimmt, wie der franz. Kg. Philipp II. August, am Kreuzzug teil.
1190	Friedrich Barbarossa, röm. dt. Ks. seit 1152, ertrinkt in Kleinasien im Fluß Saleph. Auch Friedrich von Hausen, der Sänger der hohen Minne, auf dem gleichen Kreuzzug gefallen. Lübecker und Bremer Kaufleute gründen vor Akkon den Deutschen Orden, zunächst nur als Krankenpflegerorden. Der deutsche Kreuzzug bricht zusammen. *Lgf. Ludwig III. der Fromme von Thüringen gest. Beginn der Regierungszeit von Lgf. Hermann I.*

von Thüringen, gest. 1217, Schwiegervater der heiligen Elisabeth.

1191 Kg. Heinrich VI. zum röm.-dt. Ks. gekrönt. Beginn der Eroberung Siziliens.

1192 Kg. Richard I. Löwenherz gerät auf der Rückkehr vom Kreuzzug in die Gefangenschaft Ks. Heinrichs VI.
Baubeginn des Bamberger Domes – roman.-frühgotisch – 1237 geweiht.

1194 Freilassung Kg. Richard I. Löwenherz' gegen ein Lösegeld von 150 000 Pfund kölnischen Silbers, umgerechnet 34 000 kg Feinsilber.
Am 25. Dezember wird Ks. Heinrich VI. zum Kg. von Sizilien gekrönt, einen Tag später sein Sohn, der spätere Ks. Friedrich II., in Jesi geboren. Noch im Dezember richtet Heinrich VI., unter dem Vorwand einer Verschwörung gegen ihn, ein schreckliches Blutbad unter dem Adel Siziliens an.

1196 Blütezeit des Bürgertums in den flandrischen Städten Gent und Brügge und in Oberitalien in Pisa, Genua und Venedig.

1197 Tod Ks. Heinrichs VI., Aufstand gegen die deutsche Herrschaft in Italien.

1198 Pontifikat Papst Innozenz III. bis 1216. Er führt beim Ospedale di Santo Spiritu eine Drehlade ein, in der jeder unerkannt von außen Säuglinge (Findelkinder) einlegen kann. Beispielgebend für geistliche Orden und ihre Klöster.
Philipp von Schwaben, dt. Kg. von 8.3.1198 bis 21.6.1208, ermordet vom bairischen Pfalzgrafen Otto von Wittelsbach.
Otto IV., welfischer Gegenkg. 9.7.1198, Ks. seit 1209, gest. 1218.
Deutscher Orden wird geistlicher Ritterorden mit Sitz in Akkon.

247

Walther von der Vogelweide preist als fahrender
Spielmann die niedere Minne, die Liebe zu Frau-
en aus dem Volk. Ein Zeichen für die Auflösung
der streng höfisch-feudalen Gesinnung.

1199 Tod Richard I. Löwenherz', Kg. von England. Re-
gierungsantritt seines Bruders, Johann ohne
Land, Kg. von England bis 1216.

1200 *Geburt Lgf. Ludwigs IV. von Thüringen, des Gat-
ten der heiligen Elisabeth. Gest. 1227.*
Das Gedankengut des Aristoteles und seine
Schriften werden im Abendland bekannt.

1204 Fall von Byzanz im vierten Kreuzzug unter der
Führung von Venedig.

1205 Bekehrung des heiligen Franziskus von Assisi.
König Philipp von Schwaben besiegt in der Schlacht
bei Wassenberg Kg. Otto IV. von Braunschweig.
*Beginn der Regierungszeit Kg. Andreas' II. von
Ungarn, bis 1235, Vater der heiligen Elisabeth.*

1207 *Elisabeth geb. in Preßburg oder auf der Burg
Páros Patak.*

1208 *Verlobung Elisabeths mit dem Sohn des Lgf.
Hermann I. von Thüringen.*
Philipp von Schwaben, dt. Kg., ermordet.
Der Welfe Otto IV. von Braunschweig am 11.11.
neu zum Kg. gewählt.
Päpstl. Legat in Südfrankreich von Albingensern
ermordet.

1209 Beginn der Albingenserkriege, bis 1229.
Erste mündliche Bestätigung des Franziskaner-
Ordens durch Papst Innozenz III.

1210 Ks. Otto IV. von Papst Innozenz III. gebannt. Hermann von Salza vierter Hochmeister des Deutschen Ordens, Reichsdiplomat zwischen Papst
und Kaiser.

1211 *Übersiedlung Elisabeths nach Thüringen zur*

Pfalz des Lgf. Hermann I. Erziehung durch die Gemahlin Hermanns I., die Lgfn. Sophie.

Der Deutsche Orden erhält von Kg. Andreas von Ungarn, Elisabeths Vater, das Burzenland zum Lehen.

1212 Papst Innozenz III. läßt sein Mündel, Friedrich II., als Gegenkg. gegen den welfischen Kg. und Ks. Otto IV. aufstellen mit dem Versprechen, Unteritalien und Sizilien als päpstliche Lehen nie mit dem Reich zu vereinen.

1213 Ermordung der Kgn. Gertrud von Ungarn, Mutter Elisabeths, durch den ungarischen Adel.

Die Begine Marie von Oignies gestorben.

Der heilige Franziskus und die heilige Klara gründen den Orden der Klarissen.

Kinderkreuzzug: Tausende Kinder verelenden und sterben auf den Straßen des Abendlandes, andere endeten auf dem Sklavenmarkt von Alexandria.

1214 Sieg des französischen Kgs. Philipp II. August über den Welfen Ks. Otto IV. bei Bouvines am 27.8. Damit ist die Laufbahn Ottos IV. beendet († 1218) und das Königtum des Staufers Friedrich II. eingeleitet.

1215 Kgs.-Krönung Friedrichs II. in Aachen.

Die englischen Barone erzwingen auf der Wiese von Runnymede vom englischen Kg. Johann Ohneland (1119–1216) die »Magna Charta Libertatum«.

Erste Apotheken in dt. Städten.

1216 Pontifikat Papst Honorius III. bis 1227.

Anerkennung des Dominikanerordens durch den Papst sowie mündl. Bestätigung der Beginen durch Vermittlung Jacobs von Vitry, Bf. von Akkon.

249

1217 *Ludwig IV., Lgf. von Thüringen, tritt die Nach-folge seines Vaters an.*
Kreuzzug nach Syrien unter Führung Kg. An-dreas' II. von Ungarn (Vater der heiligen Elisa-beth) und des Hgs. Leopold VII. von Österreich.
Walther von der Vogelweide stellt sich in seinen Liedern gegen den Papst und ergreift Partei für Ks. Friedrich II.

1219 Wirken des Cäsarius von Heisterbach, geb. um 1180, gest. 1240.
Der heilige Franziskus predigt auf dem ägypti-schen Feldzug vor dem Sultan.

1220 Ks.-Krönung Friedrichs II. in Rom durch Papst Honorius III.

1221 *Heirat der heiligen Elisabeth mit Lgf. Ludwig IV. von Thüringen.*
Tod des heiligen Dominikus in Bologna.

1222 *Geburt des ersten Sohnes der heiligen Elisa-beth, Hermann II., Lgf. von Thüringen von 1227–1242.*
Reise des Landgrafenpaares nach Ungarn.

1223 Papst bestätigt die Franziskaner-Regel. Albertus Magnus tritt in den Dominikaner-Orden ein.

1224 *Geburt von Elisabeths erster Tochter, Sophie, spätere Hgn. von Brabant. Lgf. Ludwig IV. ver-pflichtet sich zum Kreuzzug.*

1225 Deutscher Ritterorden durch Kg. Andreas II., Va-ter der heiligen Elisabeth, aus Siebenbürgen im damaligen Ungarn vertrieben.
Thomas von Aquino geboren, gest. 1274, Kir-chenlehrer.
Byzanz bekämpft die Sekte der Bogomilen.
Wilhelm von Auxerre (Frankr.) beklagt die Häu-figkeit außerehelicher Bindungen.
Elisabeth weist den Franziskanern in Eisenach

eine Kapelle zu. Sie versorgt die Brüdergemeinde mit selbstgesponnener Wolle.

Ermordung des heiligen Engelbert, Ebf. von Köln und Reichsgubernator.

Konrad von Marburg wird Beichtvater und Lehrmeister der heiligen Elisabeth.

1226   Im Hungerwinter 1225/26 öffnet die heilige Elisabeth die landgfl. Kornscheuern und verteilt die Vorräte an die Armen. Elisabeth leistet das Gelübde des unbedingten Gehorsams gegenüber Konrad von Marburg, soweit die Rechte des Landgrafen Ludwig als Ehegatte nicht verletzt werden. Gleichzeitig Enthaltsamkeitsgelübde bei vorzeitigem Tod des Ehegatten. Speiseverbote durch Konrad von Marburg.

Beginn der Eroberung und Missionierung Preußens durch den Deutschen Orden bis 1283.

1227   Pontifikat Papst Gregor IX. bis 1241.

Konrad von Marburg zum päpstlichen Inquisitor für Deutschland bestellt.

Aufbruch zum fünften Kreuzzug unter Ks. Friedrich II. in Italien. Aufschub wegen einer Epidemie im Heere. Papst sieht darin Bruch des Kreuzzugsversprechens und bannt Ks. Friedrich II.

Lgf. Ludwig IV. stirbt auf dem Kreuzzug vor Otranto.

Die heilige Elisabeth, von der Wartburg vertrieben, verbringt den Winter 1227/28 unter elenden Bedingungen in Eisenach.

1228   *Am Karfreitag (24.3.1228) erneuert Elisabeth ihre Gelübde in der Franziskanerkirche zu Eisenach. Sie entsagt allen Verwandten; ihren Kindern, dem eigenen Willen und dem Glanz der Welt; Elisabeths Tante, die Äbtissin Mechthild von Kissingen, bringt ihre Nichte zu Onkel Ekbert, dem Bf. von Bamberg.*

Elisabeth lehnt die Ehepläne ihres bischöflichen Onkels ab und wird auf Burg Pottenstein festgesetzt. Sie droht mit Selbstverstümmelung.

Rückkehr Elisabeths nach Thüringen zu den Beisetzungsfeierlichkeiten für ihren Gatten, Lgf. Ludwig IV,. im Familienkloster Reinhardsbrunn.

Papst Gregor stellt Elisabeth unter seinen Schutz und bestellt Konrad von Marburg zu ihrem Defensor. Dieser erreicht Zahlung des Wittums an Elisabeth.

Übersiedlung Elisabeths nach Marburg. Dort Bau ihres Franziskushospitals aus den Mitteln ihres Wittums.

Heiligsprechung des Franziskus von Assisi durch Papst Gregor IX. in Assisi.

Konrad von Marburg nimmt Elisabeth die Freundinnen Guda und Ysentrud sowie ihre langjährigen Dienerinnen. Bei ihr bleiben ein ungebildetes Mädchen und eine schwerhörige, bösartige Witwe.

1229 Selbstkrönung Ks. Friedrichs II. zum Kg. von Jerusalem im Verlauf des fünften Kreuzzuges.
Elisabeths Leben besteht nunmehr nur noch in der Krankenpflege und Askese in ihrem Hospital zu Marburg.

1231 *Am 17.11. Tod Elisabeths in Marburg.*
Konrad von Marburg wird päpstlicher Inquisitor in Deutschland.

1232 *Eröffnung des Kanonisationsverfahrens zur Heiligsprechung Elisabeths.*

1233 Ermordung des Konrad von Marburg durch Angehörige des hohen deutschen Adels.

1234 Niederlassung des Deutschen Ordens in Mar-

burg und Übernahme des Hospitals und der Gra-
besstätte Elisabeths.

Am 18.11. tritt Lgf. Konrad von Thüringen in
den Deutschen Orden ein und betreibt die Heiligsprechung seiner Schwägerin Elisabeth.

1235 *Heiligsprechung Elisabeths durch Papst Gregor*
IX. zu Pfingsten in Perugia.
Grundsteinlegung und Beginn der Bauarbeiten
an der frühgotischen Elisabeth-Kirche in Marburg.
Ks. Friedrich II. in Deutschland zur Niederschla-
gung des Aufstandes seines Sohnes, Kg. Heinrichs (VII.), Absetzung.

1236 Feierliche Erhebung der Gebeine der heiligen
Elisabeth in Marburg in Anwesenheit Ks. Friedrichs II.

1237 Kg. Konrad IV., Sohn Ks. Friedrichs II., Nachfol-
ger im Königtum seines unglücklichen Bruders,
Heinrichs (VII).
Sieg Ks. Friedrichs II. über die lombardischen
Städte.
Der Deutsche Orden vereinigt sich mit dem liv-
ländischen Schwertbrüderorden und beherrscht
jetzt Livland und Kurland.

1239 Lgf. Konrad von Thüringen wird als Nachfolger
Hermann von Salzas Hochmeister des Deutschen Ordens.

1240 Tod des Hochmeisters des Deutschen Ordens,
Konrads von Thüringen am 24.11.
Ks. Friedrichs II. Hof in Palermo ist Mittelpunkt
des italienischen Minnesangs.

1241 Hg. Heinrich von Schlesien, Sohn der heiligen
Hedwig, Vetter der heiligen Elisabeth, fällt in der
Mongolenschlacht bei Liegnitz am 4. April.

1242 Lgf. Hermann II. von Thüringen, Sohn der heiligen Elisabeth, stirbt. Sein Onkel, Heinrich Raspe wird Nachfolger.

1246 Lgf. Heinrich Raspe wird Gegenkönig, stirbt aber kinderlos am 17. Dezember 1247.

1247 Das Geschlecht der Ludowinger ist im Mannes-stamm erloschen.

1249/ Überführung der Gebeine der heiligen Elisabeth
50 in die neuerbaute Elisabethkirche in Marburg.

1250 Sieg des Kaisersohnes Kg. Konrad IV. über den Gegenkg., den Grafen von Holland.
Am 13. Dezember 1250 Tod Ks. Friedrichs II. in Castel Fiorentino. Ende der Blütezeit des mittel-alterlichen Kaisertums.

1283 Weihe und Fertigstellung der Elisabethkirche in Marburg, die nächst der Liebfrauenkirche in Trier die älteste gotische Kirche in Deutschland ist.

ANMERKUNGEN

1. Widukind von Corvey, »Res gestae Saxonicae«, III., 74, S. 179, WBD 1974, folgend Widuk. abgekürzt
2. »Panorama europäischen Geistes«, Hrsg. L. Marcuse, Bd. II., S. 32, Zürich 1977
3. Reinhold Schneider, in: Neue Deutsche Biographie, Bd. 12
4. Matthäus 10,34–39
5. Tacitus, »Germania«, § 41, Reclam, 1928
6. Widuk. I. 5, 6, 7
7. Beyerle, Franz: »Süddeutschland in der politischen Konzeption Theoderichs des Großen«, Vorträge und Forschung I. 1955, S. 65–82
8. Gregor von Tours, »Historiarum« III, c. 7–9, WBD 1973
9. Langosch, Karl: »Profile des lateinischen Mittelalters«, S. 72/73, WBD 1965
10. Patze, Hans: »Die Entstehung der Landesherrschaft in Thüringen«, Köln 1962
11. 15. W. A.-Tr. 1040, Aurifabers deutsche Fassung
12. Wipo: »Taten König Konrads«, c. 4., WBD 1978
13. Peek, Coll. Reinh., Nr. 63, aber auch Patze, Hans: »Die Entstehung der Landesherrschaft in Thüringen«, S. 219, Köln 1962
14. Chron. regia Col. Waitz, S. 148
15. Kirmse: »Die Reichspolitik Hermann I.«, ZVThGA, NF. 19 1908
16. Toeche, Jbb. Heinrichs VI., S. 398
17. Demandt, K. E.: »Der Endkampf des staufischen Hauses im Rhein-Main-Gebiet«. Hess. Jb. f. Landesgesch. 7, 1957, S. 102–164
18. Chron. Reinh. XXX.1, S. 550
19. Wehrli, Max: »Deutsche Lyrik des Mittelalters«, 1962, S. 217
20. Kaplan Berthold: »Vita Ludovici«, folgend: »Vita Lud.« genannt

21. Pernoud, Régine: »Königin der Troubadoure – Eleonore von Aquitanien«, 1977, S. 189
22. »Libellus de dictis quatuor ancillarum S. Elisabeth confectus«, übersetzt nach der lateinischen Urschrift von A. Huyskens, 1911, nachfolgend »Libellus« genannt
23. Libellus
24. Vita Lud.
25. Libellus
26. Libellus
27. Libellus
28. Libellus
29. Vita Lud.
30. Libellus
31. Vita Lud.
32. Vita Lud.
33. Bumke, Joachim: »Höfische Kultur«, Bd. 2. dtv 1986, S. 530, nachfolgend Bumke genannt
34. Bumke, S. 531
35. Bumke, S. 531
36. Vita Lud.
37. »Chronica Reinhardsbrunnensis«, ed. Holder-Eggers, MG. SS. XXX, S. 605, übersetzt von W. Lautemann, in: Geschichte in Quellen, Bd. II, München
38. Vita Lud.
39. Cäsarius von Heisterbach, »Das Leben der Heiligen Elisabeth von Thüringen«, nachfolgend »Cäsarius« genannt
40. Colmarer Chronik, zitiert nach Jundt, Pierre: »Die Hohenstaufen«, 1969
41. Lampert von Hersfeld, »Annalen«, S. 259, 261, c. 20–5, WBD 1957
42. Ursp. chron., S. 74, zitiert nach Bumke
43. H. v. Melk, »Erinnerung an den Tod«, S. 354–61
44. »Compendium historiarum«, S. 715, zitiert n. Bumke
45. »De octo vitiis principalibus, 1271–1280«, zitiert nach Bumke
46. Brundlage, J. A.: »Prostitution in Medieval«, Canon Law. Si. 1, 1976, S. 825–45, zitiert nach Bumke
47. Innozenz III. Epistolae, Bd. 3, S. 34 f., zitiert nach Bumke
48. Freidank, 102, 20–35
49. Ruodlieb, XIV, 68, S. 70–73, 77–79, hrsg. v. G. B. Ford, übersetzt von F. P. Knapp, 1977
50. Hugo von Trimberg: »Der Renner«, Hrsg. G. Ehrismann, Bd. 1–4, 1104–1107 und 1145–1155, 1908–1911

51. Hauck, A.: »Kirchengeschichte Deutschlands«, Vierter Teil, S. 922–923, Leipzig 1925
52. Schmitz, H. J.: »Die Bußbücher und das kanonische Bußverfahren«, S. 452, Reprint Graz, 1958 und Grimm, J.: »Deutsche Mythologie«, S. 560, 1835
53. Libellus
54. Libellus
55. Libellus
56. Epistola
57. Libellus
58. Libellus
59. Vita Lud.
60. Cäsarius
61. Vita Lud.
62. Druon, Maurice: »Der Fluch aus den Flammen«, S. 146, 1962
63. Vita Lud.
64. Wenck, Karl: »Hochland«, 1907 V.
65. Libellus
66. Libellus
67. Libellus
68. Epistola
69. Libellus
70. Vita Lud.
71. Vita Lud.
72. Libellus
73. Vita Lud.
74. Matthäus 19, 21
75. Markus 6, 7, 8, 9
76. Lukas 6, 20–25
77. Lukas 14, 26, 27
78. Libellus
79. Libellus
80. Kingsley, Ch.: »The Saint's Tragedy«, deutsch v. M. Sell, Marburg 1855
81. Bühler, J.: »Klosterleben im Mittelalter« Regel der Minderbrüder, Frankfurt/M. 1989
82. Bühler, J.: »Klosterleben im Mittelalter«, Chronik des Jordan von Giano, S. 389–402, Frankfurt/Main 1989
83. Chronik des Jordan von Giano
84. Libellus
85. Steinen, Wolfgang von den: »Franziskus und Dominikus«, S. 52, Breslau 1926

86. Steinen, Wolfgang von den: »Franziskus und Dominikus«, S. 117, Breslau 1926
87. Libellus
88. Epistola
89. Libellus
90. Libellus
91. Libellus
92. Matthäus, 25
93. Vita Lud.
94. Libellus
95. Libellus
96. Libellus
97. Libellus
98. Libellus
99. Libellus
100. Durant, Will: »Das Zeitalter des Glaubens«, S. 863, Bern 1956
101. Libellus
102. Libellus
103. Libellus
104. Vita Lud.
105. Epistola
106. Cäsarius
107. Libellus
108. Libellus
109. Matthäus 10, 34–39
110. Markus 12, 31
111. Matthäus 25, 35–40
112. Libellus
113. Busse-Wilson, S. 119/200/210
114. Ohler, N.: »Elisabeth von Thüringen«, S. 73, Musterschmidt-Verlag, Göttingen 1984
115. Borst, Arno: »Lebensformen im Mittelalter«, Berlin 1986, S. 256–258
116. Hunke, Sigrid: »Allahs Sonne über dem Abendland«, Frankfurt/M. 1990
117. Libellus
118. Epistola
119. Vita Lud.
120. Libellus
121. Libellus
122. Libellus

123. Libellus
124. Epistola
125. Libellus
126. Libellus
127. Libellus
128. Strauß und Torney, Lulu von: »Das Leben der Heiligen Elisabeth«, Jena 1926
129. Cäsarius
130. Autor Rhythmicus, um 1460, nach der Studie von Adolf Hausrath: »Der Ketzermeister von Marburg«
131. Epistola
132. Mechthild von Magdeburg: »Das fließende Licht der Gottheit, hrsg. und übersetzt von W. Schleussner, 1929
133. Libellus
134. Libellus
135. Libellus
136. Hist. translationis corporis sanctissimi ecclesiae doctoris divi. Thom. de Aq., auct. fr. Raymundo Hugonis O. P., Acta sanctorum, Martii I p. 725
137. Epistola
138. Ms. lat. fol. 232, Preuß. Staatsbibliothek Berlin, übersetzt von A. Huyskens
139. Cäsarius
140. Epistola
141. Epistola
142. Epistola
143. Jansen, J.: »Medizinische Kasuistik« in den »Miracula Sancte Elysabeth«, Verlag Peter Lang, Frankfurt – Bern – New York
144. Cäsarius
145. Nach der Heidelberger MS CV eines unbekannten Franziskanermönches, Zeitgenosse Elisabeths
146. Patschovsky, Alexander: »Zur Ketzerverfolgung Konrads von Marburg, Deutsches Archiv für das Mittelalter, Jg. 37, Heft 2, S. 641–693, 1981
147. Epist. Sigfr., MGH. SS 23, S. 931, 25 ff.
148. Cäsarius von Heisterbach: »Dialogus miraculorum«, V 21, ed. J. Stange, Köln
149. Wormser Annalen
150. Borst, Arno: »Die Katharer«, S. 101, Herder 1991
151. Cäsarius
152. Gesta Treverorum

153. Die Quellen über die Taten Konrads von Marburg und seiner Mordgehilfen sind: »Die Trierer und Wormser Annalen«, die Chronik der Erfurter Predigerbrüder und für seinen Tod Cäsarius von Heisterbach. Zusammengestellt bei P. Braun: »Der Beichtvater der Heiligen Elisabeth und der deutsche Inquisitor Konrad von Marburg«. Arch. f. hess. Geschichte und Altertumskunde, NF. IV. 4.1910 und 5.1911

154. Beide Zitate: Durant, Will: »Kulturgeschichte der Menschheit«, Das frühe Mittelalter, S. 501/502, Ullstein 1981

155. Coulton, G. G.: »From St. Francis to Dante«, London 1908, dt. Übersetzung A. Doren, Leipzig 1914

156. Gregorovius, Ferdinand: »Geschichte der Stadt Rom im Mittelalter«, Bd. II, 1, S. 231, dtv 1988

157. Grundmann, Herbert: »Religiöse Bewegungen im Mittelalter«, S. 19/20, WBD 1977, folgend nur »Grundmann« genannt

158. Borst, Arno: »Die Katharer«, S. 93, Herder 1991

159. Burckhard, Jacob: »Weltgeschichtliche Betrachtungen«, S. 52, 1976

160. Matthäus, 19

161. Lambert, Malcolm: »Ketzerei im Mittelalter«, S. 110, Herder 1991

162. Prolog zu der Regel für die italienischen Frauenklöster, Sbaralea I., S. 263, 395

163. Grundmann, Herbert: »Religiöse Bewegungen im Mittelalter«, S. 170, WBD 1977

164. Grundmann, S. 172

165. Urk.-Buch Zürich VIII. S. 317, n. 3056 vom 12. Aug. 1310, siehe auch Grundmann, S. 315/317

166. Grundmann, S. 314–318

167. Busse-Wilson, S. 321

168. Strauß und Torney, Lulu von: »Das Leben der Heiligen Elisabeth«, S. 29, Jena 1929

169. Hauck, A.: »Kirchengeschichte Deutschlands«, Vierter Teil, S. 924/25, Leipzig 1925

170. Mühlensiepen, W.: »Die Auffassung von der Gestalt der Heiligen Elisabeth in der Darstellung seit 1795«, Marburg 1949

171. Katalog Bd. 7, »700 Jahre Elisabethkirche in Marburg – St. Elisabeth, Kult, Kirche, Konfession«, Marburg 1983, S. 154–157

QUELLEN- UND LITERATURHINWEISE

Zu Zeit und Geschichte der heiligen Elisabeth wurden herausgegeben von:

Huyskens, Albert: »Quellenstudium zur Geschichte der hl. Elisabeth, Landgräfin von Thüringen«, 1908 (enthält die Epistel des Magisters Konrad von Marburg an Papst Gregor IX., auch »Summa Vitae« genannt, außerdem die Aussagen der vier Dienerinnen und die Protokolle der Wunder

Huyskens, Albert: »Der sogenannte ›Libellus de dictis quatuor ancillarum s. Elisabeth confectus‹«, 1911

Huyskens, Albert: »Die Schriften des Caesarius von Heisterbach über die heilige Elisabeth von Thüringen«, in: »Die Wundergeschichten des Caesarius von Heisterbach«, Hrsg. A. Hilka 1937

Rückert, H.: »Das Leben des Heiligen Ludwig, Landgraf in Thüringen, Gemahl der Heiligen Elisabeth«, 1851, nach der lateinischen Urschrift übersetzt von Friedrich Ködiz zu Salfeld. Nach: »Das Leben des Heiligen Ludwig« (Vita Ludovici) von Berthold, Kaplan des Landgrafen, der ihn bis zu seinem Tode begleitete

Holger-Egger, O.: »Chronica Reinhardsbrunnensis«, in: »Monumenta Germaniae Historica«, Scriptores, 30, 1. 1896

Wyss, A.: »Hessisches Urkundenbuch«, 1. Abt.: Urkundenbuch der Deutschordens-Ballei Hessen, 1879

Weiterhin:
Ausgewählte Quellen zur deutschen Geschichte des Mittelalters, Freiherr vom Stein-Gedächtnisausgabe:
1. Bischof Otto von Freising und Rahewin, »Die Taten Friedrichs« oder richtiger: »Chronica«, übersetzt von Adolf Schmidt, hrsg. von Franz-Josef Schmale, Darmstadt 1980

2. »Slawenchronik des Helmut von Bosau«, neu übertragen und erläutert von Heinz Stoob, Darmstadt 1973

3. Lebensbeschreibungen einiger Bischöfe des 10. und 12. Jhs.: »Leben des hl. Ulrich von Augsburg«, verfaßt von Gerhard, »Leben des hl. Bruno, Ebf. von Köln«, verfaßt von Ruotger, »Leben des hl. Bernward, Bf. von Hildesheim«, verfaßt von Thangmar, »Leben Bischof Bennos II. von Osnabrück«, verfaßt von Norbert, »Leben des hl. Norbert, Ebf. von Magdeburg« – »Taten Erzbischofs Adalberos von Trier«, verfaßt von Balderich, übersetzt von Hatto Kallfelz, Darmstadt 1986

4. »Quellen zur Geschichte des deutschen Bauernstandes im Mittelalter«, gesammelt und herausgegeben von Günther Franz, Darmstadt 1974

5. Simonsfeld, Henry: »Jahrbücher des Deutschen Reiches unter Friedrich I.«, 1. Bd.: 1152–1158, Neudruck 1967 Berlin

6. »Chronica regia Coloniensis«, MG SS, Kölner Königschronik, übersetzt von Carl Platner, Berlin 1867

7. »Arnoldi Chronica Slavorum«, Slawenchronik des Arnold von Lübeck, übersetzt von J. K. M. Laurent, 1853

8. »Die Chronik des Propstes Burchard von Ursberg«, hrsg. von Oswald Holger-Egger und Bernhard von Simson, Leipzig 1916

9. Lautemann, W./Schlenke, M.: »Geschichte in Quellen«, Bd. II: Mittelalter, München 1970

10. »Deutschlands Geschichte im Mittelalter. Vom Tode Kaiser Heinrichs V. bis zum Ende des Interregnums«, Wattenbach, Wilhelm/Schmale, Franz-Josef, Darmstadt 1976

11. Böhmer, J. F., »Regesta Imperii, Die Regesten des Kaiserreichs unter Philipp, Otto IV., Friedrich II., Heinrich (VII.), Conrad IV., Heinrich Raspe, Wilhelm und Richard, 1198–1272«, neu herausgegeben und ergänzt von Julius Ficker, I. Bd. Hildesheim 1971

Geschichts-, Nachschlage- und Sammelwerke:

12. Boockmann, Hartmut: »Stauferzeit und spätes Mittelalter«, in: »Das Reich und die Deutschen, Deutsche Geschichte in 10 Bänden«, Berlin 1987

13. Cartellieri, Alexander: »Das Zeitalter Friedrich Barbarossas«, in: »Weltgeschichte als Machtgeschichte«, 5 Bände, Aalen 1972

14. Gebhardt, Bruno: »Handbuch der deutschen Geschichte«, Bd. 4 und 5, München 1973

15. Schieder, Theodor (Hrsg.): »Handbuch der europäischen Geschichte«, Bd. 1, 2, 3, Stuttgart 1987

16. Fleckenstein/Fuhrmann/Leuschner: »Deutsche Geschichte«, Bd. 1, Stuttgart 1985

17. Petri, Franz/Droge, Georg (Hrsg.): »Rheinische Geschichte«, Bd. 1, 2. Düsseldorf 1983

18. Nitzsch, Karl Wilhelm: »Geschichte des deutschen Volkes bis zum Augsburger Religionsfrieden«, Hrsg. Bruno Opalka, Stuttgart 1959

19. Pleticha, Heinrich (Hrsg.): »Deutsche Geschichte«, Bd. 2, 3, Gütersloh 1982

20. Bogyay, Thomas von: »Grundzüge der Geschichte Ungarns«, Darmstadt 1990

21. Tichy, Franz: »Italien«, 1985

22. Haller, Johannes: »Das Papsttum. Idee und Wirklichkeit«, Bd. 3, Hamburg 1965

23. Hauck, Albert: »Kirchengeschichte Deutschland«, Dritter und Vierter Teil, Leipzig 1920

24. Kupisch, Karl: »Kirchengeschichte«, Bd. 2, Stuttgart 1974

25. Schuchert, August: »Kirchengeschichte«, Bd. 1, 2, Kempen/Ndrh. 1956

26. Höfer, Josef/Rahner, Karl: »Lexikon für Theologie und Kirche«, Freiburg 1959

31. »Die Zeit der Staufer«, Katalog, Stuttgart 1977, Bd. III:
Löwe, Heinz: »Die Staufer als Könige und Kaiser«
Tüchle, Hermann: »Die Kirche und die Christenheit«
Eggers, Hans: »Deutsche Dichtung in der Stauferzeit«
Sauerländer, Willi: »Die bildende Kunst in der Stauferzeit«
Eickhoff, Ekkehardt: »Die Bedeutung der Kreuzzüge für den deutschen Raum«
Schreiner, Klaus: »Die Staufer in Sage, Legende und Prophetie«
Decker-Hauf, Hansmartin: »Das Staufische Haus«

32. Borst, Arno (Hrsg.): »Das Rittertum im Mittelalter«, Darmstadt 1976
Huizinga, Johan: »Die politische und militärische Bedeutung des Rittergedankens am Ausgang des Mittelalters«, 1921
Painter, Sidney: »Die Ideen des Rittertums«, 1935
Erdmann, Carl: »Fortbildung des populären Kreuzzugsgedankens«, 1935
Ganshof, François Louis: »Was ist das Rittertum?«, 1947
Brunner, Otto: »Die ritterlich-höfische Kultur«, 1949
Bumke, Joachim: »Der adelige Ritter«, 1964
Duby, Georges: »Die Ursprünge des Rittertums«, 1968

Literatur, die sich ausschließlich oder hauptsächlich mit der heiligen Elisabeth befaßt:

33. Auer, Heinrich: »Der junge Montalambert und sein Elisabeth-Buch«. Zur Erinnerung an die hundertjährige Wiederkehr des Erscheinens der Erstausgabe 1836, Freiburg i. Br. 1936

34. Bauer, Hermann: »St. Elisabeth und die Elisabethkirche zu Marburg«. Marburg 1964

35. Bischof, Cordula: »Strategien barocker Bildpropaganda: Aneignung und Verfremdung der Heiligen Elisabeth von Thüringen«, Marburg-Jonas 1990

36. Boerner, Gustav: »Zur Kritik der Quellen für die Geschichte der Heiligen Elisabeth« (in: Neues Archiv der Gesellschaft für ältere Geschichtskunde, Bd. 13, 1888, H. 3), S. 433–515

37. Borst, Arno: »Elisabeth, heilige Landgräfin von Thüringen«, (in: Neue Deutsche Biographie, Bd. IV, Berlin 1959)

38. Braun, Paul: »Studien zur Geschichte der Heiligen Elisabeth«, (Zeitschr. f. hess. Geschichte und Altertumskunde, NF., IX. Bd., 1. Heft), S. 1–12, Darmstadt 1913

39. Busse-Wilson, Elisabeth: »Das Leben der Heiligen Elisabeth von Thüringen: Das Abbild einer mittelalterlichen Seele«. München 1931

40. Demandt, Karl: »Verfremdung und Wiederkehr der Heiligen Elisabeth«, (in: Hessisches Jahrbuch für Landesgeschichte, Bd. 22, Marburg, 1972), S. 112–161

41. Dietrich von Apolda: »Vita S. Elisabeth«. (Bei Mencken, »Sciptores rer. germ.«, und bei Canisius, »Thesaurus eccles.« tome II.) p. 119. Zw. 1289–1291 geschrieben, wurde die populärste Vita der Heiligen

42. Elsner, Salesius: »Sankt Elisabeth von Thüringen – ihre Darstellung in der Kunst«, (in: Franziskanische Studien, 18. Jg. 1931, H. 3/4), S. 305–331

43. Grunenberg, Hildegard: »Die Heilige Elisabeth in der dramatischen Dichtung«, Diss. 1916, Münster

44. Haselbeck, Gallus: »Die Heilige Elisabeth und ihre Beichtväter Bruder Rodeger und Konrad von Marburg«. Eine Kritik der Hypothese Wencks (in: Franziskanische Studien, 18. Jg. 1931, H. 3/4), S. 294–308

45. Huyskens, Albert: »Die Heilige Elisabeth von Thüringen«, (in: Korrespondenzblatt des Gesamtvereins der deutschen Geschichts- und Altertumsvereine, 77. Jahrgang 1929, Nr. 10–12), S. 222–235

46. Jansen, Jürgen: »Medizinische Kasuistik in der ›Miracula

Sancte Elyzabet‹«, Medizinhistorische Analyse am Grab der Elisabeth von Thüringen 1207–1231, P. Lang, Frankfurt/Main-Bern-New York

47. Heymann, Ernst: »Zum Eherecht der Heiligen Elisabeth«, (in: Zeitschrift des Vereins für thüringische Geschichte und Altertumskunde, Bd. 27 = NF. bd. 19, 1909, H. 1), S. 1–22

48. Justi, Karl Wilhelm: »Elisabeth, die heilige Landgräfin von Thüringen«, Zürich 1972

49. Kiel, Elfriede: »Die große Liebende«, Leipzig 1976

50. Kranz, Gisbert: »Elisabeth von Thüringen, wie sie wirklich war«, Augsburg 1961

51. Maresch, Maria: »Elisabeth, Landgräfin von Thüringen«, Ein altes deutsches Heiligenleben im Lichte der neueren Forschung, 1918 (Führer des Volkes, Nr. 23)

52. Maril, Lee: »Elisabeth von Thüringen«. Die Zeugnisse ihrer Zeitgenossen, 1961

53. Maurer, Wilhelm: »Zum Verständnis der heiligen Elisabeth«, (in: Zeitschrift für Kirchengeschichte, Vierte Folge, III. Bd. 65, 1953/54, H. 1 und 2), S. 16–64

54. Maurer, Wilhelm: »Die Heilige Elisabeth und ihr Marburger Hospital«, (in: Jahrbücher der Hessischen Kirchengeschichtlichen Vereinigung, 7, 1956), S. 36 ff.

55. Montalambert, Charles Forbes de Tyron Graf von: »Das Leben der Heiligen Elisabeth von Ungarn, Landgräfin von Thüringen und Hessen«. (Deutsche Übersetzung von Johann Philipp Städtler, Aachen und Leipzig, 1837)

56. Ohler, Norbert: »Elisabeth von Thüringen«, Fürstin im Dienst der Niedrigsten. (Muster-Schmitt, Göttingen–Zürich, 1984)

57. Plöger, G.: »Sankt Elisabeth, Helferin und Heilige«. Von der Herrlichkeit des Dienens

58. »Sankt Elisabeth« Fürstin, Dienerin, Heilige. Aufsätze, Dokumentation, Katalog, Hg. Philipp-Universität Marburg in Verbindung mit dem Hessischen Landesamt für geschichtliche Landeskunde, Sigmaringen 1981

59. Santifaller, Leo: »Zur Originalüberlieferung der Heiligsprechungsurkunde der Landgräfin Elisabeth von Thüringen vom Jahre 1235. (in: Acht Jahrhunderte Deutscher Orden in Einzeldarstellungen, hrsg. K. Wieser, O. T. Bad Godesberg 1967) S. 73

60. Schmoll, Friedrich: »Die heilige Elisabeth in der bildenden Kunst des 13. bis 16. Jahrhunderts«, Marburg 1918, (in: Beiträge zur Kunstgeschichte Hessens und des Rhein-Main-Gebietes, Bd. III.)

61. Schneider, Reinhold: »Elisabeth von Thüringen« (in: »Die Großen Deutschen«, Berlin 1956, Bd. 1), S. 130 ff.

62. Stannat, W.: »Das Leben der Heiligen Elisabeth in drei mittelalterlichen Handschriften aus Wolfenbüttel und Hannover«, 1959

63. Strauß und Torney, Lulu von: »Die Heilige Elisabeth«, Diederichs, Jena 1927. Basierend auf der Chronica St. Elisabeth, 1520 in deutscher Sprache erschienen, von Dietrich von Thüringen

64. Strauß und Torney, Lulu von: »Deutsches Frauenleben in der Zeit der Sachsenkaiser und der Hohenstaufen«, Diederichs, Jena 1927

65. Wegele, Franz X.: »Die Heilige Elisabeth«, (in: Historische Zeitschrift, Bd. V., 1861), S. 351 ff.

66. Weinrich, F. J.: »Die Heilige Elisabeth von Thüringen«, 5. Auflage 1958

67. Wenck, Karl: »Quellenuntersuchungen und Texte zur Geschichte der Heiligen Elisabeth«, (in: Neues Archiv der Gesellschaft für ältere deutsche Geschichtskunde, Bd. 34, 1901), S. 427

68. Wenck, Karl: »Die Heilige Elisabeth und Papst Gregor IX« (in: Hochland, Monatsschrift für alle Gebiete des Wissens, der Literatur und Kunst, 5. Jahrgang, Bd. 1, 1907–1908), S. 129

69. Wenck, Karl: »Brief Konrads von Marburg an Papst Gregor IX. 1232, Oktober«. Ins Deutsche übersetzt durch Karl Wenck als Anhang zu: »Die Heilige Elisabeth«, Tübingen 1908, (Sammlung allgemeinverständlicher Schriften und Vorträge aus dem Gebiet der Theologie und Religionsgeschichte)

70. Zeller, Winfried: »Zur Frömmigkeit der Heiligen Elisabeth«, (in: Theologie und Frömmigkeit, Marburg 1971)

Das Thema umfassende und begleitende Literatur:

71. Arndt, Erwin/Brandt, Gisela: »Luther und die Deutsche Sprache«, Leipzig 1983

72. Barraclough, Geoffrey: »Die mittelalterlichen Grundlagen des modernen Deutschland«, übersetzt von Friedrich Baethgen, Weimar 1955, 2. Aufl.

73. Beyschlag, Siegfried, Hrsg.: »Walther von der Vogelweide«, WBD 1971

74. Bloch, Marc: »Die Feudalgesellschaft«, Propyläen-Verlag

75. Hrsg. Boor, Helmut de: »Die Deutsche Literatur vom Mittelalter bis zum 20. Jahrhundert«. dtv, München 1988

76. Borst, Arno: »Lebensformen im Mittelalter«, Ullstein 1979

77. Borst, Arno: »Die Katharer«, Herder, Freiburg 1991

78. Braun, Paul: »Der Beichtvater der Heiligen Elisabeth und deutsche Inquisitor Konrad von Marburg«, (in: Beiträge zur hessischen Kirchengeschichte, NF. erg. Bd. IV. 1910/1911, H. 4, 5.) S. 248–300 und S. 331–364

79. Bücher, Karl: »Die Frauenfrage im Mittelalter«, Tübingen 1911, 2. Auflage

80. Buchner/Giesebrecht: »Gregor von Tours« Zehn Bücher Geschichten, Bd. 1 und 2. WBD. 1974

81. Burckhardt, Jacob: »Weltgeschichtliche Betrachtungen«. Kröner-Stuttgart 1978

82. Bühler, Johannes: »Die Kultur des Mittelalters«, Kröner-Stuttgart 1948

83. Bühler, Johannes: »Klosterleben im Mittelalter«, nach zeitgenössischen Quellen. Inselverlag, Frankfurt 1989

84. Bumke, Joachim: »Höfische Kultur«, dtv, München 1986

85. Caemmerer, Erich: »Zur Charakteristik Heinrich Raspes, Landgrafen von Thüringen und Deutschen Königs«, (in: Blt. für deutsche Landesgeschichte, 89, 1952), S. 56–83

86. Caemmerer, Erich: »Konrad von Thüringen und Hochmeister des Deutschen Ordens«, (in: ZVThGA, NF 19, 1909, S. 349–394, und NF 20, 1911, S. 43–80)

87. Cartellieri, Alexander: »Weltgeschichte als Machtgeschichte«. Bd. 1 und 5, 1964

88. Daniel-Rops, Henry: »Bernhard von Clairvaux«, 1920

89. Deér, J.: »Die heilige Krone Ungarns«, Wien, 1920

90. Demandt, Karl E.: »Schrifttum zur Geschichte und geschichtlichen Landekunde von Hessen«. 1.–3. Band 1965

91. Devrient, Ernst: »Thüringische Geschichte« (Sammlung Göschen), 2. Auflage, Berlin und Leipzig 1921

92. Diemar, Hermann: »Stammreihe des Thüringischen Landgrafenhauses bis zu Philipp dem Großmütigen«, (in: ZHG, NF 27, 103), S. 1–32

93. Duby, Georges: »Ritter, Frau und Priester«. Die Ehe im feudalen Frankreich, übersetzt v. M. Schröter, Suhrkamp Verlag Frankfurt a. Main, 1985, Suhrkamp-Taschenbuch-Verlag

94. Duby, Georges: »Die drei Ordnungen«. Das Weltbild des Feudalismus, Suhrkamp-Verlag, Frankfurt a. Main, 1981

95. Durant, Will: »Das frühe Mittelalter« in: Kulturgeschichte der Menschheit, Bd. 6. Ullstein GmbH, Frankfurt a. Main 1981

96. Ebert, Helmut: »Alltagssprache und religiöse Sprache in Luthers Briefen und in seiner Bibelübersetzung«, Frankfurt a. Main 1986

97. Egelhaaf, G.: »Die Schlacht bei Frankfurt am 5.8.1246«, Württembergische Vierteljahreshefte, NF 31, 1925

98. Epperlein, Siegfr.: »Bauernbedrückung und Bauernwiderstand im hohen Mittelalter«. Zur Erforschung der Ursachen bäuerlicher Abwanderung nach Osten im 12. und 13. Jh.., vorwiegend nach den Urkunden geistlicher Grundherrschaften, Berlin 1960

99. Erdmann, Carl: »Die Entstehung des Kreuzzugsgedankens«. (in: Forschung zur Kirchen- und Geistesgeschichte, Bd. 5) Stuttgart, Ndr. 1955

100. Förg, Ludwig: »Die Ketzerverfolgung in Deutschland unter Gregor IX.«. Ihre Bedeutung und ihre rechtlichen Grundlagen (in: Historische Studien, H. 218) Berlin 1932

101. Frank, Karl Suso: »Geschichte des christlichen Mönchtums«, WBD 1988

102. Goetz, Hans-Werner: »Leben im Mittelalter vom 7. bis zum 13. Jahrhundert«, C. H. Beck, München, 2. Aufl. 1986

103. Gregorovius, Ferdinand: »Geschichte der Stadt Rom im Mittelalter«, Vollständige Ausgabe, dtv, München 1988

104. Grundmann, Herbert: »Religiöse Bewegungen im Mittelalter«, Untersuchungen über die geschichtlichen Zusammenhänge zwischen der Ketzerei, den Bettelorden und der religiösen Frauenbewegung im 12. und 13. Jh. und über die geschtl. Grundlagen der deutschen Mystik. Anhänge: Neue Beiträge zur Geschichte der religiösen Bewegungen im Mittelalter. WBD 4. Aufl. 1977

105. Grüneisen, Henry: »Die Klosterpolitik der Erzbischöfe von Mainz bis zum 13. Jh.«, Dissertation Marburg, 1942

106. Gurjewitsch, Aaron J.: »Das Weltbild des mittelalterlichen Menschen«, C. H. Beck, München, 3. Aufl. 1986

107. Hampe, Karl: »Das Hochmittelalter«, Geschichte des Abendlandes von 900 bis 1250, mit einem Nachwort von Gerd Tellenbach, WBD 1977, 6. Auflage

108. Heine, Alexander, Hrsg.: »Bruno – Das Buch vom Sächsischen Krieg«, übersetzt v. Wilhelm Wattenbach, Essen-Stuttgart 1986

109. Heinisch, K. J.: »Friedrich II. in Briefen und Berichten seiner Zeit«, WBD 1978, 6. Aufl.

110. Hellinghaus, Otto: »Caesarius von Heisterbach«, 1925

111. Herrmann, Rudolf: »Kirchengeschichte Thüringens«, Bd. I. Jena 1937

112. Huizinga, Johan: »Herbst des Mittelalters«, Studien über Lebens- und Geistesformen des 14. und 15. Jahrhunderts in Frankreich und den Niederlanden, Kröner, Stuttgart 1975, 11. Aufl.

113. Hunke, Sigrid: »Allahs Sonne über dem Abendland«, Unser arabisches Erbe, Fischer-Taschenbuch, Frankfurt/Main, 1990

114. Keil, Ernst Wolfgang: »Deutsche Sitte und Sittlichkeit im 13. Jahrhundert nach den Predigten damaliger deutscher Prediger«, Dresden 1931

115. Kern, Fritz: »Recht und Verfassung im Mittelalter«, WBD 1976

116. Keyser, E.: »Untersuchungen zur Geschichte des deutschen Ordens in Marburg«, (in: Hess. Jahrbuch f. Landesgeschichte, 10, 1960), S. 16–43

117. Knochenhauer, Theodor: »Geschichte Thüringens zur Zeit des ersten Landgrafenhauses (1039–1247)«, Gotha 1871

118. Lambert, Malcolm: »Ketzerei im Mittelalter«, Eine Geschichte von Gewalt und Scheitern, Herder, Freiburg 1991

119. Langosch, Karl: »Profile des lateinischen Mittelalters«, Geschichtl. Bilder aus dem europäischen Geistesleben, WBD 1965

120. Malsch: »Heinrich Raspe, Landgraf von Thüringen und deutscher König«. Versuch einer historisch-psychologischen Würdigung« (in: Forschungen zur Thür. Sächs. Gesch. Heft 1), Halle 1911

121. Maschke, Erich: »Der Deutsche Ordensstaat«, Hamburg 1911

122. May, Karl Hermann: »Zur Geschichte Konrads von Marburg«, (in: Hess. Jahrbuch für Landesgeschichte, I, Marburg 1951

123. Mayer, Hans Eberhard: »Geschichte der Kreuzzüge«, Urban Taschenbücher Bd. 86, Kohlhammer, Stuttgart 1976

124. Mitteis, Heinrich: »Die Deutsche Königswahl«. WBD 1987

125. Mitteis, Heinrich: »Der Staat des hohen Mittelalters« Grundlinien einer vergleichenden Verfassungsgeschichte des Lehnszeitalters. Böhlau, Köln–Wien 1980, 10. Aufl.

126. Patschovsky, Alexander: »Zur Ketzerverfolgung Konrads von Marburg«. (Deutsches Archiv für Erforschung des Mittelalters, Jg. 37, Heft 2) S. 641–693, 1981

127. Patze, Hans in Verb. mit Aufgebauer, Peter: »Thüringen« Handbuch der hist. Stätten Deutschlands, Kröner, Stuttgart 1989

128. Patze, Hans: »Die Entstehung der Landesherrschaft in Thüringen«. I. Teil, Köln–Graz 1962

129. Pernoud, Régine: »Die Kreuzzüge in Augenzeugenberichten«, Deutsch von Hagen Thürnau, dtv – München 1980, 5. Aufl.

130. Runciman, Steve: »Geschichte der Kreuzzüge«, C. H. Beck 1978

131. Stehkämper, Hugo: »Der Kölner Erzbischof Adolf von Altena und die deutsche Königswahl (1195–1205)«. (in: Historische Zeitschrift, Beiheft 2, NF, München 1973)

132. Schlesinger, Walter, Hrsg.: »Sachsen«, Handb. der hist. Stätten Deutschlands, Kröner, Stuttgart 1990

133. Schmid, H. F.: »Der Gegenstand des Zehntstreites zwischen Mainz und den Thüringern im 11. Jh.« (in: ZRG germ. Abt. 43, 1922), S. 267–300

134. Schmidt, Karl: Radegunde – Das Schicksal einer Königstochter, Gotha 1940

135. Schmitz, H. J.: »Die Bußbücher und das kanonische Bußverfahren«, 1898

136. Schwerin, Cl. von, Hrsg.: Eike von Repgow: »Sachsenspiegel« Landrecht. Reclam, Stuttgart 1977

137. Schwineköper, Berent: »Provinz Sachsen-Anhalt«, Handb. der hist. Stätten Deutschlands, Kröner, Stuttgart 1987

138. Steinen, Wolfran, von den: »Vom Heiligen Geist des Mittelalters«, Breslau 1926

139. Ders.: »Bernhard von Clairvaux«, Breslau 1926

140. Ders.: »Franziskus und Dominikus in Leben und Schriften«, Breslau 1926

141. Stimming, Manfred: »Kaiser Friedrich II. und der Abfall der deutschen Fürsten«, (in: HZ 120, 1919)

142. Treitschke, Heinrich von: »Das Ordensland Preußen«, Ndr. Göttingen 1955

143. Wegele, Franz-Xaver: »Reinhardsbrunner Annalen«, enthalten die Anfang des 14. Jahrhunderts geschriebene Kompilation der um 1228 entstandenen, in der Urfassung verlorenen »Vita Ludovici« des landgräflichen Kaplan Berthold

144. Wehrli, Max: »Lyrik des Mittelalters«, Manesse, Zürich 1952 und 1962

145. Wenck, Karl: »Die Wartburg«, ein Denkmal deutscher Kunst und Geschichte«, 1907

146. Wolfhart, Heinz: »Die Welt der Ritterorden«, Wien 1978

270

PERSONENREGISTER

A.	=	Abt
bez.	=	bezeugt
Bf.	=	Bischof
Br.	=	Bruder
Ebf.	=	Erzbischof
Gem.	=	Gemahl/Gemahlin
Geschr.	=	Geschichtsschreiber
Gf.	=	Graf
Gfn.	=	Gräfin
Hg.	=	Herzog
Hgn.	=	Herzogin
Kg.	=	König
Kgn.	=	Königin
Ks.	=	Kaiser
Ksn.	=	Kaiserin
Lgf.	=	Landgraf
M.	=	Mutter
Mgf.	=	Markgraf
Mn.	=	Mönch
Nn.	=	Nonne
O.	=	Onkel
Pgf.	=	Pfalzgraf
r.	=	regiert
S.	=	Sohn
Schw.	=	Schwester
T.	=	Tochter
Ta.	=	Tante
V.	=	Vater

Adelheid, (1. Hälfte 12. Jh.)
 Witwe d. Pgf. Friedrich III. v. Sachsen
 u. Gem. d. Gf. Ludwig d. Springer
Adolf v. Nassau (r. 1292–1298)
 Dt. Kg.
Agnes von Andechs-Meranien († 1201)
 Gem. Kg. Philipp August v. Frankreich
 Ta. d. hl. Elisabeth
Albertus Magnus (* um 1200, † 1280)
 Kirchenlehrer
Albrecht I. (r. 1205–1232)
 Ebf. v. Magdeburg
Alheit (bez. 1211)
 Harfnerin, Begleiterin der hl. Elisabeth
 bei ihrer Übersiedlung nach Thüringen
Alexander der Große († 323 v. Christi)
 Kg. v. Mazedonien
Alexander III., vorm. Orlando Bandinelli (r. 1159–1181)
 Papst
Alexius v. Edessa, hl. (5. Jh.)
Amalaberga (um 510)
 Gem. Herminafrieds, Kg. v. Thüringen
Andreas II. (r. 1205–1235)
 Kg. v. Ungarn, V. d. hl. Elisabeth
Andreas Capellanus (Ende 12. Jh.)
 Priester, Schriftst.
Anne v. d. Bretagne (1477–1514)
 Gem. Kg. Karl VIII. v. Frankreich
Arnaud-Amaury (um 1150–1225)
 A. v. Citeaux, später Ebf. v. Narbonne
Arnold I. (r. 1137–1151)
 Ebf. v. Köln
Arnold von Brescia (um 1100–1155)
 Kirchenreformer
Arnolf v. Kärnten (r. 887–899)
 ostfränk. Kg. u. Ks.
Abt von Arnsberg (bez. 1232)
Abt von Arnstein (bez. 1232)
Attila († 453)
 Kg. d. Hunnen
Augustinus, hl. (354–430)
 Kirchenlehrer

Beatrice von Hohenstaufen (1200–1231)
  Gem. d. Mgf. Otto VII. von Andechs-Meranien
Bernhard von Clairvaux, hl. (um 1090–1153)
  A. u. Kirchenlehrer
Bernhard (bez. 1234/45)
  Abt. von Buch
Bernhardt, Josef (bez. 1931)
  Rezensent
Beringer (bez. 1075)
  Gf. v. Sangerhausen, S. Ludwig des Bärtigen
Berta von Bendeleben (bez. 1207)
  Begleiterin d. hl. Elisabeth
Berta von Seebeck (bez. 1241)
Bertachar (* vor 530)
  Kg. v. Thüringen, Mgf. v. Istrien
Berchtold IV. (* 1204)
  Hg. v. Meranien, Mgf. v. Istrien
Berchtold V. von Andechs-Meran (1218–1252)
  Patriarch v. Aquileja, O. d. hl. Elisabeth
Berthold (bez. 1207–1227)
  Kaplan und Biograph d. Lgf. Ludwig IV., des Gem.
  d. hl. Elisabeth
Berthold von Regensburg (um 1210–1272)
  gr. Volksprediger des Mittelalters
Abt von Bildhausen (bez. 1232)
Propst von Bingen (bez. 1232)
Blanca von Kastilien (1188–1252)
  Kgn. v. Frankreich
Bogomil (2. Viertel 10. Jh.)
  Sektengründer
Bonifatius, Winfried, hl. (um 672/75–754)
  Missions-Ebf., Apostel der Deutschen
Bruno von Magdeburg (auch Merseburg) († nach 1100)
  Geschr., schrieb 1082 »Bellum Saxonicum«
Burchard von Biberach (um 1177–1231)
  Propst von Ursberg, Geschr.
Burchard (965–1025)
  Bf. v. Worms
Burkhard (bez. 1231)
  Dominikanerpastor zu Regensburg und Inquisitor
Burckhardt, Jacob (1818–1897)
  schweiz. Kulturhistoriker

Busse-Wilson (bez. 1931)
  Biographin der hl. Elisabeth
Busso von Gleichen (Anfang bis Mitte 11. Jh.)
  Gf. in Thüringen
Abt von Cappel (bez. 1132)
Cäcilia v. Sangerhausen (Ende 11. Jh.)
  Gfn. in Thüringen, Gem. Ludwig des Bärtigen
Cäsar von Speyer (2. Hälfte d. 12 Jhs.)
  Im Jahre 1239 Leiter der 2. franziskanischen Mission
  in Deutschland
Cäsarius von Heisterbach (1180–1240)
  Prior u. Schriftst.
Chlotar (r. 511–533)
  Kg. d. Franken
Christian von Buch (r. 1165–1183)
  Ebf. von Mainz
Constanze (1154–1198)
  dt. Ksn., Gem. Ks. Heinrichs VI.
  T. Kg. Rogers II. von Sizilien
David (bez. 1211)
  wahrschl. Geistlicher, Begleiter der hl. Elisabeth
  bei ihrer Übersiedlung von Ungarn nach Thüringen
Dietrich II. (r. 1212–1242)
  Ebf. von Trier
Dietrich von Grüningen (r. 1238–1241)
  Heermeister des Deutschen Ordens in Livland
Dietrich von Apolda (um 1228–1297)
  Mn., Hagiograph, Vita der hl. Elisabeth
  und d. hl. Dominikus
Dietrich von Thüringen (bez. 1520)
  Biograph der hl. Elisabeth
Dominikus, hl. (um 1170–1221)
  Stifter des Dominikaner-Ordens
Döhrenbach (bez. 1233)
  Gfn., den Mördern d. Konrad v. Marburg zugerechnet
Druon, Maurice (* 1918)
  franz. Schriftsteller und Historiker
Egnolf von Stoffen (bez. 1313)
  Provinzialprior des Dominikaner-Ordens
Ekbert von Andechs-Meranien (r. 1203–1237)
  Bf. von Bamberg, O. der hl. Elisabeth

Eleonore von Aquitanien (um 1122–1204)
Gem. Kg. Ludwig VII. v. Frankreich, Gem. Kg.
Heinrich II. von England
Elisabeth von Schönau, hl. (um 1229–1164)
Mystikerin
Elisabeth von Thüringen, hl. (1207–1231)
Lgfn. von Thüringen
Elisabeth (bez. 1228–1232)
Magd der hl. Elisabeth
Emmerich, Alex (bez. 1931)
Rezensent
Emrich, hl. (* 1031)
Hg. in Ungarn, S. Kg. Stephans des Heiligen v. Ungarn
Engelbert I., hl. (r. 1216–1225)
Ebf. v. Köln
Ermengarde (Ende des 12. Jh.)
Vizegfn. von Narbonne
Everin (bez. 1143)
Abt von Steinfeld
Farkasius (bez. 1211)
wahrschl. Geistlicher, Begleiter der hl. Elisabeth bei
ihrer Übersiedlung von Ungarn nach Thüringen
Franz von Assisi, hl. (1181/82–1226)
Stifter des Franziskaner-Ordens
Freidank († 1233)
vermutl. identisch mit dem Magister Fridancus,
1233 im Kloster Kaisheim verst.
Friedrich I. Barbarossa (r. 1152–1190)
Dt. Kg. und Ks.
Friedrich II. (r. 1212–1250)
Dt. Kg. und Ks., Kg. v. Sizilien
Friedrich II. von Staufen (r. 1105–1147)
Hg. v. Schwaben
Friedrich V. von Staufen (r. 1170–1191)
Hg. von Schwaben, S. Ks. Friedrich I. Barbarossa
Fulko (1155–1231)
Bf. v. Toulouse
Garettus (bez. 1170–1190)
Bfs.-Kandidat d. Katharer
Gerberga von Burgund (um 1000)
Gem. Hg. Hermanns II. von Schwaben und
T. Kg. Konrads von Burgund

Gerhard, Gerhardus († 1223)
geistl. Gehilfe d. Konrad von Marburg
Gero (937–965)
Mgf. d. Sorbenmark
Gertrud von Meranien († 1213)
Gem. v. Kg. Andreas II. v. Ungarn,
M. d. hl. Elisabeth
Gertrud (1227–1297)
Äbtissin des Klosters Altenberg,
T. d. hl. Elisabeth
Gisela von Schwaben († 1043)
Gem. d. Ks. Konrad II.
Godfried (1185–1235)
Gf. v. Arnsberg
Gregor VII., vorm. Hildebrand v. Soana (1073–1085)
Papst
Gregor IX., vorm. Gf. v. Segni (r. 1227–1241)
Papst
Gregor von Tours, hl. (538–594)
Bf. v. Tours und Geschr.
Grundmann, Herbert (bez. 1933 u. 1960)
Historiker
Guda (bez. 1211–1232)
Gefährtin d. hl. Elisabeth
Günter von Käfernburg (Anfang–Mitte 11. Jh.)
Gf. in Thüringen
Hadewich (1. Hälfte 13. Jh.)
Hardrad (bez. 785/86)
thüring. Gf. und Verschwörer gegen Karl den Großen
Hartmann von Heldrungen (r. 1274–1283)
Hochmeister des Deutschen Ordens
Hauck, Albert (1845–1918)
ev. Kirchenhistoriker
Heden II. (Anfang 8. Jh.)
Hg. im mainländisch-thüringischen Dukat
Hedwig von Andechs-Meranien, hl. (1174–1243)
Hgn. von Schlesien, Ta. der hl. Elisabeth
Hedwig († 1148)
Gem. des Lgf. Ludwig I., T. des Gf. Gisor IV.,
Erbin v. Hessen
Hedwig (1. Häfte 12. Jh.)
Witwe d. Gf. Gisor IV., Gem. d. Gf. Heinrich Raspe

Hedwig von Seebach (bez. 1132)
Gefährtin der letzten Tage d. hl. Elisabeth
Heiler, Friedrich (bez. 1931)
Rezensent
Heinrich I. (r. 919–936)
Dt. Kg.
Heinrich II., hl. (r. 1002–1024)
Dt. Kg. u. Ks.
Heinrich IV. (r. 1056–1106)
Dt. Kg. u. Ks.
Heinrich VI. (r. 1190–1197)
Dt. Kg. und Ks., Kg. v. Sizilien
Heinrich (VII.) (r. 1222–1235, † 1242)
Dt. Kg., S. Ks. Friedrich II.
Heinrich II. Plantagenet (r. 1154–1189)
Kg. v. England
Heinrich I. (r. 1225–1238)
Ebf. v. Köln
Heinrich der Löwe (r. 1142–1180)
Hg. v. Sachsen und Baiern
Heinrich Raspe I. († 1130)
Gf. in Thüringen, Br. Lgf. Ludwig I. v. Thüringen
Heinrich Raspe II. († 1154/55)
Gf. in Thüringen, Br. d. Lgf. Ludwig II.
Heinrich Raspe III. († 1180)
Gf. in Thüringen und Br. d. Lgf. Ludwig III.
Heinrich Raspe IV. (r. 1227–1246)
Lgf. u. Regent in Thüringen, Dt. Gegenkg. 1246/47
Heinrich I. der Erlauchte (r. 1221–1288)
Mgf. v. Meißen, Lgf. v. Thüringen
Heinrich I. (Welfe) (r. 1195–1227)
Pgf. bei Rhein, Br. Ks. Otto IV.
Heinrich (r. 1263–1308)
Lgf. v. Hessen, Enkel der hl. Elisabeth
Heinrich II. der Fromme († 1241)
Hg. v. Schlesien
Heinrich II. (wahrschl. r. 1180–1193)
Bf. v. Basel
Heinrich II. (1203–1246)
Gf. Sayn
Heinrich (1176–1189)
Abt von Clairvaux, Kard. Legat im Albingenserkrieg

Heinrich von Melk (um 1160)
    östr. Ritter, Laienbr. u. Dichter
Heinrich von Ofterdingen (Mitte 13. Jh.)
    sagenhafter Sänger des Mittelalters
Heinrich von Veldeke (um 1140/50–1210)
    Dt. Dichter
Heloise (1101–1164)
    Schülerin und Geliebte des Peter Abaelard
Henry de Marcy (bez. 1179)
    Päpstl. Legat
Heraklit (550–482 v. Chr.)
    gr. Philosoph
Hermann († 1216)
    Erbprinz v. Thüringen, 1. Verlobter der hl. Elisabeth
Hermann I. (r. 1190–1217)
    Lgf. von Thüringen
Hermann II. (r. 1227–1242)
    Lgf. von Thüringen, S. d. hl. Elisabeth
Hermann II. (r. 997–1003)
    Hg. v. Schwaben
Hermann von Salza (r. 1209–1239)
    vierter Hochmeister des Deutschen Ordens
Hermann der Lahme (von Reichenau) (1013–1054)
    Universalgelehrter und Schriftst.
Hermann (bez. 1233)
    Abt von Georgenthai
Herminafried († 534)
    Kg. d. Thüringer
Hesse, Hermann (1877–1962)
    Schriftst.
Hildegard von Bingen, hl. (1098–1179)
    Mystikerin, Äbtissin des OSB-Klosters auf dem
    Disibodenberg
Hildegund (bez. 1232)
    Teriarin am Spital zu Marburg
Honorius III., vorm. Cenzio Savelli (1216–1227)
    Papst
Hugo von Trimberg (um 1230–1313)
    Dichter, Rektor der Stiftsschule St. Gangolf zu Bamberg
Huyskens, Albert (bez. 1933)
    Historiker

Innozenz III., vorm. Gf. Segni (1198–1216)
Papst
Innozenz IV., vorm. Gf. von Lavagna (1243–1254)
Papst
Irmingard (bez. 1228–1232)
Magd der hl. Elisabeth
Jacob von Vitry (1180–1254)
Bf. v. Akkon
Jacobus de Voragine, hl. (um 1228–1298)
Ebf. v. Genua, Autor der berühmten »Legenda aurea«
Johannes Judaeus (bez. 1170–1180)
Katharerbischof
Jordan von Giano (um 1197, † nach 1262)
Franziskaner, Geschr.
Juan von Kastilien und Aragon (1478–1497)
Infant, S. d. Kge. Isabella v. Kastilien und
Ferdinand von Aragon
Judith (Welf) († 843)
Ksn., Gem. Ks. Ludwig des Frommen
Jutta von Meißen († 1235)
M. des Mgf. Heinrich d. Erlauchte
Jutta von Schwaben (um 1233/34–1291)
Gem. d. Lgf. Ludwig II. von Thüringen
Karl der Große (r. 768–814)
Fränkischer Kg., Ks.
Karl VIII. (r. 1483–1498)
Kg. v. Frankreich
Klingsor (Anf. d. 13. Jhs.)
sagenhafter Zauberer
Konrad II., der Salier (r. 1024–1039)
Dt. Kg. und Ks.
Konrad (r. 937–993)
Kg. v. Burgund
Konrad
Hg. von Rothenburg (r. 1181–1191),
Hg. v. Schwaben (r. 1191–1196)
S. Ks. Friedrichs I. (Barbarossa)
Konrad (r. 1239–1249)
Hochmeister des Deutschen Ordens,
Schwager der hl. Elisabeth
Konrad der Ältere († 906)
Gf. im Lahngau

Konrad (r. 1210–1247)
Hg. v. Masovien
Konrad II. (r. 1221–1246)
Bf. v. Hildesheim
Konrad (bez. 1233)
Domscholaster zu Speyer
Konrad Dors (bez. 1232–33)
Laienbruder des Dominikanerordens und
Inquisitionsgehilfe Konrad von Marburgs
Konrad von Marburg († 1233)
Päpstl. Inquisitor, Kreuzzugprediger und Beichtvater
d. hl. Elisabeth
Ladislaus, hl. (r. 1077–1095)
Kg. v. Ungarn
Lampert von Hersfeld (um 1025–1081/85)
Mn. u. Geschr.
Leo IX., vorm. Gf. von Egisheim (1049–1054)
Papst
Leopold VI. (r. 1198–1230)
Hg. v. Österreich und Steiermark
Luidgard († 885)
Gem. Kg. Ludwig d. Jüngeren,
T. Liudolfs
Liudolf († 866)
sächs. Stammesführer
Lothar III. von Supplinburg (r. 1125–1137)
Dt. Kg. u. Ks.
Ludwig der Fromme (r. 814–840)
Ks., S. Karl des Großen
Ludwig der Jüngere (r. 876–882)
Ostfränk. Kg.
Ludwig das Kind (r. 899–911)
Ludwig der Bärtige (* 1055)
Gf. in Thüringen, Stammvater der Ludowinger
Ludwig der Springer († 1123)
Ludwig I. († 1140)
Lgf. von Thüringen
Ludwig II., der Eiserne (r. 1140–1172)
Lgf. von Thüringen
Ludwig III., der Fromme (r. 1172–1190)
Lgf. von Thüringen, Pgf. v. Sachsen

Ludwig IV., der Fromme (r. 1217–1227)
  Lgf. von Thüringen, Gem. der hl. Elisabeth
Ludwig I., der Kelheimer (r. 1182–1231)
  Hg. von Baiern
Ludwig VIII. (r. 1223–1226)
  Kg. von Frankreich
Ludwig I. (1217–1239)
  Abt von Hersfeld
Luitprand (um 920–972)
  Bf. von Cremona und Geschr.
Luther, Martin (1483–1546)
  Dt. Reformator
Mani (216–274 o. 277)
  Gründer des Manichäismus
Mann, Thomas (1875–1955)
  Schriftst.
Margarete von Österreich (1480–1530)
  Generalstatthalterin der Niederlande,
  T. Kaiser Maximilians I.
Margarete vom Goldenen Ring (1320–1404)
  Begine
Marguerita Porete (um 1312)
  Begine
Maria von Oignies (1177–1213)
  Begine
Marie (Mitte bis Ende 12. Jh., bez. 1174)
  Gf. von Champagne, T. Kg. Ludwigs VII. v. Frankreich
Markus (bez. 1170)
  Katharerbischof
Mathilde († 968)
  Gem. Kg. Heinrich I.
Mechthild von Andechs-Meranien (1214–1254)
  Äbtissin des OSB-Klosters Kitzingen
  Ta. d. hl. Elisabeth
Mechtild von Magdeburg (um 1208/10–1289 o. 1294)
  Mystikerin
Medardus († 560)
  Bf. v. Noyon
Meinhard von Molburg (bez. 1207)
  Gf.
Dekan von Momberg (bez. 1232)

Montalambert, Charles Forbes de Tyron (1810–1870)
Gf., Biograph d. hl. Elisabeth
Niketas (bez. um 1160–1170)
Bogomile
Norbert von Xanten (um 1082–1134)
Stifter des Prämonstratenser-Ordens
Otto I. der Große (r. 936–973)
Dt. Kg. und Ks.
Otto IV. von Braunschweig (r. 1198–1218)
Dt. Kg. und Ks.
Otto der Erlauchte (r. 880–912)
Hg. von Sachsen
Otto VII. von Meranien (r. 1208–1234)
Hg., Mgf. v. Istrien, Gf. v. Burgund
Otto von Wittelsbach (* 1208)
Pgf. u. Königsmörder
Ottokar I. Przemsyl (r. 1198–1230)
Kg. v. Böhmen
Pavias (bez. 1227/28)
Gf. u. Gesandter Kg. Andreas' II. an seine T. Elisabeth
Peña, Francisco (um 1540–1612)
Dogmatiker und Kanonist
Peter II. (r. 1196–1213)
Kg. v. Aragon
Petrakios (bez. 1170–1180)
Bogomile
Petrus von Castelnau († 1208)
päpstl. Legat
Petrus Martyr., hl. (um 1205–1252)
päpstl. Inquisitor für Mailand und Como
Philibert II. (r. 1497–1504)
Hg. v. Savoyen
Philipp II. August (r. 1180–1223)
Kg. v. Frankreich
Philipp von Schwaben (r. 1198–1208)
Dt. Kg. Br. Ks. Heinrich VI.
Philipp der Großmütige († 1592)
Lgf. v. Hessen
Poppo (um 892)
Mgf. d. thüringischen Sorbenmark
Radegunde, hl. (518–587)
Franken-Kgn. Gem. Kg. Chlotars I., Nn.

Radulf (7. Jh.)
Hg. von Thüringen
Raimund (bez. 1232)
Abt von Eberbach
Raimund von Peñafort, hl. (1175/80–1275)
Kaplan und Pönitentiar an der päpstl. Kurie
Raymond Roger (bez. 1170–1180)
Gf. von Foix
Raymond VI. (r. 1194–1222)
Gf. v. Toulouse
Regino († 915)
Abt von Prüm, Geschr.
Richard Löwenherz (r. 1189–1199)
Kg. v. England
Robert von Arbrissel (um 1055/60–1117)
Gründer des Doppelklosters Fontevrault
Rodeger (1. Drittel 13. Jh.)
1. geistlicher Lehrmeister der hl. Elisabeth,
Franziskaner
Roger II. (bez. 1171)
Vicomte de Beziers
Roger de Molins (bez. 1182)
Vorsitzender des Generalkapitels der Johanniter
in Jerusalem
Abt von Rommersdorf (bez. 1232)
Romuald von Camadoli, hl. (um 952–1027)
Mn. Eremit und zeitweise Abt von S. Apollinare
Rudolf von Biberach (um 1274, † nach 1326)
Mystiker
Rudolf von Vargula (bez. 1207–1227)
Rothe, Johannes (um 1360–1434)
Chorherr am Kollegiatsstift von St. Marien in Eisenach,
Biograph der hl. Elisabeth
Saint-Exupéry, Antoine de (1900–1944)
Schriftst.
Schneider, Reinhold (1903–1958)
Schriftst.
Schweitzer, Albert (1875–1965)
Arzt, ev. Theologe, Kulturphilosoph und Musiker
Severinus von Noricum, hl. († 482)
Apostel des Glaubensfriedens

Sidonius Apollinaris, hl. (um 432–480/90)
Bf. v. Chlermont-Ferrand und Dichter
Siegfried I. (r. 1060–1084)
Ebf. v. Mainz
Siegfried II. (r. 1200–1230)
Ebf. v. Mainz
Sigibert III. (r. 633–656)
Frankenkg.
Simon (bez. 1170–1190)
Bogumilenbischof
Simon IV. von Montfort (um 1165–1218)
zeitw. Graf von Toulouse
Solms (bez. 1233)
Gf.
Sophie von Brabant (1247–1282)
Hgn., Tochter der hl. Elisabeth
Stephan I., hl. (r. 997–1038)
Großfürst und Kg. von Ungarn
Tagswind (bez. 11 Jh.)
Äbtissin von Kreuznach
Tacitus (um 100)
röm. Historiker
Tancred von Bologna (um 1185–1236)
Kanonist
Theoderich (bez. 1231)
Dominikanermn. und Inquisitor
Theudebert (r. 511–533)
Frankenkg.
Thietmar (r. 1009–1018)
Bf. von Merseburg und Geschr.
Thomas Becket, hl. (1118–1170)
Ebf. von Canterbury
Thomas von Aquin, hl. (1225–1274(
Kirchenlehrer, »Doctor angelicus«
Vegetius Publius (um 400)
Verfasser des tiermedizinischen Werkes »Mulomedicina«
Venantius Fortunatus, hl. (535–600)
Bf. v. Poitiers, Dichter und Hagiograph
Victor II., vorm. Gf. v. Hirschberg (r. 1055–1057)
Papst
Waldes, Petrus († zw. 1184 und 1218)
Begründer der Waldenserbewegung

Walther von der Vogelweide (um 1170–1230)
Deutscher Dichter und Minnesänger
Wenck, Karl (bez. 1907)
Historiker
Werfel, Franz (1890–1945)
Schriftst.
Widukind von Corvey (10. Jh.)
Mn. und Geschr.
Wilhelm von S. Amour († 1272)
Theologe, Prof. a. d. Universität Paris
Willibrord, hl. († 739)
Missions-Bf.
Wipo († n. 1046)
Hofkaplan Ks. Heinrichs III.,
Dichter und Geschr.
Propst von Wirberg (bez. 1232)
Wolfram von Eschenbach (um 1170–1220)
Dt. Dichter
Ysentrud von Hörselgau (bez. 1222–1232)
Gefährtin d. hl. Elisabeth

UTE SCHALL

MARC
AUREL

DER PHILOSOPH AUF
DEM CÄSARENTHRON
BECHTLE

Marc Aurel war der letzte große Kaiser Roms und
zugleich eine der tragischsten Herrschergestalten.
Inmitten sozialer, wirtschaftlicher und schließlich
auch politischer Krisen verfolgte er hartnäckig sein
Ziel, den Besitzstand Roms zu wahren, und konnte
doch nur den Untergang der antiken Welt verzögern.

464 Seiten · DM 39,80